Pauperum et peregrinorum maxime susception
exhibeatur, quia in ipsis magis Christus sus
vitum terror ipse sibi exigit honorem.

Coquina abbatis et hospitum super se sit, ut, incertis horis supervenientes hospites, qui numquam desunt monasterio, non inquietentur fratres. In qua coquina ad annum ingrediantur duo fratres qui ipsud officium bene impleant. Quibus, ut indigent, solacia amministrentur, ut absque murmuratione serviant, et iterum, quando occupationem minorem habent, exeant ubi eis imperatur in opera. Et non solum ipsis, sed et in omnibus officiis monasterii ista sit consideratio, ut quando indigent solacia adcommodentur eis, et iterum quando vacant oboediant imperatis.

Item et cellam hospitum habeat adsignatam frater cuius animam timor Dei possidet; ubi sint lecti strati sufficienter. Et domus Dei a sapientibus et sapienter amministretur.

Hospitibus autem, cui non praecipitur, ullatenus societur neque conloquatur; sed si obviaverit aut viderit, salutatis humiliter, ut diximus, et petita benedictione pertranseat, dicens sibi non licere conloqui cum hospite.

Regula Benedicti, Caput LIII

Bibliografische Information Der Deutschen Nationalbibliothek
Die Deutsche Nationalbibliothek verzeichnet diese Publikation in der Deutschen Nationalbibliografie; detaillierte bibliografische Daten sind im Internet über http://dnb.d-nb.de abrufbar.

ISBN 978-3-941462-28-1
1. Auflage 2010

Konzeption und Gestaltung: Markus Nolte
Fotos: Markus Nolte - außer: Archiv Europakloster (65, 66) | Archiv Abtei Wurmsbach (76) | Fr. Thomas, Abtei La Trappe (128, 131) | Martin Betz, Tellux-Film (155, 158, 159) | Br. Martin Horwath, Abtei Mount Saint Bernard (198, 199, 201, 202) | Bonifatiuswerk (222-225, 227, 228, 231) | Jens Joest (225, 227, 228, 231) | Archiv Nový Dvůr (234, 235, 237, 239) | Michał Banaś (244) | Archiv Abtei Tyniec (245, 248, 249).
Gesamtherstellung: **dialog**verlag Münster
Druck: Druckhaus Tecklenborg, Steinfurt

Jenem Menschen, der daheim blieb.

SOMMERKLÖSTER

Als Gast in den faszinierendsten Abteien Europas

Markus Nolte

dialogverlag Münster

ALLE FREMDEN, DIE KOMMEN, SOLLEN AUFGENOMMEN WERDEN WIE CHRISTUS; DENN ER WIRD SAGEN: „ICH WAR FREMD, UND IHR HABT MICH AUFGENOMMEN.“

Benediktsregel, Kapitel 58

Geleitwort

Über dieses Buch

Deutschland

Österreich

Schweiz

Italien

Frankreich

Spanien

Großbritannien

Belgien

Norwegen

Primazialabtei Sant' Anselmo, Rom

Abtprimas Notker Wolf

Geleitwort

Die Seele der Welt

Bilder und Reportagen von 24 Klöstern – ein Fotoband mehr in einem schon umfangreichen Sortiment? Ein ästhetischer Ausflug in die Kostbarkeiten unserer abendländischen Kultur? Mag sein, und der Genuss sei den Kulturpilgern wohl gegönnt. Unser menschliches Bedürfnis nach Harmonie und Schönheit, nach Stil und Form, kommt in der täglichen digitalen Welt sowieso zu kurz, wenn es nicht gar erstickt wird. Manche sprechen von der Ästhetik von Zahlenreihen, schön aber werden Zahlen erst, wenn sie im Goldenen Schnitt in der Baukunst mit gemeißelten, lichten Steinen umgesetzt werden. Wir reden von Styling, und doch scheint mir damit nur eine oberflächliche, modische Ästhetik erzeugt zu werden, auch wenn sie noch so ansprechend wirkt. Stilvolle Bauten, stilvolle liturgische Gewänder sind ein Ausdruck einer menschlichen Haltung, einer Erfahrung von Gott und Mensch, dem Ineinander des Fanum, des Göttlichen, und des Profanum, des Weltlichen. Der Mensch selbst aber umgreift beides. Beides erst kommt in ihm zusammen, sein göttlicher Ursprung und sein zeitliches Sein und Wirken in dieser Welt.

Touristenscharen bevölkern die klösterlichen Kulturdenkmäler, erhöhen noch ihren Genuss bei den abendlichen Events von »Light and Sound«. Als ich vor Jahren einmal das Straßburger Münster betrat, saßen schon zahlreiche Besucher für eine solche Veranstaltung auf den Tribünen. Da der Beginn erst eine halbe Stunde später angesagt war, nützte ich die Zeit, stellte mich in die Vierung und hob das »Jubilate Deo« an, einen der schönsten Gesänge des Gregorianischen Chorals. Der Küster rannte auf mich zu, blieb aber unvermittelt stehen.

Der Lärm der laut redenden Besucher war plötzlich verstummt. Alle lauschten dem Gesang. Ich konnte dem Münster seine eigentliche Würde vermitteln, die Menschen waren dankbar.

Und so zieht es auch viele Menschen in Klöster, weil sie über die Kunst hinaus etwas fasziniert, das sie nicht zu definieren vermögen, aber durch den Anblick der Kunst und die geistliche Musik verspüren. Es ist mehr als Steine, Farben und Töne. Es ist etwas, das sie von innen her erfüllt und sie eint.

In den hier dargestellten Klöstern leben Menschen, die nichts anderes wollen, als nach den Anweisungen des abendländischen Mönchsvaters Benedikt von Nursia das Evangelium Jesu Christi zu verwirklichen, in den Alltag umzusetzen, oft schon seit Jahrhunderten. Die Klöster sind ihr Lebensraum, sie sind ihr Tun und Atmen, das sich in den künstlerischen Zeugnissen widerspiegelt. Es sind nicht Menschen, die sich der Ästhetik und dem Kunstgenuss verpflichtet fühlen. Es ist ihr Lebensraum, dessen Menschlichkeit durch das Göttliche seine Gestaltung und Erfüllung findet. Mönche gestalten nicht sich selbst, sondern lassen sich von Gott formen. Mönche suchen nicht sich selbst, sondern sind zeitlebens auf der Suche nach dem je größeren Gott. Mönche sind nie fertig, sie streben immer weiter, ein Streben, das sich niederschlägt in den Höhen gotischer Kathedralen und dem Zauber des himmlischen Barock. Sie ruhen nicht in sich selbst, sie ruhen in Gott und blicken durch die romanischen und gotischen Bögen der Kreuzgänge auf Gott, der sich ihnen in Blumen und Kräutern, im Gesang der Vögel und dem Plätschern des Wassers offenbart. Alles wird dem Mönch zum Geschenk, auch der Mönch sich selbst. Die Schlichtheit moderner Architektur öffnet unsere Wahrnehmung noch mehr für das sprudelnde Leben in all seiner wunderbaren Vielfalt und Spontaneität.

Mönche – und nicht minder Nonnen – öffnen sich in ihrem Leben immer mehr für Gott, für seine Schöpfung, sie werden offen für die Menschen, für jene Menschen, die von dieser besonderen Lebenswelt angezogen werden, Gäste – sie werden, wie der Mönchsvater Benedikt sagt, »dem Kloster nie fehlen. Sie sollen wie Christus aufgenommen werden«. Die Gastfreundschaft der Mönche und Nonnen ist nicht einfach eine Beherbergung, sondern die Entdeckung Gottes im Menschen, eines Gottes, der selbst Mensch unter Menschen geworden ist. Wer einen Gast, eine Schwester, einen Bruder aufnimmt, nimmt Christus selbst auf. Der Mönch gibt nicht nur, er versorgt nicht einfach den, der ankommt und mitleben möchte, er gibt ihm nicht nur ein Quartier und das tägliche Brot: Er schenkt vom Geschenkten und wird im Gast, im Gespräch, in seinem Mitleben selbst neu beschenkt.

Mönche und Nonnen sind die Seele der hier dargestellten Klöster. Weil sie in Gebet und Alltag bei Gott wohnen, holen sie die Gäste hinein in das Leben dieser Gemeinschaft mit Gott. Sie selbst suchen und nehmen andere mit auf den Weg. Die Gemeinschaft von Mönchen und Nonnen fasziniert, nimmt uns gefangen. Sie verweist auf das Urgeheimnis von Mensch und Welt, erinnert den Menschen an seine Würde über den weltlichen Alltag hinaus.

Lässt sich der Mönch von diesem Geheimnis ergreifen, in bereitwilliger Demut, drängen ihn Gott geschenkte schöpferische Kräfte, seine Lebenswelt zu gestalten, seinem Alltag, seiner Behausung, seinen Büchern stilvolle Formen und Schönheit zu verleihen, dem Wort seine Erweiterung im Gesang.

Der höchste Ausdruck dieses Geheimnisses ist die Liturgie, diese gemeinsame Feier des Gotteslobs und des Gedächtnisses von Tod und Auferstehung Jesu Christi, der zentralen Feier der Christen. Die Liturgie ist die Antwort der Mönche auf die liebende Zuwendung Gottes zu uns Menschen, sie öffnet sich ins Unendliche, sie bindet und eint das ganze mönchische Schaffen.

Säkularisierten Menschen unserer Zeit gehen solche Erfahrungen und eine solche Lebensausrichtung ab. Ihnen ist der Kern dieser Kunst fremd, einer Kunst, die weitab von reiner Ästhetik ein Ausdruck des beseelten Menschen ist, beseelt, weil er in dieser Welt wohnt und gleichzeitig unterwegs ist mit anderen im Blick auf die Unendlichkeit eines beglückenden Geheimnisses.

Ich wünsche Ihnen als Lesern und Betrachtern dieses Buches, dass Sie dem Weg der Mönche und Nonnen nachspüren, mitten auf Ihrem Weg durch diese digitale und globalisierte Welt Ihre eigene Seele entdecken und mit uns Mönchen und Nonnen dieser Welt eine Seele schenken.

Notker Wolf (* 1940) wurde mit 37 Jahren Erzabt der Benediktiner-Erzabtei St. Ottilien in Oberbayern. Seit dem Jahr 2000 ist er als Abtprimas Repräsentant von rund 25 000 Benediktinerinnen und Benediktinern in 1000 Klöstern weltweit. Sein Amtssitz ist die Primazialabtei Sant' Anselmo in Rom.

Über dieses Buch

Als Fremder in einer fremden Welt

Die 1500 Jahre alte, lateinische Klosterregel des heiligen Benedikt handelt im 53. Kapitel von den »hospes«, womit landläufig »Gäste« gemeint sind. Doch dieses Wort kann auch die »Fremden« bezeichnen – und damit ist der große Unterschied der Lebenswelten klar gefasst: Wer als Gast ins Kloster kommt, der kommt als Fremder, als einer, der schlichtweg anders ist. Aus der Perspektive der Mönche ist der Gast ein Fremder. Umgekehrt erleben viele Gäste das Kloster als eine fremde Welt, die ihrerseits schlichtweg anders ist. Kurzum: Gäste kommen als Fremde in eine fremde Welt. Das heißt auch: Klöster sind – so wichtig ihnen ihre Klausur, ihr eigenster Bereich ist – offen für die Fremden und für Fremdes. Ein grandioses Vorbild in Sachen Mut zu Weite und Toleranz für Gesellschaft, Kirche, persönliches Leben!

Benedikts Zeit – das fünfte und sechste Jahrhundert – war der unseren ganz ähnlich; sie war geprägt von Abbrüchen und zaghaften Aufbrüchen, von Völkerwanderung, Orientierungslosigkeit und der Suche nach Bleibendem. Die Welt veränderte sich und war vielen Menschen fremd geworden, Tausende hatten buchstäblich keine Heimat mehr. – Das mag das Spannende, das Attraktive, das Anziehende der Klöster auch heute sein: Womöglich suchen viele Menschen, denen sich ihre Welt aus Leistung, Erfolg und Atemlosigkeit zunehmend entfremdet, die sich auf der Suche nach dem Eigentlichen bisweilen selber fremd werden, unbewusst einen fremden Ort, in dem ihre eigene Fremdheit »aufgehoben« – also gelöst werden und ein Zuhause finden kann; und sei es eines auf Zeit. Jede Gastfreundschaft aber setzt voraus, dass die Gastgeber zuhause sind und sich dort wohlfühlen. Es muss Menschen geben, die bleiben – an ihrem Ort. Benediktinische Mönche sind solche Menschen; benediktinische Klöster sind solche Orte. Nicht ohne Grund gehört die »stabilitas«, das innere und äußere Bleiben, zu den drei klassischen mönchischen Gelübden – neben der Dynamik der »conversatio morum«, des klösterlichen Lebenswandels (darin steckt das Wandeln, aber auch Wandlung und Wende) und der »oboedientia«, des Gehorsams, des wachen Horchens auf das, was Gott heute sagen will.

Aus diesem Grund sind fast alle Klöster, von denen ich in diesem Buch erzähle, benediktinische Gemeinschaften. Ich glaube, dass ihr Bleiben am Ort wichtig ist für unsere unter manchem Mobilitätszwang stehende Zeit, die freilich auch eine Klosterzeit in entfernteren Gefilden ermöglicht. In diesem Buch geht es um traumhaft

Tor zur Abtei La Trappe, Frankreich

schöne Klöster in Europa, die ich zwischen 2006 und 2010 besucht habe, deren Mönche und Nonnen mich einige Tage mit ihnen leben und beten, sprechen und schweigen – und fotografieren ließen. So entstanden große Reportagen, die während der Ferienzeit in »Kirche+Leben«, der Wochenzeitung im Bistum Münster, erschienen und Woche für Woche über 300 000 Leserinnen und Leser fanden. Dass dabei vor allem männliche Gemeinschaften vorgestellt werden, liegt gewissermaßen an der »Natur des Autors«: Mönchsklöster lassen meist nur Männer in den inneren Bereich ihrer Klausur, Nonnenklöster öffnen sich vornehmlich für Frauen.

Die Brüder und Schwestern, die mich aufgenommen haben, taten dies oft mit dem für sie äußerst wichtigen Hinweis, dass ihre Klöster keine Hotels sind. Sie erwarten zu Recht von ihren Gästen, dass sie am klösterlichen Leben nicht nur interessiert sind, sondern wirklich daran teilnehmen – was besonders das gemeinsame Gebet in der Klosterkirche betrifft.

Dieses Buch will vom Reichtum dieser uralten und hochaktuellen Lebensform in ihren ganz unterschiedlichen Ausprägungen erzählen. Darum ist es kein Reiseführer, auch nicht schlicht eine Auflistung hübscher, geheimnisvoller Gebäude in pittoresken Landschaften, wie es derer zahlreiche gibt. Jede dieser Reportagen möchte vielmehr eine Mischung aus Exerzitien und Urlaub sein – also in die Tiefe und in die Weite führen, zum Nachdenken und zum mußevollen Genießen animieren und womöglich dazu anregen, das eine oder andere Kloster selber zu besuchen, um in der Stille sich und womöglich Gott neu zu finden, dem alles Fremde vertraut ist – so fremd er uns auch immer bleiben wird.

So sich das als Mittvierziger schon sagen lässt, habe ich die reichsten Jahre meines Lebens selber in einem Kloster verbracht; vermutlich war ich zu jung, als ich eintrat, aber die sechs Jahre, die ich zur Gemeinschaft der Abtei Königsmünster im sauerländischen Meschede gehören durfte, haben mich reifen lassen – bis hin zu der Entscheidung, ein Leben außerhalb von Habit, Klausur und geregeltem geistlichen Leben führen zu wollen. Dennoch: »Ganz aus den Klamotten« bekomme ich den Mönch vermutlich nie – und auch darum ist es wunderbar, dass ich in meinem Beruf dann und wann beide Professionen – den Mönch und den Journalisten – miteinander verbinden kann.

Gleichwohl ist auch die Recherche in einem Kloster, also einem Ort der Muße, oft mühsam, allemal mühselig, und nicht einmal für einen Ex-Mönch öffnen sich die Türen der Klausuren von selbst. Häufig blieben sie auch mir verschlossen, in den meisten Fällen gewährten mir die Brüder und Schwestern dennoch einen beeindruckend tiefen Einblick in ihr Leben, Denken und Sein. Ihnen allen sei dafür von Herzen gedankt, einigen namentlich: dem Abt von Maredsous, Bernard Lorent, der mir bei manchen anderen Klöstern ein wirksamer Fürsprecher war; dem Abt von Montecassino, Pietro Vittorelli, der mich schon bei unserem ersten Begegnen aufnahm wie einen Freund; dem Prior von Altenburg, Albert Groiß, mit dem mich eine über 20-jährige Freundschaft verbindet, obwohl wir uns fast 20 Jahre nicht gesehen hatten; beim Gastbruder der Abtei Praglia, Dom Walter Bernasconi, der nicht ganz unschuldig daran ist, dass ich ein neues »Lieblingskloster« fand. Schließlich danke ich Abtprimas Notker Wolf, dem Repräsentanten der weltweit 25 000 Benediktiner in Rom, für die immer wieder herzlichen Begegnungen und für sein Geleitwort.

Besonders aber danke ich zwei Menschen, ohne die ich dieses Buch zweifellos niemals geschrieben hätte: meinem damaligen Abt Stephan Schröer und meinem damaligen Novizenmeister, heute Prior von Königsmünster, Pater Marian Reke. Abt Stephan danke ich für den Mut zur Freiheit, den Glauben in die reichen Fähigkeiten jedes Menschen, das Hören auch auf die Jungen und Unerfahrenen, eine kritische Distanz zu allem, was als selbstverständlich und normal gilt, und einen unerschütterlichen Optimismus. Pater Marian danke ich für eine profunde Erschließung benediktinischer Spiritualität, die identisch ist mit einer Spiritualität des Menschseins; ein unbändiges Vertrauen in die Kraft des Ja, das unkündbar über jeden Menschen gesprochen ist; und ich danke ihm für seine freigebende Begleitung, an der auch meine Familie teilhaben darf. Ich danke ihm, gutheißender Segensbringer zu sein.

Diese beiden Mönchsmenschen und die ganze Abtei Königsmünster haben mich die Kirche als einen angstfreien, weiten Hort der Freiheit erfahren lassen, wo jeder aus tiefstem Herzen willkommen ist, ohne dass jemand fragte, ob er getauft, ob er katholisch, ob sein Leben in Übereinstimmung mit lehramtlichen Moralgesetzen wäre. Sie haben mich eine Kirche erfahren lassen, die als erstes den Menschen sehen will – und dies auch tut. Eine Kirche, die sich Mühe gibt in dem, was sie feiert, was sie predigt, was sie lebt. Eine Kirche, die sich selbst hinterfragt und von außen hinterfragen lässt. Eine Kirche, in der Ökumene selbstverständlich und mutig gelebt wird. Eine Kirche, die sich nicht einschüchtern lässt – weder von den Mächtigen außerhalb noch von den Mächtigen innerhalb ihrer Gemeinschaft. Schließlich eine Kirche, die Mut zu Neuem, zum Experiment, zum Fragment hat. Und alles in allem eine Kirche, deren Mitte auch wirklich das Zentrale ist: Gott, der treue, der andere, der liebende. Dafür bin ich von Herzen dankbar. Ich bin fest davon überzeugt: Wieder einmal steckt in den Klöstern das größte Potenzial für eine »Schocktherapie des Heiligen Geistes« (J. B. Metz), derer die Kirche so sehr bedarf. Man müsste nur hingehen, die Klöster sprechen lassen (und selber einmal schweigen), man müsste zuhören mit dem Ohr des Herzens – und die Traute haben, auch heute mit Propheten zu rechnen. Im eigenen Land.

Markus Nolte

Montecassino, am 11. Juli 2010,
Fest des heiligen Benedikt von Nursia,
Patron Europas

Deutschland
Reichenau
Benediktiner

Als im Jahr 724 der heilige Pirmin die Reichenau im Bodensee betrat und dort ein Kloster gründete, begann eine Zeit höchster geistlicher, kultureller und politischer Strahlkraft. Doch vor 250 Jahren verliessen die letzten Mönche die Insel. Jetzt leben wieder Benediktiner dort – in einer kleinen, sympathischen Kommunität.

Laudes in der Chorkapelle – wie immer mit Gästen.

St. Pirmin am Reichenau-Ufer, seine Nachfolger: Br. Sebastian, P. Daniel, Erzabt Theodor (Beuron), P. Stephan und ihr Klösterchen.

Cella St. Benedikt, Reichenau / Deutschland

Pirmins neue Pioniere

Wären die Mönche nicht gewesen, stürzten sich am Anfang der Insel auch keine rasenden Schweine kopfüber ins Wasser. Gleich in der ersten Bauerschaft der Reichenau, Oberzell. Der Flug des Borstenviehs ist beeindruckend – mindestens so sehr wie die Kuhhaut wenige Schritte weiter, die, seit es sie gibt, Patin steht für jenen politisch fürchterlich unkorrekten Spruch, demgemäß das tägliche Geschwätz von Frauen eben nicht auf jene Kuhhaut geht.

So merkwürdig das anmutet: Man hat es bei diesen beiden tierischen Szenen mit Weltkultur erster Güte zu tun. Denn fliegende Schweine und gegerbtes Rindvieh sind Teil einer ganzen Reihe von außergewöhnlichen mönchischen Wandmalereien, die die Oberzeller St.-Georgs-Kirche seit über 1100 Jahren schmücken. Die linke Seite des Kirchenschiffs, auf der Seeseite gewissermaßen, zeigt vier Heilungs- und Wunderszenen aus dem Leben Jesu – und alle haben, mal klarer, mal verschlüsselter, mit Wasser zu tun, was sich zweifelsohne gut macht in einer Inselkirche: Besagte Schweine von Gerasa tauchen da auf (beziehungsweise eher unter), ein Wassersüchtiger wird geheilt, Jesus stillt den Sturm auf dem See Gennesaret, und selbst in der Geschichte des vierten Bildes, der Heilung eines Blindgeborenen, streicht Jesus diesem einen Teig aus Speichel und Erde auf die Augen und bittet ihn, sich im Teich Schiloach zu waschen; daraufhin ist er geheilt.

Freilich: Wo Fülle und Überfülle, Wasser und die Früchte der Erde und der menschlichen Arbeit in derartigen Dimensionen zu greifen sind wie auf der Reichenau, ist die Rede vom Leben in Fülle nur plausibel. Reich Gottes und Paradies – beides könnte sich problemlos niederlassen auf diesem lieblichen Eiland. Vielleicht ist es sogar so. Wer weiß? – Allerdings: Wären um das Jahr 724 herum nicht rund 40 Mönche im Gefolge des heiligen Pirmin ausgezogen, hätten sich auf ein wildwucherndes Ländle im Bodensee übersetzen lassen und eine ihrer ersten und vornehmsten Aufgaben darin gesehen zu roden, zu jäten und zu hacken – es gäbe die wunderbaren Bibelbilder in Oberzell nicht, es gäbe Oberzell nicht, St. Georg nicht, und Reichenau hieße mit Sicherheit nicht Reichenau, weil es keine reiche Au im Bodensee gegeben hätte für, sagen wir, eine lange, lange Zeit.

Fakt aber ist: Am Anfang aller Kultur stehen schmutzige Hände und Rückenschmerzen. Heute hat die »Gemüseinsel Reichenau« der einstigen »Klosterinsel« den Rang abgelaufen. Auf rund 240 Hektar werden jährlich 18 000 Tonnen Gemüse, darunter 14 Millionen Gurken, 2000 Tonnen Tomaten und 5 Millionen Salatköpfe geerntet. Ein liebliches Land, das – sieht man von der Feldarbeit ab – nichts Raues, Hartes, Schweres kennt. Es grünt und blüht, summt und surrt und zirpt, dass es eine Wonne ist. Es kann gar geschehen, dass nichtsahnende Besucher urplötzlich und unbestellt Schuberts Ave Maria umsäuselt, nur weil man die Kirche von Niederzell betreten hat, wo Flötistin und Organist gar Hübsches vorbereiten für ein laues Sommerkonzert demnächst. Ringsherum ist Wasser, Wasser, Wasser. Fruchtbarkeit überall in Hülle und Fülle. Es mangelt wahrlich an nichts, im Gegenteil: Die rund 3000 Inselbewohner sammeln sich des Sonntags größtenteils sorglos in drei Kirchen, jede steht für eine eigene Pfarrei – Strukturreform und Fusionen sind auf dem Festland geblieben, noch.

Reichsabtei Karls des Großen

Die drei Kirchen von Ober-, Mittel- und Niederzell gehen allesamt auf die Urzelle jener Mönche um den heiligen Pirmin zurück, die »Wiege der abendländischen Kultur« stand dort: in Bibliothek, Scriptorium, Kunstwerkstätten und Kräutergärten der einstigen Reichsabtei Karls des Großen. Der berühmte Klosterplan St. Gallens etwa entstand zwischen 825 und 830 in den Schreibstuben des Klosters Reichenau mit der Mittelzeller Münsterkirche zu den heiligen Maria und Markus. Die Prachtwerke der so genannten »Liuthargruppe« gelten als einige der eindrucksvollsten der Buchmalerei: Das Evangeliar Ottos III., die Bamberger Apokalypse, das Perikopenbuch Kaiser Heinrichs II. und der Egino-Codex sind schlichtweg Paradebeispiele ottonischer Buchkunst. Zehn der bedeutendsten mittelalterlichen Reichenauer Handschriften stehen gar auf der Liste des »Memory of the World« der Unesco, und die ganze Insel gehört längst zum Weltkulturerbe – inklusive der drei Inselfeiertage: dem Heilig-Blut-Fest am Montag nach dem Dreifaltigkeitssonntag (zu dem bis heute diverse Äbte und Bischöfe für Pontifikalamt und Festumzug inklusive »Preußens Gloria« auf die Insel kamen), dem Markusfest am 25. April und dem Hochfest der Aufnahme Marias in den Himmel am 15. August.

Rechte Seite: Refektorium und Klosterkirche Niederzell

Blütezeit mit 100 Mönchen

Gleichwohl: So sehr die Insel eine einzige blühende Landschaft ist – die Blütezeit des Mönchtums ist schon lange Vergangenheit. All die wertvollen Schriften sind längst von der Insel verschwunden – ebenso wie die Mönche. Erst vor kurzem fand man im Garagenhof der Winzergenossenschaft unweit der Münsterkirche die Skelette von sechs Brüdern, wohl um die 1000 Jahre alt.

Mitte des achten Jahrhunderts lebten rund 100 von ihnen auf der Reichenau, sieben Jahrhunderte später waren es zeitweilig nur noch zwei. Dann wuchs die Klostergemeinschaft wieder an, 1757 schließlich wurden die letzten Mönche vertrieben, bevor im Zug der Säkularisation das Ende der einstigen Abtei Reichenau feststand.

Dann aber! Fast 250 Jahre später, im Jahr 2001, kommen still und leise wieder zwei Mönche auf die Insel. Benediktinisches Leben beginnt – wie alles Leben – mit einer Zelle, wenn auch einer mönchischen, und zwar in einer Ferienwohnung, praktischerweise keine 50 Meter von der Niederzeller Kirche St. Peter und Paul entfernt. Bis zum Wasser sind es nur ein paar Schritte.

Der Start der neuen Pioniere Pirmins gestaltete sich indes ungleich weniger Aufsehen erregend als dessen erste Schritte auf Inselboden anno domini 724. Nach Auskunft der Heiligenlegende Pirmins nämlich soll bei seiner Ankunft allerhand fieses Getier, »schreckliche Brut von ungewöhnlichen Würmern und eine erstaunliche Menge grässlicher Schlangen«, das Weite gesucht und sich wie die bibli-

schen Schweine von Gerasa in die Wasser des Bodensees gestürzt haben. Von der Ankunft Pater Stephan Vorwerks und des Altabtes von Jerusalem, Nikolaus Egender (ein Mönch der orthodox-ökumenisch ausgerichteten Abtei Chevetogne in Belgien), ist derlei freilich nicht berichtet, aber eine Parallele gibt es doch. Bis zu seiner Ankunft am Bodensee nämlich lebte Pater Stephan (51), Münsterländer aus Havixbeck und nach wie vor Mönch der Abtei Gerleve, nur zehn Fahrminuten von jenem biblischen Ort Gerasa entfernt: in Tabgha am See Gennesaret, in dem nicht nur besagte dämonenverseuchten Schweine ersoffen, an dessen Ufer vielmehr auch Jesus predigte, heilte, Brot vermehrte, wanderte und ausruhte, über den See zu den angstgelähmten Jüngern schritt und Sturm und Wellen Einhalt gebot.

Nun lebt Pater Stephan erneut an einem See, der an dieser Stelle doch glatt Gnadensee heißt. »Wenn es denn also um Fülle, um Lebensfülle gehen soll in unserem Glauben«, sagt er, »dann ist Wasser zweifelsohne das beste Bild, um das zu versinnbildlichen.« Pater Stephan ist selber ein lebensdurstiger Mensch, hoch gewachsen, hellen Blickes. Dass die Ärmel seines Habits fast immer hochgekrempelt sind, steht weniger für blinden Aktivismus als dafür, dass er Träumen zutraut, Wirklichkeit zu werden. Weil keiner weiß, wann und wie, muss man bereit sein und schon einmal in die Hände spucken, bildlich.

St. Georg, Oberzell, mit »Kuhhaut«

2001, noch in Tabgha, einer Filiale der Benediktiner von Jerusalem, sehnte sich Pater Stephan nach dem heimischen Kulturkreis – und einer neuen mönchischen Herausforderung. Ihm fiel die Reichenau ein, »Altabt Nikolaus war sofort begeistert und sagte zu, die ersten Monate mit mir zusammen zu bleiben«. Warum ausgerechnet die Reichenau, wo die nahe gelegene Erzabtei Beuron schon Ende des 19. Jahrhunderts mit Gründungsabsichten am damaligen politischen Widerstand scheiterte? »Es fasziniert natürlich«, sagt Pater Stephan, »auf diesen dicken, tief gründenden Wurzeln aufzubauen. Das muss doch einfach gelingen!«

Machen wir es kurz: Es gelingt. Altabt Nikolaus kehrte – wie vereinbart – in seine Abtei Chevetogne zurück, dafür kam im Jahr 2003 der damalige Novizenmeister der Erzabtei Beuron, Pater Daniel Riedmann (41), und am 13. Juni 2004 wurde die »Cella St. Benedikt« in Niederzell offiziell der Erzabtei St. Martin in Beuron angegliedert. Einige Zeit später erhielt das Klösterchen auch einen eigenen Novizen – und er blieb: Bruder Sebastian Haas-Sigel (30), der seine Ausbildungszeit allerdings in der Erzabtei verbringen musste. Pater Daniel ist mittlerweile Pfarrer aller drei Pfarreien der Insel, Pater Stephan, zugleich Oberer des Klosters, hilft in der Seelsorge mit. Gemeinsam begleiten sie im einstigen Niederzeller Pfarrhaus, einem schmucken Gebäude aus dem 18. Jahrhundert, Menschen in Einzelgesprächen, geben Exerzitien, informieren Besuchergruppen über benediktinisches Leben – und feiern vor allem Gottesdienst.

Gotteslob mit Saitenspiel

Anfangs sangen sie ihr Stundengebet in der Peter-und-Paul-Kirche (gestaltet im ungewohnten Stilmix von Romanik und Rokoko); dann aber entrümpelte Pater Stephan einen Abstellraum an der Seite des Kirchleins – und zum Vorschein kam eine wunderschöne, kleine romanische Kapelle. Längst kommt eine feste Schar von Gläubigen, schon morgens früh zu den Laudes, und singt mit den Mönchen die Psalmen – im wahrsten Wortsinn begleitet von »Saitenspiel«: Pater Stephan zupft auf einem »Psalter« und bettet die Psalmverse auf zart plätschernde Melodienbächlein.

Mal singen sie gregorianisch, mal in orthodoxer Manier vierstimmig (und längst können alle mitsingen). Sonntagmorgens wird, alter Jerusalemer Tradition entsprechend, stets ein österliches Evangelium verkündet, derweil durchs Ostfenster dicke Sonnenstrahlen in den still aufsteigenden Weihrauch schießen. Kaum ist die Botschaft beendet, erschallt ein festliches »Christ ist erstanden!«. Jeden Sonntag in der Frühe. Und die kleine steinerne Kapelle erscheint wie das Grab am Ostermorgen. Eine Zelle, aus der neues Leben aufbricht – nicht weniger als verheißene Fülle. ■

St. Georg in Oberzell.

Reise-Tipps

Anreise

Die Cella St. Benedikt auf der Bodensee-Insel Reichenau ist im ehemaligen Pfarrhaus in Niederzell angesiedelt. Von Konstanz aus führt der Weg über eine Verbindungsstraße auf die Insel. Niederzell liegt im äußersten Nordwesten der Reichenau. Flugmöglichkeiten bis Friedrichshafen (D / von dort eine Autostunde) oder bis Zürich (CH / von dort ebenfalls eine Autostunde).

Unterkunft

Die kleine Gemeinschaft kann in ihrer räumlich begrenzten Cella nur sehr beschränkt mehrtägige Aufenthalte ermöglichen. Tagesbesuche (auch von Gruppen) sind nach Anmeldung möglich.

Kontakt

Cella St. Benedikt
Eginostraße 19 (Pfarrhaus Niederzell)
D-78479 Reichenau
Tel.: 0049 / (0) 75 34 / 99 58 52
www.benediktiner-reichenau.de

Sehenswertes in der Umgebung

◊ Marienmünster Mittelzell (8. Jh., Reichenau)
◊ St.-Georgs-Kirche Oberzell (um 900, Reichenau)
◊ Konstanz (12 km): Münsterkirche (11. Jh.), Dreifaltigkeitskirche (13. Jh., ehemalige Augustinerkirche, Fresken des Konzils zu Konstanz)

Münsterkirche Mittelzell – einst Zentrum der Klosterinsel Reichenau

Deutschland
Marienthal
– Zisterzienserinnen

Wer weiß, wenn es Anfang des 13. Jahrhunderts nicht eine heimtückische Bluttat gegen König Philipp IV. von Schwaben gegeben hätte – möglicherweise wäre Deutschland um ein traumhaft gelegenes Kloster ärmer. So jedenfalls liegt im äussersten Osten der Republik, direkt an der Neisse, das älteste, ununterbrochen bestehende Zisterzienserinnenkloster in Deutschland: Marienthal in Ostritz.

Rosa schimmernde Perle: Blick auf das Kloster Marienthal, rechts im Wald verläuft der Grenzfluss Neiße.

Zwischen urtümlicher Natur und goldenem Barock: die Neiße, Schwester Hildegard am Pfortenfenster, Figuren im Klosterhof.

Zisterzienserinnen-Abtei Marienthal, Ostritz / Deutschland

Am Anfang stand ein Mord

Ein Tal, ein Fluss und etwas fruchtbares Land – viel mehr braucht es nicht für die Mönche und Nonnen des Zisterzienserordens, viel mehr soll es auch gar nicht geben. Im Fall des Klosters, von dem hier zu erzählen ist, stimmt das alles: Die Abtei Marienthal liegt derart geduckt in einem Tal der Oberlausitz, dass nur der es finden kann, der den einen oder anderen Hinweis erhalten hat, den Namen schon einmal gehört und deshalb einen Blick hat für die kleinen Schilder in dem Örtchen Ostritz oder weil er irgendwann tatsächlich schon einmal hier war. Zufällig kommt wohl kaum jemand hierher, was schade ist, denn die Abtei Marienthal ist das älteste Zisterzienserinnenkloster Deutschlands. Seit dem Jahr 1234, nur 136 Jahre nach Gründung des ersten benediktinischen Reformordens durch Robert von Molesmes im Jahr 1098, besteht es ohne Unterbrechung.

Ein Tal, ein Fluss und etwas fruchtbares Land: Zisterzienser beherrschten schon immer die Kunst dessen, was man heute »understatement« nennt. Während die Benediktiner ihre Abteien gern weit sichtbar auf einem Berg bauten, versteckten die Reformmönche ihre Klöster und turmlosen Kirchen mit Vorliebe geduckt in entlegenen Tälern. Dennoch: Unscheinbar waren und sind die Zisterzienser und ihre Bauten kaum, das weiß man von den Urklöstern Citeaux und Cluny in Burgund, das sieht man in Altenberg im Bergischen Land oder – belebt – in der Abtei Marienstatt im Westerwald, und seit einigen Jahren macht das wiederbesiedelte Kloster Helfta bei Magdeburg mit seinen ursprünglich aus Landshut stammenden Zisterzienserinnen viel von sich reden.

Dagegen ist Marienthal ein wahres, gleichwohl stilles Kleinod, traumhaft gelegen in der sanft geschwungenen Landschaft der Oberlausitz, im Dreiländereck Deutschland-Polen-Tschechien, eine halbe Autostunde von Görlitz entfernt, und wem sich nach dem Abbiegen von der Hauptstraße und einigen Kurven das Tal öffnet, der wähnt sich stolz und bewegt als Entdecker eines kleinen Schatzes, einer rosa schimmernden Perle, gebettet in sattgrünem Samt aus Wiesen und Wäldern. Tatsächlich wirkt die Klosteranlage mit ihren vier kupfergrünen Kuppeltürmchen, zahlreichen Fenstern, der kunstvollen Schmuckfassade und so manchen vorgelagerten Gebäuden wie ein schmuckes Barockschlösschen, in dem zu früheren Zeiten allemal eine gräfliche Familie samt Gesinde und angrenzend kleinem Weinberg gelebt haben könnte oder das ein genießerischer Landesfürst sich zum sommerlichen Lustschloss erkoren hätte.

Rechte Seite: Äbtissin Regina Wollmann steht der Gemeinschaft aus 16 Schwestern vor.

Als sei das alles noch nicht genug an Heimeligkeit, gesellt sich zu diesem lieblichen Anblick auch noch eine Störchin, die stolz hoch oben auf dem roten Dach mit ihrem nicht minder roten Schnabel klappert. Wäre noch zu erwähnen, dass gleich hinter Meister Adebar ein Wildbach rauscht, der in Wirklichkeit die Neiße ist. Am anderen Ufer ist Polen.

Fast eine Spur zu idyllisch, ein Hauch zu selbstverliebt, rein äußerlich. Offenkundig dachten sich das auch die Schwestern und schrieben also als ersten Satz in ihren Klosterführer: »Ecclesia semper reformanda – die Kirche steht in stetigem Wandel.« Das ist ein wagemutiges Bekenntnis, ein gleichwohl selbstbewusstes Unterfangen für die heute 16 Schwestern, die nur noch einen Teil des Klosters bewohnen, sich aber nicht damit begnügen wollen, das Kloster Museum werden zu lassen – schon gar nicht in einer Gegend, die auf der Suche nach Arbeit, Geld und Glück mehr Menschen verlassen als dass sie aushielten.

Die Nonnen bleiben, sie sind immer geblieben in den über 770 Jahren des ununterbrochenen Bestehens der Abtei. »Bleiben« also hat Tradition in Marienthal, Gott sei Dank. Und dennoch machen sich die Zisterzienserinnen in ihrem entrückten Oberlausitztal nichts vor: »Wir nehmen sehr deutlich wahr, dass wir älter werden, dass wir nicht mehr alles machen können«, sagt etwa Schwester Hildegard, die 72-Jährige. Seit 45 Jahren lebt sie in Marienthal, war Priorin, Stellvertreterin der Äbtissin, stammt aus Berlin – und hat auch als Liebhaberin der Stille nicht das verloren, was man in weniger frommen Zusammenhängen liebevoll »Berliner Schnauze« nennen würde. »Zusammen mit drei

anderen Berlinerinnen sind wir bei 16 Nonnen doch eine ganz ordentliche Fraktion«, sagt sie. Mal äugelt sie verschmitzt über den goldenen Rand ihrer Brille, mal verzieht sie selbstironisch den Mund, und obwohl nicht mehr gut zu Fuß, traut man ihr doch so manchen mutigen Schritt zu, wenn es darum geht, mit ihren Schwestern in eine gute Zukunft zu gehen.

Dazu muss man freilich wissen, dass Schwester Hildegard ursprünglich Medizin studiert hat. »In Berlin natürlich, im Osten«, sagt sie, hebt die Augenbrauen, schürzt die Lippen und fügt hinzu: »als es noch keine Mauer gab!« Zumindest nicht während ihres Studiums. Dann aber kam der Tag ihres Examens und, »ob Sie's glauben oder nicht: Plötzlich stand die Mauer da, ich kam nicht rüber und aus war's mit dem Ärztinnendasein.« Nickt heftig, wirft die Hand auf den Tisch: »Jetzt kommen Sie!«

Solch bodenständige Geschichten haben Tradition in Marienthal, und am Anfang der Klosterhistorie stand gar eine ganz besonders handfeste, an deren Beginn ein so weltlich Ding wie ein heimtückischer Mord steht. Gemeuchelt wurde näherhin anno 1208 König Philipp IV. von Schwaben. Dessen Tochter war Kunigunde, Gemahlin des böhmischen Königs Wenzel des Einäugigen, zu dessen Reich im nördlichsten Teil die Oberlausitz zählte. Eben jene Königin Kunigunde gründete in Trauer über den Mord an ihrem Vater und in Gottvertrauen das Kloster Marienthal, damit dort, wie es in der Stiftungsurkunde des Jahres 1234 heißt, »für sie (die Königin) und ihrer Eltern Seelenheil für ewige Zeiten gebetet werde«. Zur Stiftung

Abteikirche: Altarraum (oben) und Nonnen-Empore.

gab sie ein Anwesen »mit all seinem Zubehör, bebautem und unbebautem Land, Wegen und Nichtwegen, Feldern, Wiesen, Gewässern und Wassergräben, Waldungen und Fischereien, Mühlen und mit aller Nutznießung, die sich jetzt und in Zukunft ergeben wird und durch Kaufrecht oder durch die Freigebigkeit guter Menschen dazukommen kann.«

Unterm Schutz der böhmischen Krone entwickelte sich »St. Marienthal«, wie es auch heißt, ganz wunderbar. Später behielt sich das Prager Erzbistum, als die Lausitz 1623 an den sächsischen Kurfürsten fiel, im so genannten Traditionsrezess das oberste Schutzrecht vor – was dem Kloster gar das Überleben in Josephinismus und Säkularisation brachte. Gleichwohl kam mit den Hussiten 1427 die nahezu völlige Zerstörung der Abtei, während der Reformation wurden innerhalb von 80 Jahren drei Äbtissinnen abgesetzt, und nach einem gewaltigen Feuer 1683, das das Kloster bis auf die Grundmauern niederbrannte, entstand die heutige Anlage im Böhmischen Barock.

Marienthal war immer ein Konvent aus starken Frauen. Schon im 19. Jahrhundert entschlossen sie sich, ein Waisenhaus und eine Volksschule zu eröffnen. Diese wurden von den Nazis wieder dicht gemacht, doch als sie in den letzten Kriegstagen das Kloster in Schutt und Asche legen wollten, damit dieses Kulturgut nicht »dem Feind« in die Hände fiel, hatten sie die Rechnung ohne die Schwestern gemacht. »Wenn sie das Kloster sprengen wollen«, habe die damalige Äbtissin Celsa Gutte gesagt (die nach fast 40-jähriger Amtszeit 1982 zurücktrat), »dann müssen sie uns mit in die Luft jagen.« So erzählt es Schwester Hildegard. »Wie Sie sehen«, sagt sie und blinzelt wieder einmal über die Brille auf ihrer Nase, »sie hat die Nazis überzeugt. Es steht noch alles.« – Allerdings hat die Abtei mit der Oder-Neiße-Grenze 1945 auch einen großen Teil ihrer Ländereien jenseits des Flusses direkt am Kloster verloren.

Und weil das DDR-Regime sich nicht nachsagen lassen wollte, das geschafft zu haben, was den Nazis nicht gelungen war, blieben die Schwestern auch in dieser folgenden Zeit der Geschichte relativ unbehelligt. 1955 gründeten sie ein Pflegeheim für geistig behinderte Mädchen und Frauen, und als 1989 zur 750-Jahr-Feier internationale Gäste erwartet wurden, ließ man sogar das Kloster streichen – allerdings nur die Fassaden.

Dann kam die Wende, »und das war auch im Kloster eine Wende«, erzählt Schwester Hildegard: »Das Kloster hat sich geöffnet, wir durften erstmals so etwas wie Urlaub machen.« Zudem entdeckten die Schwestern neu ihre besondere Lage im Dreiländereck: »Die Menschen müssen aufeinander zugehen«, sagt Schwester Hildegard, jetzt ganz ernst. Die Idee eines Internationalen Begegnungszentrums entstand, und weil es viele nicht mehr verwendete Gebäude auf dem Klostergelände gab, entschloss sich der Konvent 1992 zur Gründung der »Stiftung Internationales Begegnungszentrum St. Marienthal«, unterstützt etwa von der Deutschen Bundesstiftung Umwelt, der Allianz-Umweltstiftung, der Deutschen Stiftung Denkmalschutz und dem Freistaat Sachsen.

Der Kälber- und Rinderstall wurde zum »Europazentrum der Familien und Generationen«, aus dem Schweineauslauf ist ein »Bibelgarten« entstanden, aus dem Gesindehaus eine Caféteria. Am Torbogen des Klostergeländes weist eine Muschel auf den Zittauer Jakobsweg (Posen-Görlitz-Prag) hin, und eine kleine Tafel erläutert, Papst Benedikt XVI. habe die Hinweisschilder im Mai 2006 bei seinem Polenbesuch gesegnet. Der größte Teil der Gebäude ist picobello herausgeputzt, mittlerweile finden dort Kurse, Begegnungen und Besinnungstage statt, auch ökumenisch, es gibt einen freundlichen Gästebetrieb für Einzelne, Familien und Gruppen, Busse kommen von nah und fern zur Besichtigung der Anlage, der Kreuzkirche, der ökologischen Energieanlage, Besucher kaufen im Klosterladen einen »Gesundheitstrunk« namens »Marienthaler Klostergeheimnis«, speisen in der Klosterschänke aus dem Jahr 1740 von Tellern, die das Wappen der amtierenden Äbtissin Regina Wollmann ziert, oder beten in der Klosterkirche im Nazarenerstil.

Ab und an sieht man eine Schwester. Eher hört man sie, beim Psalmensingen im Nonnenchor. Sie sind geblieben. Gott sei Dank. ■

Reise-Tipps

Anreise

Die Abtei St. Marienthal liegt malerisch in der Oberlausitz, im Dreiländereck Deutschland – Tschechien – Polen, zwischen Zittau und Görlitz (dort auch Bahnanbindung). Flugmöglichkeit bis Dresden (D / von dort 110 Kilometer).

Unterkunft

Übernachtungsmöglichkeiten in Einzel- und Doppelzimmern mehrerer Gästehäuser (von 36 bis 51 Euro inkl. Vollpension). Anmeldung auch über ein eigenes Reservierungsprogramm im Internet.

Kontakt

Klosterstift St. Marienthal
St. Marienthal 1
D-02899 Ostritz
Tel.: 0049 / (0) 35 823 / 7 73 00
www.kloster-marienthal.de

Sehenswertes in der Umgebung

◊ Dom St. Petri Bautzen (ökum. genutzt / 65 km)
◊ Zisterzienserinnen-Abtei Marienstern (ununterbrochen seit 13. Jh.) in Panschwitz-Kuckau (84 km)

Verbundenheit mit der Schöpfung: im Bibelgarten (oben) und auf dem Jakobs-Pilgerweg, erkennbar am Muschelzeichen.

Deutschland
Königsmünster
Benediktiner

Die Abtei Königsmünster im Sauerland gehört nach wie vor zu den jüngeren Benediktinerklöstern in Deutschland: 1928 von den Missionsbenediktinern von St. Ottilien gegründet, erlebte die Gemeinschaft gleichwohl eine bewegte Geschichte. In den 1980er Jahren platzte das Noviziat aus allen Nähten, und bis heute ist Königsmünster ein Ort, an dem Bewährtes neu gedacht und das Neue wach wahrgenommen wird. Auch in der Architektur der Abtei.

Christus, dem wahren König des Friedens geweiht: Blick aus der Apsis in die Abteikirche.

Modernste Architektur: Das Haus der Stille (Peter Kulka, 2001), die Abteikirche (Hans Schilling, 1964), Refektorium und Kapelle (Peter Kulka, 1987).

Benediktinerabtei Königsmünster, Meschede / Deutschland

Kraftfeld von Wende und Wandel

Einst reiste ein Gast, kaum angekommen, wieder ab. Barock hatte er erwartet, ein Kloster, wie er es sich erträumt hatte: Wärme, Sicherheit, Geborgenheit und Schwelgen und Schwimmen in Bildern von Heiligen, umtönt von der Himmlischen Chor. Eine schönere Welt, kurz gesagt, sorgenfrei, sorglos, umsorgt. Fango mit Vollpension für Leib und Seele. – Der Gast ist vergeblich gekommen und frühzeitig etwas betrübt abgereist. Denn was er fand, war: Beton statt Barock. Das ist das Schlagwort schlechthin: Beton. Da dachte man, jene kalte Zeit und diesen tumben Baustoff hätte man gottdank hinter sich, in dem sich die Menschen gar ums Leben bringen, und nun ist er doch wieder da. Und so kommt es, dass angesichts des »Hauses der Stille« der Benediktiner-Abtei Königsmünster im sauerländischen Meschede anfangs selbst einheimische Stadtbewohner beruhigend auf verwirrte Touristen einwirkten: »Das wird noch verklinkert.«

Wurde es nicht. Es blieb, wie es war. Beton. Längst steht das Haus, 2001 fertig gestellt, wie selbstverständlich im Bau-Ensemble der Abtei, ein weiterer Beweis dafür, dass die Brüder von Königsmünster sich seit Jahrzehnten nicht nur durch das stete Bedenken ihres mönchischen Lebens, die weitherzige Aufnahme von Gästen jedweder Couleur, sondern auch mit ihrem mutigen Bemühen einen Namen gemacht haben, architektonisch Meilensteine zu setzen. Das gilt für die in den 1960er Jahren errichtete Abteikirche – Christus, dem wahren König des Friedens geweiht –, das gilt für das Jugendhaus »Oase« aus den Anfängen der 1980er Jahre, für die Erweiterung des Klosters gegen Ende jenes Jahrzehnts, und schließlich besonders für das »Haus der Stille«.

Beton. Kein leichter Zugang zu diesem Bau, den »Exerzitienhaus« oder »Meditationszentrum« zu nennen, das Eigentliche nicht treffen, eher davon ablenken würde. Selbst die Mönche dachten über die Jahre von der Idee bis zur Vollendung über einen treffenden, irgendwie symbolkräftigen Namen nach. Kurzum: Es blieb beim Arbeitstitel: »Haus der Stille«. So unpoetisch wie sonstwas. Simpel und zweckmäßig. Wie Beton.

Aber längst nicht einfach. Denn die Stille, von der hier die Rede ist, meint keinesfalls lyrisches Idyll. Im Gegenteil. Der Arbeitstitel ist berechtigt, denn Stille ist Arbeit. Wer wüsste das besser als Mönche? Wo gibt es das sonst – die Profis des Schweigens lassen Weltmenschen derart an ihrer Erfahrung teilhaben, dass sie ihnen ein Haus für nichts als Stille, nichts als Schweigen bauen, damit sie darin stille sein können, schweigen.

Leicht ist das nicht. Nichts beunruhigt mehr, anfangs. »In bewegtem Wasser kann man sein Gesicht nicht sehen«, sagt ein alter Wüstenvater. Im »Haus der Stille« gibt es, so gesehen, nicht einmal eine spiegelnde Pfütze. Das Haus ist leer, kein Bild an der Betonwand. Das kleine, stilisierte Kreuz in den Zimmern kaum mehr als ein Zugeständnis. Nichts, das einem etwas sagen wollte, außer die Stille, wenn Sinne und Seele reif dafür sind.

Da platzt man nicht einfach hinein. Das geht nur Schritt für Schritt und mit gründlicher Entscheidung zuvor. Weil das so ist und weil der Architekt Peter Kulka, einer der renommierten zeitgenössischen Baumeister in Deutschland, nach vielen Gesprächen mit den Mönchen nicht nur gebaut, sondern geschaffen hat, führt der Weg in die Stille im »Haus der Stille« – eben – über einen Weg. Mehr noch: Der erste Teil ist ein Haus mit nichts als Weg, nichts als »Treppen-Haus«. Äußerlich abgetrennt vom »Seinshaus«, innerlich in die Stille geleitend mit jedem Schritt. Übung im Wortsinn, »Askese« auf Griechisch, »exercitium« im Lateinischen.

Der Übung nächster Schritt: auf Glasstegen ein, zwei Stockwerke über dem Grund vom Wegehaus ins eigentliche Haus der Stille. Der Weg geht über den Abgrund. Nicht das Abgründige umgehen, nicht es übergehen, ist der Sinn der Übung, sondern: damit umgehen, Übergänge wagen mit jedem Schritt.

Auf der anderen Seite je zehn Zimmer auf zwei Etagen. Räume, die zum Wohnen in sich selbst anleiten. Von »monachus« kommt »Mönch«, das ist der, der mit sich eins ist. »Cella facit monachum« – die Zelle, das stetige Bei-sich-Bleiben, formt den Bruder. In den Zellen des »Hauses der Stille« gibt es nur einen Blick. Einmal die hohe, schwere Tür geöffnet, die Schwelle überschritten, die Tür hinter sich geschlossen, gibt ein raumhohes, bodentiefes Fenster den Blick frei in den Apfelgarten des Klosters, auf sattes Grün, knorrige Bäume, die weich geschwungenen Kämme der umgebenden Hügel des Sauerlandes, saisonal auf grasende Kühe. Morgens schon vom Bett aus zu bewundern.

Abt Dominicus, Pater Julian, Prior Pater Marian (v.l.).

Solch ein Haus ist allemal ein mutiges Unterfangen. Nicht nur, dass es überschwänglich von der Architektenszene gefeiert wurde. Es kündet vor allem von einer Sensibilität dieses Klosters und seiner Gemeinschaft, die Konkretheit auch dann wagt, wenn sie kühl anmutet; die dem Menschen zutraut, dass er sich selbst zugemutet werden darf, in großem Vertrauen und großer Freiheit; die einen kompromisslosen Stil pflegt, auch wenn sich an ihm die Geister scheiden; die sich in der Deutung von Askese nicht mit leichtfertiger Weltverachtung begnügt, sondern dafür die Arbeit der Stille auf sich nimmt; die ein wirkliches Ringen mit Künstlern und Architekten um wegweisende, stilbildende, gar (wer weiß?) epochemachende und symbolstarke, das Leben deutende und es ermöglichende Bauten zweckorientierter Einheitsbauerei vorzieht. Wer, wenn nicht die Klöster, begann vor Jahrhunderten, Seelenräume zu schaffen?

Die wuchtige, weite Abteikirche ist so gesehen Leer-, Lehr-, Lern- und Lebensort in einem. 1962 bis 1964 errichtet, zur Zeit des Zweiten Vatikanischen Konzils mit seiner Reform von Kirchenverständnis und Liturgie, zeugt sie architektonisch von wacher Theologie, in diesem Fall in ihrer ganzen Weite als lebendige Lehre vom Menschen und seinem Gott. Zwei große Pole bilden ein hoch aufgeladenes Spannungsfeld: dort der Raum der Transzendenz, der Ewigkeit, Gottes – gebildet in der Form einer Parabel, die wie in der Mathematik weder Anfang noch Ende kennt. An ihrem Scheitelpunkt der Abtsthron mit einer Christus-Ikone vom heiligen Berg Athos, weit oben im aufsteigenden Dach ein einziges Licht. Kein strahlender Raum sehender Gewissheit, die Gott »in der Tasche«

zu glauben meint, eher eines suchenden und darin gläubigen Glaubens an einen Gott, der sich finden lassen will, wo das Dunkle als »Wohnort Gottes« (1 Kön 8,12) tröstlich erscheint, weil doch ohnehin im Hellen alles klar, das Verhangene aber mitunter vertrauter ist. Wie dichtete Dietrich Bonhoeffer: »Gott will im Dunkel wohnen und hat es doch erhellt.«

Dem gegenüber ein anderer weiter Raum, gebildet auf dem Grundriss eines Fünfecks und damit in der Zahlensymbolik an die fünf Kontinente, die fünf menschlichen Sinne erinnernd: der Raum der Erde, des Endlichen, des Menschen. Die Mönche haben ihren Platz entsprechend nicht im »Ewigkeits-Raum«, sondern dort, wo sie wohnen: im Menschen-Raum. Im Halbkreis sitzen, beten, singen und schweigen sie, die Abts-Stalle als Scharnier – und mit dem entgegengesezten Halbkreis jenseits des Jenseits-Raumes, draußen hinter der Apsis, dem Friedhof der Mönche, schließt sich ihre Gemeinschaft zum Rund, verbindet Leben und Tod, Zeit und Ewigkeit, Raum und Unendlichkeit.

Auf der Schwelle steht der Altar, an dem gedenkend gefeiert wird, dass Gott Mensch wurde und im Abschied, beim Letzten Mahl, seine Liebe hinterließ in Fleisch und Blut, in Brot und Wein – eine Liebe so freigiebig, dass sie im Leben den Tod annahm, im Tod neues, ewiges Leben auftat – und gegenwärtig ist, wo und wann immer sie gedenkend gefeiert wird.

Direkt davor, vor dem Altar, einem gewaltigen Granitblock, markiert Kopfsteinpflaster, halbrund wie das Chorgestühl, die tiefste Stelle der Kirche. Hier

Das Refektorium in Form eines Brotlaibs, Vorhalle mit Brunnen.

Altes Kloster und moderner Verbindungsgang von Kirche und Refektorium, Konventsraum.

Eucharistiefeier in der Abteikirche: Die Mönche im Halbrund des Chorgestühlsstühls, das dem fünfeckigen Menschenraum zugeordnet ist.

unten liegt der Mönch mit dem Gesicht zur Erde, seiner Herkunft (im Lateinischen weist homo=Mensch auf den humus=die Erde hin, aus der er geschaffen wurde; die dieses wahrnehmende Haltung schließlich heißt humilitas=Demut); alsbald steht der Mönchsmensch wieder auf, breitet die Arme aus und spricht sein Gelübde. – Doch gilt auch dies: Hier liegt der Mönch mit dem Gesicht zum Himmel, seiner Heimat, wenn er gestorben ist, und wiederum singen die Mönche den Profess-Gesang »Suscipe me – Nimm mich auf, o Herr, und ich werde leben.«

All dies weiß jeder Bruder und hat es ständig vor sich, wenn er täglich fünf Mal mit den Seinen im Chorgestühl das Stundengebet feiert. »Den Tod täglich vor Augen führen!«, fordert Benedikt in seiner Regel. In Königsmünster kommt man kaum darum herum. Warum auch. Benediktinische Heimatkunde.

Lange, nämlich 25 Jahre, nahm Abt Stephan Schröer die Profess, das Lebensversprechen seiner Brüder an dieser Stelle entgegen. 1976 bestimmte ihn die Gemeinschaft als jüngst wählbaren Bruder zum Abt, damals 36 Jahre alt. Sein Wahlspruch markiert den Geist des Klosters: »Ihr seid zur Freiheit berufen« (Gal 5,1). Es folgte eine Zeit üppig bunter Blüte, Jugendliche kamen in hellen Scharen zu den zahlreichen Veranstaltungen wie Pfingst- und Silvestertreffen, Wanderwochen, Ora-et-Labora-Kursen und monatlicher Jugendvesper. Das Noviziat war bis in die 1990er Jahre hinein gut gefüllt, ein Jahrgang zählte gar 17 Klosterneulinge. Viele kamen, viele gingen wieder, doch kaum einer ohne Bereicherung für sein Leben. Als Abt Stephan nach 25 Amts- und erst 61 Lebensjahren 2001 »emeritierte«, am selben Tag noch das »Haus der Stille« segnete und eröffnete, lud er ganz selbstverständlich alle ehemaligen Brüder ein. Die kamen in großer Zahl und waren tief bewegt. Ohnehin: Der Umgang mit denen, die wieder gehen, sagt viel über eine geistliche Gemeinschaft.

Wie auch immer: Der Konvent wuchs auf über 80 Mönche, erlebte zeitweilig ein Durchschnittsalter von Mitte 30, experimentierte, wagte Mutiges in Ökumene und Kirchenpolitik, gründete 1988 ein Stadtkloster in einem Wohnhaus mitten in der City der nahezu entchristlichten Stadt Hannover, die »Cella St. Benedikt«, sparte nie an der Ausbildung der jungen Brüder – und lehrte sie vor allem dies: dass Mönch zu werden eine Lebensaufgabe ist und im Kern nichts anderes will, als Mensch zu werden. Was heißt das sonst, als aus dem großen Ja Gottes und mit ihm zu leben, gelassen, getrost, schön und gut? Das reicht für ein Leben, allemal.

Wer Gast ist in Königsmünster, erlebt diese Güte allenthalben, auch wenn sich die Größe des Konvents und des Noviziats gewissermaßen »normalisiert« hat. Die heute 60 Mönche haben dennoch nicht aufgehört, ihr Leben, ihre Lebensform, die Zeitläufte wach zu betrachten. »Es hat sich viel verändert«, sagt Abt Dominicus, 2001 als 42-Jähriger zum dritten Abt von Königsmünster gewählt. »Und es wird sich viel verändern. Auch wir müssen uns verändern: Was sind heute Ausdrucksformen des Benediktinischen?«, fragt er und denkt laut mögliche Antworten: »Litur-

gie, Arbeit, Gastfreundschaft, Zweckfreiheit ...« Während viele Pfarreien nicht zuletzt mangels Gläubigen und Priestern auf der Suche nach ihrem Profil sind, »haben wir unsere Identität behalten – die Regel Benedikts«. Und während innerhalb und außerhalb der Kirche die spirituelle Suche zunimmt, mitunter verfranst, »haben die Klöster Brückenfunktionen: Wir können Dinge wagen, wir können experimentieren, wo die verfasste Kirche hinterherhinkt«, sagt Abt Dominicus, der als Professor für Kirchenrecht auch schon so manchen Bischof beraten hat. »Ich glaube«, erzählt er, »dass unser Leben Spiritualität als etwas Konkretes vermitteln kann, das nicht abgesondert ist vom Alltäglichen, sondern alles zusammenbringen will mit dem großen Ganzen.« Das vielfältige Angebot an Exerzitien und Seminaren im Jugendhaus »Oase« und im »Haus der Stille«, die zahlreichen Klausurgäste des Klosters, die vielen Einzelnen, die zu einem seelsorglichen oder beratenden Gespräch das Kloster betreten – all sie bezeugen, dass Menschen nicht nur zum Suchen, sondern auch zum Finden nach Königsmünster kommen.

Einer von ihnen war auch Pater Julian, der einmal als Jugendlicher in Königsmünster war und später erneut, als Theologiestudent zur Priesterweihe eines Kommilitonen. »Auf einmal nahm ich an mir selber wahr: Jetzt, in diesem Moment, geschieht auch etwas ganz Großes mit mir.« Kurzum: Mit 32 Jahren trat er ein, ist Vertreter der Abtei als Träger des Gymnasiums, wo er zudem Religion unterrichtet. »Es macht mir unglaublich viel Freude, täglich mit jungen Menschen zu tun zu haben.« Und umgekehrt erleben die rund 700 Schülerinnen und Schüler an ihrem Pater Julian, wie gut eine Schule dem Kloster ansteht – schließlich versteht Benedikt von Nursia auch das Kloster als Schule, als Schule des Hörens.

Rechte Seite: Haus der Stille (Treppen-Haus, Gesprächsraum, Flur).

Pater Marian ist einer von denen, die hören; die nicht nur zuhören, sondern auch das Ungesagte wahrnehmen. Lange Zeit war er Novizenmeister, heute ist er Prior und damit Stellvertreter des Abtes. 1979 trat er als 31-jähriger Kaplan einer Gemeinde ins Kloster ein, mittlerweile gehört er seit 31 Jahren zur Gemeinschaft von Königsmünster. Was ist der »rote Faden« der noch jungen, aber bewegten Geschichte der Abtei? Pater Marian spricht lieber von einer »Kordel aus vielen Fäden, in die auch der rote Faden gehört, der aber mal deutlicher nach vorn tritt, mal unsichtbar ist und dennoch das Kontinuum markiert«. Für ihn ist es keine Frage, was dieses Kontinuum ist: »So selbstverständlich es klingt: Das ist zweifellos die Liturgie; das, was in dieser Abteikirche passiert, oft extrem nüchtern, in durchgehaltenem Gebetsalltag.« Pater Marian spricht vom »Kraftfeld Mitte« und meint damit auch, aber nicht nur die Abteikirche, um die sich alle anderen Gebäude winden: »Ich meine das bedingungslose Ja, das Gutgeheißen-Sein jedes Menschen« und nennt es den »kategorischen Indikativ«: »Das Entscheidende ist längst geschehen.«

In diesem Ja zu wandeln und sich zu wandeln und so auch Wenden des Lebens zu begegnen, das eben lehre der »Lebenswandel« der Mönche. »Wenn dieses Kraftfeld stark genug ist«, sagt Pater Marian, »wenn sich also wirklich ein ›Ort‹ entwickelt, dann erst kann er auch einladend sein. Das ursprüngliche Gutsein des Menschen zu leben, es zu bergen und dies zeitgenössisch zu tun, zu sagen und zu sein – das ist die große Chance von Königsmünster.« ■

Reise-Tipps

Anreise

Die Abtei Königsmünster liegt auf dem Klosterberg über der Stadt Meschede im Hochsauerlandkreis (Nordrhein-Westfalen) an der A 46. Flugmöglichkeiten bis Dortmund (von dort 60 km) oder Paderborn (von dort 75 km). Bahnanbindung.

Unterkunft

Die herzliche Gastfreundschaft ist in Königsmünster auch in der Vielzahl von Übernachtungsmöglichkeiten zu spüren. Im Klausurbereich der Mönche können ausschließlich männliche Gäste leben. Darüber hinaus gibt es das Jugendhaus Oase (15 - 36 Euro ohne Verpflegung) und das moderne »Haus der Stille« vor allem für Menschen, die schweigen wollen (58 Euro inkl. Vollpension). Beide Häuser bieten zahlreiche Kurse für Jugendliche, Erwachsene und Familien an.

Kontakt

Abtei Königsmünster
Klosterberg 11
D-59872 Meschede / Deutschland
Tel.: 0049 / (0) 291 / 29 95 0
www.koenigsmuenster.de

Sehenswertes in der Umgebung

◊ Drüggelter Kapelle (12. Jh., 36 km)
◊ Pfarrkirche St. Pankratius, Körbecke (Westfälischer Barock, 36 km)
◊ Paderborn (78 km): Kaiserpfalz Karls des Großen (8. Jh.), Abdinghofkirche (11. Jh.), Dom (13. Jh.).

Haus der Stille: Speisesaal für die Gäste, kleine Hauskapelle, Gästezimmer mit bodentiefem Fenster und Blick ins Grüne.

Österreich
Altenburg – Benediktiner

Von Wien führt der Weg übers Weinviertel zum Waldviertel. Knapp die Hälfte dieser Gegend ist bewaldet. Felder und Ackerflächen prägen die Landschaft. 3000 Hektar Wald und Feld gehören zum Benediktinerstift Altenburg, »Juwel des Waldviertels« mit über 800-jähriger Geschichte.

Duftender Lavendel, luftiger Barock: Eingang zum Stift Altenburg im Waldviertel.

Licht und Dunkel: Inneres der barocken Stiftskirche, Kreuzgang des gotischen Klosters, auf welches das heutige Stift schlichtweg »aufgesetzt« wurde.

Benediktinerstift Altenburg / Österreich

Gut, dass es die Ewigkeit gibt

Was wäre das ein Glück, könnte sich das Leben nach der Sonnenuhr richten! Auf die Minute käme es nicht an, Zeit wäre etwas Ungefähres, nur der Sonnenschein bestimmte das Sein. So gesehen waren die Fassadenmaler des ehrwürdigen Benediktinerstifts Altenburg Schönwetterjünger, denn sie brachten solche Sonnenuhren gleich an einem halben Dutzend Stellen auf die luftig-leichten, lichten Barock-Fassaden des Klosters. Wie viel Schönfärberei bei der Pinselei im Spiel war, vermag keiner mehr zu sagen. Fakt ist: Das Waldviertel, im nördlichsten Teil Österreichs gelegen, kann selbst im Sommer problemlos mit tagelangen Mordsgewittern und schweren, knapp über den Wipfeln wabernden Wolkenwülsten aufwarten. Dann hat es sich mit Sonnenschein und Sonnenuhr und den Sonnenseiten von Stift Altenburg.

Im Grunde aber erzählt das sorglose Bild der Sonnenzeit Wahres in Bezug auf das Leben in einem Kloster, in dem seit 865 Jahren Mönche an jedem Tag die Ewigkeit vor Augen haben. – »Zeit ist relativ«: An einem Ort wie Altenburg muss diese Erkenntnis gereift sein. Im Zeitalter von Atomuhren, elektronischen Hundertstel-Sekunden-Schicksalen und digitalisierten Taschenkalendern nimmt es nicht wunder, wenn terminzerfressene Manager im Gleichmaß von Klostertagen eine »Auszeit« nehmen, um sich selbst – Computern gleich – »herunterzufahren«.

So gesehen sind die Mönche von Altenburg schon länger ganz unten. Der Senior der Gemeinschaft, der 87-jährige Pater Norbert, wird nicht müde, immer und immer wieder, wenn seine jüngeren Brüder bei Tisch die Herausforderungen des Alltags organisieren, den großen und ganzen Zusammenhang auszusprechen: »Wie gut, dass es die Ewigkeit gibt!«, sagt er dann in seinem Rollstuhl sitzend, und seine Brüder nicken freundlich und wissen irgendwie ja doch, wie Recht er hat.

Ohnehin posiert um die Mönche herum die Zeitlosigkeit im erstarrten Augenblick entrückter Verzückung von unzähligen Putten- und Heiligenskulpturen; über ihnen ist gewölbt der Himmel offen in gewaltigen Kuppeln, die kühn konkret zeigen, wie es da oben, in der Ewigkeit, so aussehen mag. – Verkehrte Welten: so abstrakt die Zeit im Sonnenuhrenkloster, so bildlich greifbar die Zeitlosigkeit. Ausgespannt dazwischen: die Mönche in Fleisch und Blut und Sehnsucht. Die Komplet, das Nachtgebet in ihrer Stiftskirche, haben sie – kurzerhand beim Abendessen beschlossen – vorverlegt, weil zur üblichen Zeit ein Orgelkonzert stattfindet. Labsal für die Teilnehmer eines Ärztekongresses einerseits, andererseits »officium«, heilige Pflicht für die Brüder von Altenburg. Wann sie ihren Tag beschließen, ist gleich; dass sie ihn beschließen mit einem letzten, gemeinsam gesungenen Gedanken an Gott, das ist das Wichtige.

So geht das in Altenburg schon, seit die Gräfin Hildburg, Witwe Gebards von Poigen, 1144 die Stiftungsurkunde von Altenburg dem Passauer Bischof übergab – der offizielle Beginn mönchischen Lebens in dieser bis heute zerzausten Gegend zwischen dichten Wäldern und weiten Wiesen, gelben Feldern aus Sonnenblumen und Raps, fluffig-roten Mohn-Kolonien und Unmengen von »Erdäpfeln«. Die luftige Himmelskuppel im Zentrum der üppigen Stiftskirche hingegen, stets im Augenwinkel der im Chorgestühl singenden Mönche, schwebt thronend dort oben erst seit Mitte des 18. Jahrhunderts, nachdem Abt Placidus Much die Moderne seiner Zeit entdeckte: den Barock. Das alte Kloster wurde verlassen und das Areal darüber drei prominenten Künstlern zum Gestalten überlassen: dem Baumeister Josef Munggenast (der das kurz nach seiner Vollendung niedergebrannte Stift Melk in seiner heutigen, weltberühmten Form wiederaufbaute), dem Maler Paul Troger (der Munggenast in Melk kennen lernte und mit ihm Zwettl, Geras und weitere Klöster bis nach Tschechien und Ungarn gestaltete) und Trogers Socius und späterem Kompagnon Johann Jakob Zeiller (der die Klöster Ettal und Ottobeuren ausmalte).

Munggenast schuf in Altenburg die erste Klosterbibliothek des Barock, zu der eine Kuppel gehörte – und wies damit der Literatur nicht nur eine weltliche, sondern eine sakral-geistliche Dimension zu. Heute

Abt Christian, Bruder Clemens, Pater Albert (v.l.)

gilt die Bibliothek als die schönste im »Klösterreich«, einer nicht nur touristischen »Plattform« von 20 mönchischen Gemeinschaften in Österreich, Ungarn, Tschechien und Polen; Altenburgs Abt Christian Haidinger ist der Präsident. Zurück zur Bibliothek: Munggenasts wenig bescheidenes Vorbild war Wien: Doch statt der Darstellung Kaiser Karls VI. in der Wiener Hofbibliothek malte Munggenast ins Zentrum seiner Bibliothekskuppel in Altenburg den alttestamentlichen, weisen König Salomo, über ihm die biblische, darüber nur noch die göttliche Weisheit. Selbst die Stiftskirche hat ein Wiener Vorbild: Von der Karlskirche in der Hauptstadt, damals das denkbar Modernste in ovalem Rund, übernahm Munggenast die kaiserlichen Vorbilder und Proportionen für seine »Wald- und Wiesen-Stiftskirche« im ärmlichen Waldviertel.

Obwohl der Kaiser rund 100 Kilometer entfernt residierte, war auch in Altenburg der Bau eines Kaisertraktes obligatorisch – für den Fall, dass seine Hochwohlgeboren einmal im Stift Quartier zu nehmen gedächten. Beinahe wäre das auch gelungen – beim vorletzten, dem Sissi-Kaiser Franz-Josef. Allein, ein Problem mit der Kutschen-Achse vereitelte die Pläne. Und so stehen Kaisertrakt, Marmorsaal und diverse weitere schmucke Räumlichkeiten seit über 250 Jahren bar jeder krönenden Kronen-Visite. In einem Trakt sind wohl die Altenburger Sängerknaben untergebracht (in einem Seitenflügel ist das auch für jugendliche Gastgruppen möglich), aber ansonsten dienen die leeren Räume schlicht als gleichwohl gern genutzte, pompöse Kulisse für Kongresse, Konzerte, Ausstellungen und Vorträge.

Prächtige Weisheit: Josef Munggenast schuf die Stiftsbibliothek, die erste des Barock mit großer Kuppel.

Viel profaner hingegen war der Grund, warum Altenburg auf seinen Urgrund stieß. Im Untergrund des barocken Klosters nämlich stießen Arbeiter, die Leitungen für den Küchentrakt zu legen gedachten, auf unergründlich altes Mauermaterial. Zum Vorschein kam die mittelalterliche Klosteranlage, die Munggenast bedenkenlos zugeschüttet und bebaut hatte. Man brachte einen traumhaft schönen, intimen gotischen Kreuzgang zu Tage, dazu eine Krankenabteilung (»Infirmerie«), ein Dormitorium, ein Scriptorium, diverse andere Räumlichkeiten, kurzum: den tragenden Grund von Altenburg. Heute ist all das, präsentiert in zeitgenössisch zurückhaltender Beton-Architektur des 21. Jahrhunderts, zum Bestaunen freigegeben.

Pater Albert Groiß, mit seinen 44 Jahren bereits seit zwölf Jahren Prior der Abtei (und das, ungewöhnlich genug, ohne Priester zu sein – Pater nennen sich hier alle Mönche mit ewiger Profess), hat selber mit angepackt, als im Untergrund die Grablege von Mönchen aus der Barockzeit geöffnet wurde. Jeden einzelnen Schädel, Oberschenkelknochen, Ellen und Speichen hatte er in seiner Hand und schichtete die Überreste in einem würdigen Raum (dem ältesten des Stifts) zu einem Beinhaus. »Das alles sind meine Mitbrüder«, sagt Pater Albert, und auf einmal steht die Zeit still, wie man es ausdrückt, wenn man sagen will, dass einen die Vergangenheit nicht nur einholt, sondern anrührt.

Der Abt von Altenburg, Christian Haidinger, weiß um diese alten Wurzeln: »Es geht um das, was uns

Biblitoheks-Krypta im Grotesken Barock.

Ausgrabungen des einst verschütteten gotischen Klosters.

trägt, was uns buchtstäblich trägt – in die Zukunft. Ich finde es toll, dass uns dieser Grund so anschaulich geworden ist.« Und der 20-jährige Novize Bruder Clemens, dessen Heimatdorf nur fünf Minuten von Altenburg entfernt liegt, sagt: »Ich spüre, dass ich dazu beitrage, die Glaubensgeschichte meiner uralten Mitbrüder weiterzutragen.« Kein Wunder! Pater Norbert, der Senior, der »Ewigkeits-Mahner«, war schon Pfarrer von Bruder Clemens, als er ihn vor 20 Jahren auf den Namen »Dominik« taufte. Zeiten und Namen ändern sich, Lebensläufe zeichnen Kurven – was bleibt, ist dieses merkwürdig stete Geheimnis im Fluss der Zeit, das für Menschen wie den jungen Bruder Clemens einen Platz in der uralten Geschichte von Altenburg vorsieht.

Der Respekt vor diesen alten Wurzeln ist das eine – das andere ist die Frage, wie man damit umgeht. »Wir sind kein Museum«, sagt Pater Albert. »Es ist wichtig, auf diesem Grund für unsere Zeit weiterzudenken und zu arbeiten.« Abt Christian etwa, der vor vier Jahren als Mönch der benachbarten Abtei Kremsmünster ohne etwas zu ahnen gewählt wurde, weiß gar nicht, der wievielte Abt von Altenburg er ist. Vor 30 Jahren hat er in seinem Heimatkloster die »Jugendvespern« erfunden, zu denen einmal im Monat 1200 junge Leute ins Stift kamen. »Das ist heute so nicht mehr möglich«, sagt er nüchtern. Und er weiß, wie schwierig es ganz praktisch ist, aus den so zerstreut liegenden Dörfchen des Waldviertels junge Menschen nach Altenburg zu bekommen. »Uns bleibt, wach zu sein für die Menschen, sie bei uns aufzunehmen in aller Offenheit. Das ist das, was wir tun können.« – Was ein Häppchen sehr gelassen klingt, ist in Wahrheit dies: aufgeweckte Verantwortung in einem Kloster mit 865 Jahren Geschichte im Rücken und Sonnenuhren an den Wänden. ■

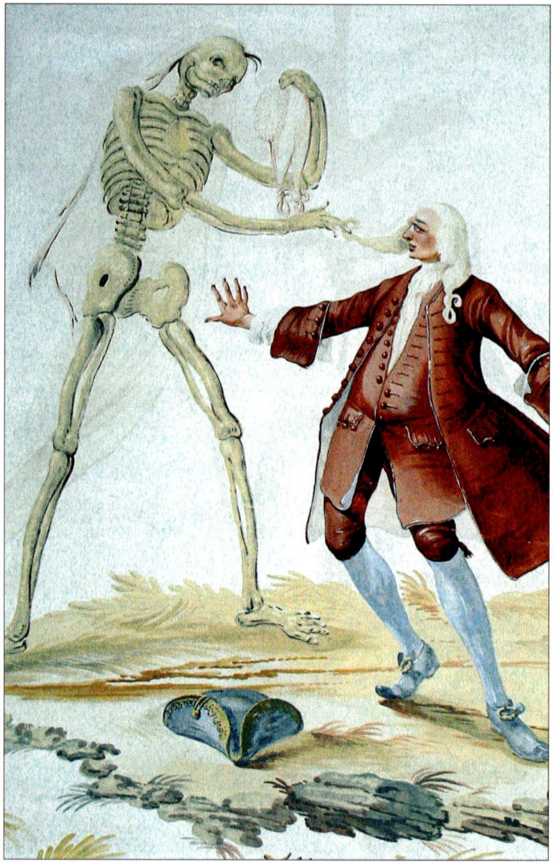

Vom Tod bei den Haaren gepackt (Bibliotheks-Krypta).

Sehenswert, weil schön und lehrreich: der »Garten der Religionen«, im Hintergrund die Altenburger Stiftskirche.

Reise-Tipps

Anreise

Das Stift Altenburg liegt rund 100 Kilometer nordwestlich von Wien. Die nächstgrößere Stadt ist Horn. Kurz zuvor ist Altenburg ausgeschildert.

Unterkunft

Es gibt Einzel- und Doppelzimmer. Einzelzimmer bei Vollpension 51 Euro.

Kontakt

Stift Altenburg
Abt Placidus Much Straße 1
A-3591 Altenburg / Österreich
Tel.: 0043 / (0) 29 82 / 3451
www.stift-altenburg.at

Sehenswertes in der Umgebung

- ◊ Zisterzienserstift Zwettel (12. Jh., 40 km)
- ◊ Stift Göttweig (11. Jh., 40 km), einer der größten Konvente im Land, Barockanlage)

Zisterzienserstift Zwettl, romanisch-gotischer Kreuzgang.

Benediktinerstift Göttweig, vor 925 Jahren gegründet.

Österreich
Europakloster – Benediktiner

EINE KLEINE GEMEINSCHAFT VON BENEDIKTINERMÖNCHEN WAGT EIN FÜR ÖSTERREICHISCHE VERHÄLTNISSE GROSSES ABENTEUER: 850 JAHRE NACH DER LETZTEN GRÜNDUNG EINES BENEDIKTINERKLOSTERS – DES SCHOTTENSTIFTS IN WIEN – BEGINNT WIEDER EINE GEMEINSCHAFT, NACH DER REGEL DES HEILIGEN BENEDIKT ZU LEBEN. AUF RECHT EIGENWILLIGE, BUNTE ART.

Mediterran-alpin: urig-grüner Kreuzgang des Europaklosters.

Die Klosterkirche der Mönche, ein meditierender St. Benedikt (gemalt von Bruder Thomas), das Kloster in der Außenansicht.

Das Europakloster der Benediktiner von Gut Aich, St. Gilgen / Österreich

Die weißen Mönche vom Wolfgangsee

Das Wolferl war es nicht. Wohl ist seine Mutter hier geboren, in St. Gilgen um genau zu sein, und das Nannerl, seine Schwester, hat für einige Zeit im Geburtshaus der Frau Mama gelebt. Aber dem großen See, der nur ein paar Schritte davon entfernt liegt, hat mitnichten der Herr Mozart seinen Namen gegeben. Dennoch titulieren sich generös ignorant so manche Pensionen in der Gegend gern mit »Mozartblick« oder Ähnlichem, als entfaltete das Gewässer nur unter den Augen des Wunderknaben seine ganze Pracht, was an sich schon ein Schmarrn ist.

Der Wolfgangsee jedenfalls heißt vielmehr Wolfgangsee, weil der heilige Wolfgang, seines Zeichens Benediktinermönch und Bischof von Regensburg, sich vor gut 1000 Jahren mit dem Kaiser überworfen hatte und sicherheitshalber an die äußerste Grenze seines Bistums gezogen war, in die Einsamkeit eines Einsiedlerlebens auf dem Falkenstein. Ganz in der Nähe gründete er später eine Ortschaft, die nach ihm benannt wurde: St. Wolfgang, und der Abersee hieß fortan folgerichtig Wolfgangsee.

Das alles ist zugegebenermaßen geraume Zeit her, und längst kommen die Menschen an den Wolfgangsee, weil er so lieblich ist wie die Operette vom Weißen Rössl daselbst; weil sogar ein Bundeskanzler Helmut Kohl sich hier von großer Geschichte und kleinteiliger Tagespolitik prächtig erholen konnte; oder schlicht und ergreifend, weil es so wunderschön ist in Österreichs Salzkammergut. Daran ändern auch heftige Sommergewitter nichts, wenn dicke, schwarze Wolken von den Spitzen des Schafbergs, Saurissls und der anderen acht bis 15 Berge rund ums Seeufer aufgespießt und zum Bleiben verdonnert werden. Dann entlädt sich eine bombastische Schöpfungsmusik, und im felsgesteinigen Resonanzkörper poltert und rumpelt und pumpelt es ohne Pause leichterdings anderthalb Stunden, dass einem der Respekt vor solch entfesselter Weltenmusik buchstäblich in die Knochen fährt und selbst christlichen Seelen mit einem Mal wie der Zorn der Götter klingt. Merkwürdig vertraut. So etwas kann geschehen im Salzkammergut.

Ohnehin galt die Gegend schon vor 5000 Jahren als von heiligen Wegen durchzogen, was Gesteinspyramiden, »Schlupfsteine« und Wunschglocken bis heute bezeugen, untrügliche Zeichen des Glaubens und Lebens mit einer jenseitigen Welt schon zur Jungsteinzeit. Und bald nach Bischof Wolfgang erstreckte sich ein Pilgerpfad zwischen dem alten Kloster Mondsee und dem alten Kloster St. Wolfgang.

Wasser und Wallfahrt, donnerndes Göttergrummeln und die archaische Erhabenheit der Bergwelt – all das erzählt so mancher Menschenseele die Geschichte einer unberührten, unbeschwerten Welt; hier aber klingt sie nicht traurig und nach Verlust, sondern erleichtert wie nach einem Wiederfinden. Wen wundert es da, dass die Immobilienpreise explodieren rund um den Wolfgangsee, weil die Gegend fernab globaler Bedrohungen und in einem relativ unabhängigen Land gelegen, vielen geeignet scheint, diversen Apokalypsen zu entgehen.

Manche aber kommen, weil sie hierher kommen mussten. Sieben Mönche sagen, dass es genau so war. Sie hatten schon andernorts geschaut, in Deutschlands einstmals neuen Bundesländern etwa. Dort aber habe man immer gefragt, ob sie Geld mitbrächten. Und als sie das verneinten, hatte es sich mit der Suche. Die Mönche sagen das anders. Sie sagen: »Da war kein Ort für uns.« In Gut Aich im Salzkammergut schließlich haben sie ihn gefunden – nachdem Franziskanerinnen sie aus einer Ahnung heraus mehr oder weniger mit der Nase auf ihr leer stehendes ehemaliges Kinderheim Gut Aich stießen und sie hinschickten zum Nachschauen. Also sind die Mönche hingegangen und haben geschaut und haben gewusst: Hier ist es. Zudem trafen Längs- und Breitengrade aufeinander und vereinten sich zu einer energiegeladenen Zone, was den Mönchen willkommen war.

Höchste Zeit zu erzählen, was denn das für Mönche sind, die es durch die Lande treibt, um nicht *einen*, sondern *den* Ort für ihr Kloster zu finden. Überhaupt: Sind denn das Mönche, die noch gar kein Kloster haben?

In der Tat, ursprünglich war es nur einer: Pater Johannes Pausch, Benediktiner der niederbayerischen Abtei Metten, Theologe, Psychotherapeut, Pädagoge – und ein Visionär, der im Anfang während einer Vorlesung 1989 an der Salzburger Theologischen Fakultät etwas ganz Ungeheuerliches tat. Er schaute statt in die Vergangenheit in die Zukunft des Klosterlebens. Dazu muss man wissen, dass das letzte der bestehenden Benediktinerklöster Österreichs vor 850 Jahren gegründet wurde: Wiens altehrwürdiges Schottenstift. Zudem sind viele Benediktiner auf zahlreiche Pfarreien verteilt, viele Abteien haben Schulen, sind touristische Ziele – und manche Mönche fragen längst danach, wie es um den eigentlichen Kern des mönchischen Lebens bestellt ist.

Pater Johannes Pausch, als Kellermeister und als Leiter seiner Gemeinschaft.

Pioniere, Zeichen, Wegweiser

Pater Johannes nun sprach in besagter Vorlesung von einer Vision, einem »Zeichen christlicher Weltverantwortung durch eine glaubende Gemeinschaft« und gab der Idee einen Namen: Ein »Europa-Kloster« gelte es zu gründen, versehen mit dem Auftrag, »durch das Leben der Gemeinschaft im Kleinen bewusst zu machen, dass der Aufbau Europas auf dem Fundament des Glaubens, des Vertrauens und der konkret gelebten Liebe geschehen kann«. Ein solches Zeichen werde umso nötiger, als sich »Europa trotz des Versuchs einer politischen und wirtschaftlichen Einigung in einem Zustand des fortschreitenden Zerfalls ohne gelebten Glauben« befinde.

Damit stünde man in guter Tradition, sagte Pater Johannes, denn »Benediktiner waren zu allen Zeiten Pioniere des geistlichen Lebens und deshalb auch Kulturträger. Sie konnten dies aufgrund ihres Lebens in einer gewachsenen Struktur. Sie waren Zeichen und Wegweiser und könnten das auch in der Gegenwart sein, um einen Beitrag zur Integration der Völker Europas zu leisten«.

So sprach er – und vier Jahre später gab es dieses Europakloster bereits. Zwei leibliche Brüder folgten Pater Johannes, ein Sportler und ein Künstler, die heute Bruder Emmanuel und Bruder Thomas heißen, und wenige Tage nach dem Beginn in Gut Aich klopfte es an der Tür, und davor stand: Helmut Kohl, der wissen wollte, was es mit diesem »Europakloster« auf sich habe. Pater Johannes erklärte es ihm und überliefert heute das Wort des Alt-Kanzlers, solcher Klöster bräuchte es Hunderte.

Kohl kam mit Gattin, Kohl kam mit EU-Größen, unlängst war eine ganze Heerschar von Landwirtschaftsministern zu Gast, und das Kloster für Europa wurde mitunter zum Vorzeigekloster von Europa. Der Salzburger Erzbischof Alois Kothgasser (und einstige Zimmernachbar von Pater Johannes während der Studien-

zeit) weihte den Altar der Kirche mit einer Reliquie des heiligen Wolfgang, die Bischof Gerhard Ludwig Müller aus Regensburg schickte; Kardinal Augustinus Mayer OSB, ehemals Präfekt der vatikanischen Ordenskongregation (der als damaliger Abt von Metten im Wolfgang-Bistum Regensburg den jungen Pater Johannes als Mönch einkleidete) segnete das Hildegardzentrum, in dem ambulant physiotherapeutische Behandlungen zu erhalten sind – und die Österreichische Benediktinerkongregration gewährte dem Kloster Gut Aich mittlerweile nicht nur Aufnahme in die historische Klöstergemeinschaft, sondern auch den Status eines selbstständigen Priorats.

Das ist ein bisschen erstaunlich, denn die Mönche von Gut Aich sind schon etwas anders als die anderen und wollen es auch sein. Pater Johannes etwa sagt: »Wir reparieren keine alten Hüte.« Oder: »Wir brauchen einen möglichst weiten Horizont. Sonst näht man am Ende nur noch Hirschhornknöpfe an.«

Apropos Kleidung: Für gewöhnlich tragen die Benediktiner schwarz, auch wenn – wie in Österreich – der Habit keine Kapuze hat. Im Europakloster hingegen leben die weißen Mönche vom Wolfgangsee; werktags sieht man sie in weißen Kapuzenpullovern, sonntags in weißem Habit mit Skapulier (und Kapuze). Warum das so ist, erklärt Pater Johannes pragmatisch: »Dieser Stoff ist der günstigste Naturstoff, den wir bekommen konnten.« Will sagen: Naturstoff muss es schon sein. Und weiter: »Wir tragen weiß, weil man darauf am besten sieht, wann ein Habit in die Wäsche gehört.«

Sonne, Mond und Sterne: Klostertor und Refektorium der Mönche.

Halbe Stunde Stille

Nun macht bekanntermaßen der Habit noch keinen Mönch. Im Mittelpunkt stehen die Gottsuche und das Gotteslob. Morgens nach den um zwei Psalmen verkürzten Laudes in der Kirche leitet Bruder Emmanuel im Meditationsraum darüber halbstündige, wohltuende Körperübungen. Die Mittagshore, auch Sext genannt, gibt es so gar nicht, stattdessen wird – wiederum im Meditationsraum – eine halbe Stunde geschwiegen, nach einem kurzen Taizé-Gesang.

Warum ist das so? Pater Johannes erklärt es geistlich-praktisch: »Wenn wir nach getaner Arbeit zum Gebet zusammenkommen, ist es wichtig, das geistliche Leben in der Mitte des Tages zu fördern, um wieder unsere eigene Mitte zu finden. Das ist das Ziel des Gebets, aber das gelingt nicht in einer 15-minütigen Mittagshore. Wir brauchen diese halbe Stunde Stille.«

Die eigene Mitte finden. Klingt gut. Und wo bleibt Gott? »Wie wollen Sie Gott finden, wenn Sie nicht die eigene Mitte finden?«, fragt Pater Johannes zurück und erzählt: »Von Benedikt von Nursia wird berichtet, dass ihn die Mönche von Vicovaro wegen seiner Konsequenz vergiften wollten. Da war er außer sich. Erst in der Einsamkeit der Höhle von Subiaco kam er gewissermaßen wieder zu sich, er wohnte bei sich selbst, wie es heißt.«

Die Mönche von Gut Aich nehmen es mit dem Ursprung auf und lassen viel Übernommenes und Überkommenes beiseite. Oder sie versuchen, auch deren Kern wieder freizulegen. In der Kirche etwa, einstmals Stallgebäude, aber dafür zwölf mal zwölf Meter groß, apokalyptische Maße im Wortsinn, denn davon ist in der Geheimen Offenbarung des Johannes zu lesen. Hinzu kommen zwölf Säulen, zwölf Steine, zwölf Throne (das Chorgestühl), zwölf Apostelkreuze und zwölf Doppelbögen – allerdings nicht, wie in ursprünglichen Kirchen, als tragende Bögen, sondern als räumliche Strukturelemente, die keine Funktion haben, sondern reiner Idee untergeordnet sind.

Allüberall Malereien von Bruder Thomas: runde Formen, alle Farben des Regenbogens, immer und überall. Alles ist Idee, alles wird daraufhin abgerundet, alles ist rund, ganz, alles ist Form und Bedeutung, alles ist alles. Manchmal ein bisschen viel von allem. Aber so ist das wohl, wenn Menschen sich der »Fülle« verschreiben. Da explodieren Farben, Formen und Lebensstil wie Gewitter im Salzkammergut.

Zum Abendessen im Refektorium gibt es handfestes, eigenes Klosterbier, Produkt einer werbewirksamen Zusammenarbeit mit einer benachbarten Brauerei. Ähnliches gilt für diverse Weine mit »Gut Aich«-Signés. Selbst gemacht indes sind der »Mandarinentraum mit Nusslikör«, der Erdbeer-Balsamico mit grünem Pfeffer als Fruchtaufstrich und der Apfelessig, im Klosterladen zu erwerben wie auch die »Gut-Aich-Gute-Laune-Kräcker« und die klösterliche Kräutertee-Mischungen »Guten Morgen«, »Abendsegen« und »Basen-Ausgleich«. Nicht zu vergessen die Kräuterliköre, von denen einer schlichtweg »Der Kanzler« heißt.

Letztlich ist Pater Johannes nicht nur auch Kellermeister, sondern zudem gefragter Buchautor: »Mensch werden zwischen Himmel und Erde« heißt einer seiner Titel neben »Auch schwarze Schafe können beten – Für alle, die nicht an Gott glauben und dennoch beten wollen«. Von Bruder Emmanuel, dem Sportler und Physiotherapeuten, gibt es CDs mit Tänzemusik unter dem Titel »Was der Seele gut tut«, und von Bruder Thomas diverse Bücher mit Illustrationen in bekannt weich-rund-bunter Façon.

Das Europakloster Gut Aich platzt vor Expressivität, vor Kreativität. Auch das hat Methode. »Jeder Mönch muss mindestens zwei Berufe haben«, sagt Pater Johannes, »des weiten Horizonts wegen.« Also gibt es unter den Brüdern nicht nur den Theologen und Psychotherapeuten, sondern auch den Tanz-, Tennis- und Sportlehrer, den Künstler und Kräutergartenexperten, den Verfahrenstechniker und Koch, den Offizier und Miniaturenmaler, den Automechaniker und Masseur und Goldschmied.

»Es hat seine Bedeutung«, sagt Pater Johannes, »in einem Teilbereich des Klosters für das Ganze tätig zu sein.« Gerade in einem Europakloster sei es wichtig, »mit dem, was ich kann, nicht nur meins zu verwirklichen, sondern das Ganze zu fördern.« Politisch gesagt: den Einzelnen befähigen, etwas für das Ganze zu tun. In Europa aber gehe es mehr und mehr darum, dass das Ganze immer nur die Bedürfnisse Einzelner befriedigen muss. »Das geht nicht.«

Manchmal aber können, und das beruhigt irgendwie, die Mönche auch den Ernst Ernst sein lassen. Ein sonniges Kloster nämlich ist das Europakloster auf jeden Fall, mit sonnigen Mönchen, die sogar das Spielen als monastische Übung entdeckt haben. Sie tanzen, ab und an trommeln sie auch – und sie spielen Kasperletheater, vollen Ernstes und mit Spaß und einer ordentlichen Portion Selbstvergessenheit. Ist das nicht goldig? Ein duftig-luftiges Leben in grundsätzlich allen Regenbogenfarben und ein Mönchsein, dessen Profess in lichten Gewändern unterm Himmelszelt abgelegt wird: Ist das nicht naiv?

Oder ist all das deshalb ein bisschen unheimlich, weil sieben Männer sich nicht damit zufrieden geben, Mönchsein habe sich schon »zu Ende erfunden«? »Es gibt bei uns in der Tat eine Maßlosigkeit«, sagt Pater Johannes, »die Sehnsucht nach dem ganzen Leben. Oder nennen Sie es anders, nennen Sie es die Sehnsucht nach der ewigen Seligkeit.« ■

Fenster in der kleinen Kirche des Europaklosters – geschaffen von einem der Mönche, Bruder Thomas.

Blick vom Gästezimmer am Fuß des Schafbergs in die traumhafte Umgebung: Schöpfung in voller Kraft.

Kreuz in der Klosterkirche: Christus nicht ans Kreuz genagelt, sondern mit verschränkten Armen. Dahinter verbirgt sich die Legende von einem armen Dieb, der einst ein Kreuz stehlen wollte, um es zu verkaufen. Als er sich dem Gekreuzigten näherte, umarmte Christus den Dieb.

Reise-Tipps

Anreise

Das Europakloster liegt in St. Gilgen am nördlichen Ufer des Wolfgangsees. Salzburg ist ca. 30 Kilometer entfernt.

Unterkunft

Im Gästehaus am Fuß des Schafbergs gibt es drei Ferienwohnungen und acht Einzelzimmer. In zehn Minuten Fußweg erreicht man das Kloster zu den Gebets- und Mahlzeiten mit den Mönchen.

Kontakt

Europakloster Gut Aich
Winkl 2,
A-5340 St. Gilgen / Österreich
Tel.: 0043 / (0) 62 26 / 2318
www.europakloster.com

Schweiz
Wurmsbach – Zisterzienserinnen

Als dieses traumhafte Kloster gegründet wurde, gab es nicht einmal die Schweiz. Mittlerweile ist die Abtei Wurmsbach gut 750 Jahre alt, doch die 16 Zisterzienserinnen haben es geschafft, ihre Abtei direkt am Ufer des Oberen Zürichsees als beeindruckend jung gebliebenen Ort herzlicher Gastfreundschaft, lachender Lebensliebe und tiefer Liturgie zu erhalten. Ein sehr »heutiger« Ort der Gottsuche.

Haus am See: Das Gästehaus von Kloster Wurmsbach, dahinter der Zwiebelturm der Abteikirche.

Von weitem kaum zu sehen: Geduckt hinter einem großen Scheunendach liegt das Kloster – inmitten sagenhafter See- und Bergekulisse.

Die Zisterzienserinnenabtei Wurmsbach am Oberen Zürichsee / Schweiz

Wo schwarz-weiß bunt ist

Die Scheune ist größer als die Kirche. Gäbe es das Schild am Straßenrand nicht – keiner käme auf den Gedanken, sich einem der schönsten Klöster der Schweiz zu nähern, sondern nähme vielmehr an, sich schlichtweg auf dem Weg zu einem warum auch immer mit Zwiebelturm ausgestatteten Bauernhof zu befinden.

Erst geht es zwischen satten Wiesen holprig über einen Bahnübergang, dann begrüßen als erste Lebewesen in diesem üppigen Flecken Schöpfung ein rundes Dutzend brauner, bimmelnder Ziegen zur Rechten, um die Ecke grasen gemächlich die Klosterkühe, in der Ferne eine übersichtliche Schaffamilie, links teilen sich friedlich zwei knuffige Zwergponys die Weide mit einer handvoll pickender Hühner und zwei genüsslich im Gras rüsselnden Hängebauchschweinen. Und wenn man Glück hat, begleiten gerade mitten auf der schmalen Straße drei Mädchen drei graue Esel auf deren Mittagsspaziergang.

Vor dem großen Bauernhaus mit seinen roten Fensterläden spielen Kinder in der Sonne, es duftet nach gemähtem Gras, nach frischem Heu, nach Silage und Mist, und in den Rosenbeeten summen die Bienen. Die jungen Familien sind die Pächter der Landwirtschaft von Kloster Wurmsbach, dessen Gästehaus bezeichnenderweise als erstes Abteigebäude sichtbar wird. »Lichthof« heißt es und ist in der Tat ein Lichtblick, ein starkes Gebäude des 16. Jahrhunderts mit dicken Mauern, gleich dahinter glitzert der Zürichsee in der Sonne. Erfrischung garantiert, für Leib und Seele.

Lebensliebhaber beginnen früh am Tag mit diesem Genuss und gönnen sich um kurz nach sechs ein herrliches, selbst zelebriertes Tu-dir-Gutes-Morgenlob auf der Parkbank am Ufer. Ein einsamer, glücklicher, stiller

Gesang vermag da unvermutet im Herzen aufzusteigen über das, was ist, was einem gerade geschieht: so gut wie nichts, so gut wie alles. Eine Momentaufnahme, minutenlang: kein Lüftchen geht, der See glatt und weich, das Schilf schweigt, die Berge stehen in uraltem, knapp 3000 Meter hohem Stolz, selbst das Morgenrot hat Lust zu bleiben.

Nichts rührt so an wie das, was sich nicht rührt, obwohl Kommen und Gehen seine Sache wäre. Wenn die Schöpfung ausschläft, erstarkt der Mensch und singt schweigend überwältigte Loblieder, so voll ist er von dem, was ihm da unerwartet, ungeahnt und kostenlos präsentiert wird. Gnadenhaft! Der liebe Gott als Überraschungskünstler. Womöglich lächelt er. Wenn Gott lächeln kann, dann lächelt er mit Sicherheit jetzt, still und heimlich hoch oben über Bergwelt, Zürichsee und Nonnenkloster.

Das wäre eine Möglichkeit, um zu erklären, warum die Schwestern von Wurmsbach so fröhlich sind. Das muss ganz bestimmt mit diesem besonders gelungenen Schöpfungswerk zu tun haben. Offensichtlich wissen sie darum: Die Nonnen von Wurmsbach sind starke, selbstbewusste Frauen, die sich neben der Regel Benedikt von Nursias und der »Charta Caritatis« des heiligen Bernhard von Clairvaux einem eigens entwickelten »Leitbild« verpflichtet wissen. Darin fragen sie selbstkritisch, ob sie denn »religiöse Spezialistinnen« seien. Ihre Antwort: »Nein, kritische Powerfrauen sind wir, die mal streiten, aber auch lachen und die Tage feiern können und mit spirituellem Antrieb sinnvoll zu leben versuchen.«

Man kann das hören! So wie sie singen, muss es so sein: kräftig singen sie, wie die massigen Berge ringsum; und doch wechselt ihr Psalmendialog so stetig und gelassen, wie der See gemächlich ans Ufer schwappt von unsichtbarem Wind; hell klingen ihre Stimmen und aufgeweckt, als staunten sie tatsächlich immer noch darüber, dass sie zu diesem Meisterwerk der Schöpfung gehören. Und sie schweigen. So gründlich und gegründet wie der ruhende Wasserspiegel über Jahrtausende alter Tiefe.

Schwester Maria-Magdalena, Äbtissin Monika (v.l.).

Gräfliches Gewittergelübde

Das Kloster entstand, als es die Schweiz noch gar nicht gab. Vor 750 Jahren rettete ausgerechnet ein kräftiges Gewitter den Grafen Rudolf von Rappertswil im Kampf mit einem wilden Tier. Aus Dankbarkeit tat er das Gelübde, an eben dieser Stelle ein Kloster zu gründen. Seitdem sind sie hier, die Zisterzienserinnen, und nennen diese Tatsache in ihrem Leitbild »ein wahres Wunder«, an dem »was dran sein muss«.

Ein Teil der kleinen Klosterkirche stammt noch immer aus dieser Zeit, um 1600 wurde sie umgebaut und erweitert, im 20. Jahrhundert verlegten die Schwestern ihren Chorraum immer weiter zu den Menschen: von einer Empore hinten oben bis – heute – in den Chorraum unten vorn, ermutigt nicht zuletzt durch die Erneuerung des Ordenslebens im Zweiten Vatikanischen Konzil. Seitdem hat sich mehr geändert als nur die äußerliche Verkleinerung des Schleiers, das kürzere Gewand und die Tatsache, dass die Schwestern ihr »Nachtmahl« an lauen Sommerabenden schon mal spontan aus dem Kloster-Refektorium in den bunten, üppig blühenden Kloster-Garten am Ufer des Zürichsees verlegen.

Vor sechs Jahren wurde die Kirche erneut renoviert – und grundlegend umgestaltet. Entstanden ist ein lichter, atmender Raum; das feine, schlichte Chorgestühl der Schwestern aus hellem Holz, die Wände weiß getüncht, der Tabernakel gläsern transparent, und neben der Hauptorgel im Gemeindeschiff gibt es eine kleinere beim Schwesternchor, dazu ein Cembalo und doch glatt einen großen chinesischen Gong. Wären noch Gambe und Flöte und Gitarre zu erwäh-

nen, die bei den Gottesdiensten der Schwestern zum Einsatz kommen.

»Wir haben wirklich viele musikalische Begabungen«, erzählt Äbtissin Monika über sich und ihre 15 Wurmsbacher Schwestern. Als ausgebildete Musikerin spielt die in Heimersheim bei Ulm aufgewachsene Äbtissin nicht nur selber die Orgel (und gibt ihren Schwestern von dort gern mit einem kräftigen Kopfnicken den Einsatz); sie hat zudem einen Großteil der Gesänge für Vigilien, Laudes, Mittagshore, Vesper und Komplet selber komponiert – »inspiriert von Psalmen-Melodien aus Frankreich«, erzählt sie.

Obschon: Wenige Kilometer entfernt liegt die berühmte Benediktiner-Abtei Einsiedeln, deren bedeutsame mittelalterlichen Handschriften bis heute so wichtig sind für die Erforschung des gregorianischen Chorals. – Braucht es das alles nicht mehr? Äbtissin Monika hebt die Hände: »Moment!«, sagt sie entschieden, »wir singen durchaus an hohen Festtagen das lateinische Stundengebet. Aber ich glaube dennoch, dass es wichtig ist, neue Formen des Psalmengesangs zu entwickeln und singend zu leben, um die Tiefe dieser uralten Gebete auch heute zu erschließen.«

Und so hört man in Wurmsbach mit aufgewecktem Ohr vertraute Texte auf neuen, musikalisch und stimmlich anspruchsvollen Melodien, die mal merkwürdig mittelalterlich, dann wieder sehr modern anmuten. Jeder Psalm klingt anders, wird anders gesungen, seinem Charakter entsprechend. Da ist es mitunter schwer, sich auch einfach einmal ohne die Anstrengung bewussten Mitdenkens vertrauensvoll

Die Wurmsbacher Schwesterngemeinschaft und ihre Kirche.

vom wogenden Meer der Psalmenmusik tragen zu lassen.

Wurmsbach ist eben anders. Ein weiteres Beispiel: Längst hat auch diese Gemeinschaft voll spiritueller Energie und Kompetenz keinen eigenen Priester mehr; und so geschieht es, dass drei Mal in der Woche eine »Wortgottesfeier« stattfindet. Dann geht die Äbtissin zum gläsernen Tabernakel, entnimmt vorsichtig das Allerheiligste in kostbarem Ziborium, geht zum Altar, erhebt eine Hostie und spricht: »Seht Christus, das Lamm Gottes, das hinweg nimmt die Sünde der Welt.« – In Wurmsbach ist neben aller geistlichen und menschlichen Offenheit vor allem dies zu erleben: selbstverständliche, weibliche Stärke und ausdrücklich frauliches Selbstbewusstsein; kein Reflex auf jahrhundertealte Missachtung durch männliche Hierarchen, sondern erstanden aus tiefer Verbundenheit mit dem, für den sie ins Kloster gegangen sind: Jesus, Christus, Gott. »Kluge, umsichtige, charmante Frauen haben Kloster Wurmsbach durch die Jahrhunderte immer wieder ›entwurmt‹«, schreiben die Schwestern in ihrem Leitbild, »und sind so gewachsen, suchen in jedem neuen Jahrhundert nach Antworten, ohne die Persönlichkeit zu verlieren.«

Viele der Schwestern können davon ihre ganz eigenen Lieder singen; Schwestern mit so starken Namen wie Rebekka (die alttestamentliche Patriarchenfrau Isaaks) oder Maria Magdalena (die schillernde, fromme und zärtliche Frau in der Nähe Jesu). »Ich liebe die Kreativität in unseren Gottesdiensten«, sagt denn auch Schwester Maria-Magdalena. Sage und schreibe 21 Jahre war sie bereits Vorsehungsschwester in Münster, stammt vom Niederrhein, war Lehrerin für Musik und Deutsch an Münsters Hildegardisschule und hatte »dennoch nicht das gefunden, was wirklich meins ist«. Durch ihr Weiterstudium am C.G.Jung-Institut in Zürich entdeckte sie über Umwege das Kloster Wurmsbach und trat schließlich im Jahr 2000 ein. »Es gefiel mir, dass es hier locker, aber nicht lasch zugeht. Und besonders hat mich die Liturgie fasziniert: die Ruhe, sehr bewusst und kreativ; wir heizen da nicht durch.«

Designer-Marmelade in der Boutique Bernhard

Oder Schwester Ursula: Sie stammt aus der Freiburger Ecke, lebte längere Zeit in Ostwestfalen-Lippe, war Designerin und ist 2002 – mit 45 Jahren – in Wurmsbach eingetreten, nachdem sie lange Jahre ohne Gott und Religion und Kirche lebte. Auch für sie war klar: »Die Offenherzigkeit der Schwestern hier hat es mir von Anfang an angetan«, erzählt sie mit Blick über ihre alles andere als unauffällige kreisrunde, schwarze Brille. In Wurmsbach ist sie neben allen gestalterischen Aufgaben auch für die berühmte Klostermarmelade zuständig; und also sagt die Designer-Schwester mit gespitzten Lippen und vorwitzigem Kräuseln auf der Stirn: »Ich bin mir ziemlich sicher, dass Wurmsbach das einzige Kloster mit echter Designer-Marmelade ist.« Die Früchte ihrer Arbeit sind im kleinen Klosterladen namens »Boutique Bernhard« zu erwerben – neben einer überschaubaren Buchauswahl, Töpfer- und Glaswaren, Kerzen, Räucherstäbchen und diversen Kräutermischungen aus der Abtei.

»Wir sind schwarz-weiß«, schreiben die Schwestern in ihrem »Leitbild«, »aber unser Leben ist nicht schwarz-weiß, obwohl schwarz-weiß immer wieder trendig ist für Modedesignerinnen. Schwarz-weiß ... nicht farblos! ... Wir meinen auch nicht Spaßgesellschaft gleich schwarz und Kloster gleich weiß. Wir wollen unserem Dasein auf den Grund gehen und zwar immer wieder.«

Auch Äbtissin Monika bekennt: »Ich bin eigentlich nicht wegen des Ordens hier eingetreten, sondern wegen der Herzlichkeit, der Offenheit, der Dynamik, der Beweglichkeit. Es gibt hier viel Platz.« Damit meint sie zweifellos nicht das Raumangebot von Wurmsbach, das sich allerdings dennoch sehen lassen kann. Das Gästehaus »Lichthof« ist vor wenigen Jahren grundsaniert und modernisiert worden, und so ist es ein Leichtes, in den hellen, farbenfrohen und geräumigen Zimmern zur Ruhe zu kommen. Auf Stille wird viel Wert gelegt, so manche Gruppe von außen weiß, warum sie hier ihre Meditationskurse abhält.

Wurmsbach ist ein Kloster mit starken Frauen, die es sich zur Aufgabe gemacht haben, andere an ihrer Stärke teilhaben zu lassen. »Wir sind kontemplativ, aber durch unsere Schule auch sehr offen«, sagt Äbtissin Monika. In ihrer »Impulsschule« bringen die Schwestern 115 Mädchen von zwölf bis 17 Jahren nicht nur alle üblichen schulischen Fachinhalte bei, sondern ausdrücklich auch Verantwortung, Teamgeist, frauliches Selbstbewusstsein, geistliche Stärke.

Hoher Anspruch, tiefe Stille, kreative Liturgien, selbstbewusste Nonnen und immer wieder lachende Menschen – das ist Wurmsbach. Ganz so, wie Äbtissin Monika es sagt: »Es ist etwas sehr Schönes, hier zu leben.« ■

Das alte »Dörrhaus« im blühenden Klostergarten.

Einladend: Der »Lichthof«, das Gästehaus des Klosters. Unten: Schwester Ursula mit zwei Schafen – alle drei in Schwarz-Weiß.

Reise-Tipps

Anreise

Die Abtei Wurmsbach liegt rund 30 Kilometer südlich von Zürich, nahe Rapperswil Jona direkt am Oberen Zürichsee. Von Zürich mit dem Auto über die A 53 Richtung Chur, Ausfahrt 13 (Jona), ab da 1,5 Kilometer.

Unterkunft

Im neugestalteten »Lichthof« sind helle, freundliche, moderne Einzel- und Doppelzimmer mit Bad für Frauen und Männer eingerichtet. Einzelzimmer bei Vollpension ab ca. 60 Euro pro Tag.

Kontakt

Kloster Wurmsbach
Wurmsbach
CH-8715 Bollingen / Schweiz
Tel.: 0041 / (0) 55 / 225 49 05
www.wurmsbach.ch

Schweiz

Einsiedeln – Benediktiner

Einsiedeln gilt als eines der bedeutendsten Klöster in der Kulturgeschichte Europas, nicht zuletzt wegen der Einsiedelner Handschriften, welche die Anfänge des schriftlich festgehaltenen gregorianischen Chorals überlieferten. Vor allem aber ist Einsiedeln der grösste Wallfahrtsort der Schweiz mit einer Million Besuchern im Jahr. Die 75 Mönche haben ihren Tagesrhythmus den Pilgern angepasst, die kommen und gehen. Die Mönche aber bleiben.

Lichte Helle zieht den Blick nach oben: Blick auf die Fresken über der Gnadenkapelle.

Blick auf die Klosteranlage von Einsiedeln und das Dorf. Die »Schwarze Madonna«, zu der jährlich eine Million Menschen pilgern, um zu beten.

Die Benediktiner-Abtei Einsiedeln südlich des Zürichsees / Schweiz

Haus der Pilgerschaft

In Einsiedeln leben Einsiedler, die keine Einsiedler sind. Sie heißen nur deshalb so, die Menschen und Mönche von Einsiedeln, weil im Jahr 835 ein einzelner Mönch von der Klosterinsel Reichenau in diese grüne, hügelige, unbevölkerte Landschaft zog, um allein zu sein – mit sich und mit Gott, inmitten der prächtigen Schöpfung, den Bergen der Voralpen, satten Wiesen und dichten Wäldern. Und doch ist dieser Ort nicht nach diesem Mann benannt – sonst hieße er womöglich Meinradshausen –, sondern danach, wie er lebte, was er war.

In den über 1000 Jahren seither hat sich aus der Mönchszelle des heiligen Meinrad ein quirliger Organismus entwickelt, ein gewaltiges Kloster mit 75 Benediktinern, eine Gemeinde mit 13 000 Einwohnern – und der größte Wallfahrtsort der Schweiz mit jährlich bis zu einer Million Besuchern. Vor der gewaltigen Barockfassade der Abtei reihen sich Hotels und Restaurants aneinander, oberhalb des schmucken Örtchens schmiegen sich seit 2005 hochmoderne Skisprungschanzen an den Hang, rechts der Kirche kann man Minigolf spielen. Es soll Menschen geben, die nicht als Pilger nach Einsiedeln reisen.

»Nicht nur Fromme dürfen kommen!«, sagt Martin Werlen, der 2001 mit 39 Jahren zum Abt des Klosters gewählt wurde, als »Territorial-Abt« sogar Leiter eines kleinen »Bistums« und Mitglied der Schweizerischen Bischofskonferenz ist. »Es gibt viele, die einen Ausflug machen wollen und sich auf einmal tief angesprochen fühlen.« Wer wollte erkennen, ob jene Radler in engen, kurzen Hosen und knallroten Shirts am plätschernden »Fraubrunnen« vor der Abtei ihren Durst stillen oder auch Dankbarkeit darüber empfinden, endlich am Ziel ihrer »Velo-Wallfahrt« angekommen zu sein?

Die barocke Fassade des Klosters mit der prächtigen Abteikirche in der Mitte; vorn der »Fraubrunnen«.

In der Kirche sieht die Sache schon klarer aus. Gleich nach dem Eintreten stoppt ein Marienhaus im Gotteshaus den flotten Schritt; darin wird die »Schwarze Madonna« von Einsiedeln verehrt. Umkleidet von einer schwarzen, klassizistischen Marmor-Kapelle ist sie seit Jahrhunderten der Grund für Millionen von Pilgern, nach Einsiedeln zu kommen. Viele knien betend oder schweigend betrachtend vor der Madonna und dem Jesusknaben. Dass sie so schwarz ist, liegt heute weniger an den zahlreichen Kerzen, von denen manche für große Schicksale und tiefen Glauben steht, sondern daran, dass die Einsiedler Bürger ihre dereinst tatsächlich verrußte

Abt Martin, P. Jean-Sébastien, P. Benedict (v.l.)

Madonna nicht wiedererkannten, als sie zum Schutz vor den einfallenden Revolutionsfranzosen vergraben, danach gereinigt worden war und dabei ihr Schwarz verloren hatte. Und weil die Einsiedler sich nicht von der Echtheit ihrer Madonna überzeugen ließen, wurde sie kurzerhand wieder schwarz bemalt. So steht sie da bis heute und bezeugt, wie eigentlich Fremdes (eine schwarze Heilige in der Schweiz!) zu Bewährtem, Vertrautem, Verehrtem werden kann.

Im Übrigen erzählt diese Kapelle noch eine andere Geschichte, eine Lektion in Gelassenheit auch für die Kirche unserer Tage: Ursprünglich nämlich stand hier eine andere Kapelle, errichtet von den ersten Mönchen der »Meinradszelle« über dem Altar des Heiligen und als »Salvatorkapelle« überliefert. Der erste regelrechte Abt des Klosters, Eberhard von Nellenburg, hatte nun gleich daneben eine Kirche gebaut, die im September 948 vom Konstanzer Bischof Konrad geweiht werden sollte. Eigentlich habe der Bischof bei der Gelegenheit auch die Salvatorkapelle »ordentlich« konsekrieren wollen, doch in der Nacht zuvor in einer Vision wahrgenommen, wie Christus in violettem Messgewand und mit Mitra herabstieg und die Weihe der Kapelle vornahm – deutlich erkennbar an den Gesängen der himmlischen Chöre, dirigiert vom Erzengel Michael. Bis heute kündet ein lateinisches Spruchband hoch oben gegenüber dem Kapelleneingang: »Halt ein! Dieses Gotteshaus ist schon geweiht!«

»So eine Erinnerung ist wirklich heilsam für die Kirche«, sagt Abt Martin. Eines ihrer größten Probleme nämlich sei es zu meinen, »wir müssten alles im Griff

haben. Dabei wäre es viel wichtiger darauf zu hören, was Gott uns heute sagen will.« Ganz ruhig spricht er, wie lange bedacht und klar gesehen. »Der Glaube ist doch kein Lehrsystem, das man ständig verteidigen müsste. Und wenn daran gerüttelt wird, bekommen wir Angst.« Der Abt hält es dagegen mit der Grundmotivation des heiligen Benedikt für ein Leben als Mönch: »Unsere Aufgabe ist es, Gott zu suchen, in seiner Gegenwart zu leben. Schauen Sie«, sagt er, »selbst die Hirten und die Weisen in der Weihnachtsgeschichte haben Jesus nur gefunden, weil sie ihn gesucht haben, weil sie aufgebrochen sind.«

Wie sinnig, dass über allem in der 37 Meter hohen Kuppel der Abteikirche die Menschwerdung Jesu dargestellt ist – üppig, lebendig und farbenfroh gestaltet von Cosmas Damian Asam, der mit seinem Bruder Aegid Quirin den gesamten Innenraum ausmalte. Man mag mit Barock etwas anfangen können oder auch nicht – in Einsiedeln überrascht er mit heller, lichter Leichtigkeit, die das Herz weitet. Dazu trägt auch die kolossale, 41 Meter umfassende Breite des Mittelschiffs bei: Auf Augenhöhe strahlt ringsherum nur einfaches Weiß, weit mehr als Farblosigkeit, sondern die Farbe reiner Gegenwart, der Jetztzeit, des Augenblicks. Kaum aber hebt sich der Blick, ziehen rot und grün bemalte Streben in die volle Pracht dessen, für das eigentlich die Worte fehlen: »Herrlichkeit«, sagt man dann, »Vollendung«, »Fülle«, »Alles«. Überall sitzen drollige Putten auf den Simsen und scheinen nicht zu wissen, wie dumm sie tun sollen vor lauter Übermut. Einige fallen beinahe herunter, so

Blick in die Kuppel mit einer Darstellung des Weihnachtsgeschehens; die Fresken sind ein Werk der Gebrüder Asam. Unten: Die Gnadenkapelle.

ausgelassen tollen sie herum, so unbekümmert spielen sie mit Mitren und Abts-Stäben, necken sich gegenseitig oder musizieren. In Einsiedeln fällt es leicht, sich diese Unbeschwertheit zu eigen zu machen; geht nicht alle Sehnsucht dahin? Und darf das Ziel nicht einfach einmal so glänzend naiv in Bilder und Figuren wie im Traum gefasst sein?

Oder spricht der Raum mit all den konkreten Darstellungen dessen, was doch »Geheimnis« des Glaubens ist, eine zu klare Sprache? Ist alles klar? Und jeder Sucher doch ein Zweifler? Wie erst ergeht es den Mönchen, die vorn beten, im Kernraum des Geheimnisses, lachsrot gestaltet und über und über von Engeln und Gold umgeben? Nur Lob? Nicht Klage? Nur Gewissheit, kein Fragen? Nur Herrlichkeit, kein Hadern?

Pater Jean-Sébastien, Mittdreißiger, Gästebruder und Künstler, gibt offen zu: »Der Barock ist nicht meine Welt. Aber darauf kommt es auch nicht an.« – Kommt es nicht, wenn man tagtäglich darin dem Wesentlichen mönchischen Lebens nachgeht, dem Gebet? »Nein, kommt es nicht«, sagt Pater Jean-Sébastien, »Gebet geschieht im innersten Raum meines Innern.« – Reduktion: In letzter Zeit werden auch seine Werke immer schlichter, immer verdichteter. Tatsächlich erzählt Pater Jean-Sébastien von einer Zeit in seinem Leben, als er in seinem Kunststudium – noch vor seinem Klostereintritt – im Buddhismus mancherlei Anregendes fand und darüber zum Christentum zurückfand. Eines seiner Bilder etwa zeigt einen Sitzenden, Buddha ähnlich, doch Christus meinend, mit Seitenwunde und Lotusblüten. Kein Stilleben, aber ein Stille-Bild, das schweigen macht. »Die Stille ist für mich das Größte und das Vollkommenste und das Schönste.« – Warum dann Einsiedeln, so prächtig und quirlig? »Weil Einsiedeln mein Ort ist«, sagt er – und schweigt.

Im vergangenen Jahr bezweifelte eine Schweizer Zeitung, dass es überhaupt Nachwuchs in den Klöstern gebe und meldete, selbst Einsiedeln sei dabei, einzugehen. Im Wissen um die Wahrheit des Gegenteils konterte Abt Martin nicht mit einer Gegendarstellung, sondern mit einer Einladung an die Redaktion zum Hockey-Spiel in Einsiedeln, gegen die Mönche, nach der Vesper, dem Abendgebet. Die Journalisten nahmen an – und verloren das erste Spiel 13:5, das zweite 17:8. Schlussfolgernde Überschrift: »Dieses Kloster steht voll im Saft.«

Pater Benedict, 39-jähriger Seelsorger an der Klosterschule, sagt auf die Frage, warum Einsiedeln, lächelnd: »Ich erlebe hier eine offene Kirche, einen Ort dichter Spiritualität mit großem Ernst – trotz aller Grenzen, die unsere Gemeinschaft wie jede andere hat.« Mönche, sagt er, seien Menschen, die »darauf aufmerksam machen, dass es noch etwas Anderes gibt. Die Menschen laden hier ihre Lasten ab; es ist unsere Aufgabe, sie mitzutragen.«

Manchmal geschieht dieses Lastenabladen zur Unzeit. Morgens um viertel vor acht etwa, wenn die Pilger eigentlich noch fern sind. Gegen Ende der Laudes vorn im Chorgestühl aber hebt von weit hinten, von

Oben: Die schmucke Bibliothek der Abtei Einsiedeln, in dem sich auch die Darstellung unten links befindet: Zwei Räuber erschlagen den heiligen Meinrad, den Gründer des Kloster (Basel, um 1460). Rechts unten: Der Oberchor der Mönche.

der Gnadenkapelle, lautstarker Frauen-Gesang an. Die Mönche sind einen Moment verdutzt, der Abt nimmt Rücksicht, singt nicht gegen die betenden Stimmen aus dem Kirchraum an, sondern spricht verhalten das Schlussgebet. »Wir Mönche sind nicht die Einzigen in dieser Kirche«, sagt er später.

Abt Martin dreht die Sache um: »Es lohnt sich, auf diejenigen zu hören, für die die Kirche ein ständiger Störfaktor ist. Sie sind die besten Beobachter unserer Aktivitäten. Es lohnt sich, auf diejenigen zu hören, denen die Kirche gleichgültig ist. Sie machen uns darauf aufmerksam, dass wir es in vielen Bereichen vorziehen, Sirup der Erde zu sein statt Salz der Erde.« In einem Buch mit dem bezeichnenden Titel »Das ganze Jahr Weihnachten« betätigt Abt Martin sich als Fährtenleser dessen, wo und wie Gott in die Welt kommt: im Fremden, im Kranken, im Versagen, auch im leitenden Menschen, im kritischen, im jungen, im enttäuschenden. »Wir können die Welt nur dann vor Gott tragen, wenn wir die Sorgen der Welt kennen«, sagt er.

Abt Martin, studierter Psychologe, ängstigt sich nicht vor Bedrohlichem. In der Schweizerischen Bischofskonferenz hat er kurz nach seiner Wahl 2001 die Missbrauchs-Kommission und entsprechende Richtlinien eingeführt und sagt auch angesichts von Fällen in seiner Gemeinschaft: »Wir haben die Gelegenheit, über unseren Umgang mit Sünde und Fehlerhaftem Botschaften zu platzieren, die von der ganzen Welt gehört werden« – und fürchtet, diese Chance könnte verpasst werden.

»Christentum«, sagt der Abt, »ist unkonventionell.« Und so hat er vor einigen Jahren die »Clinch-Wallfahrt« ins Leben gerufen, mit einem zum Boxhandschuh gelegten Rosenkranz als Logo, mit einem öffentlichen Streitgespräch, etwa zwischen dem damaligen Baseler Bischof Kurt Koch (neuerdings »Ökumene-Minister« im Vatikan) und dem gemaßregelten Theologen Josef Imbach; dazu ein Konzert mit dem Trinity College Choir Cambridge, ein Theaterabend, eine Wand vor der Abteikirche, auf die man schreiben konnte, wo und warum man mit der Kirche im Clinch liegt. Und natürlich mit Chorgebet, Informationen übers Klosterleben, Gesprächen. »Viele kamen auch danach immer wieder«, erzählt Abt Martin, »einige sind auf dem Weg, sich als Oblaten enger an unsere Gemeinschaft zu binden.«

Einsiedeln wolle ein Ort sein, sagt er, der hilft, Brücken zu bauen, »katholisch im Wortsinn zu sein und Weite nicht als Bedrohung, sondern als Bereicherung zu erfahren«. Das Kloster lasse sich von niemandem vereinnahmen, wolle vielmehr ein Ort echter Begegnung sein: »Vor einiger Zeit feierte das internationale Redaktionsteam der renommierten Theologie-Zeitschrift ›Concilium‹ mit Hans Küng, Leonardo Boff und Edward Schillebeeckx im Oratorium eine heilige Messe – und in der Abteikirche feierte die konservative Vereinigung ›Pro Ecclesia‹ zur selben Zeit, beide auf Latein.«

Einsiedeln – bewegter Ort voll Kommen und Gehen. Wie geht das zusammen für eine Gemeinschaft, die »stabilitas« gelobt hat, das Bleiben, auch das lebenslange Bleiben am Ort? »Es geht um beides«, sagt der Abt: »um die Sehnsucht der Pilger, ihr Unterwegs-Sein zu dem, was bleibt – und um das treue Ausharren von uns Mönchen, die dennoch bleibend unterwegs sind.« Jeden Tag schließlich begeben auch sie sich auf eine Wallfahrt: Nach der Vesper ziehen sie durch den langen Mittelgang zur Gnadenkapelle, immer zwei nebeneinander, Schritt für Schritt im wogenden Gleichmaß, sammeln sich vor der Schwarzen Madonna, singen wie seit 1547 mehrstimmig das »Salve Regina« und ziehen zurück ins Kloster, ins Haus der Pilgerschaft. ■

Reise-Tipps

Anreise
Von Zürich ca. 50 km, etwa per Bahn.

Unterkunft
Einfache Zimmer (teils mit Bad/WC), nur für Männer (ab ca. 55 €).

Kontakt
Kloster Einsiedeln
CH-8840 Einsiedeln / Schweiz
Tel.: 0041 / (0) 55 / 418 61 11
www.kloster-einsiedeln.ch

Die Perspektive eines der zahlreichen Engel im Hochchor der Abteikirche: in den weiten, hohen Raum des Gotteshauses.

Italien
Sacro Speco – Benediktiner

Bevor der heilige Benedikt nach Montecassino ging, um die weltberühmte Abtei *auf* dem Berg zu gründen, zog er sich *in* einen Berg zurück, in eine heilige Höhle: »Sacro Speco« oberhalb von Subiaco. Bis heute leben dort einige Mönche – dort, wo der junge Benedikt allein mit sich und Gott war. Sie hüten dieses Heiligtum, kümmern sich um die zahlreichen Pilger, die hinaufziehen auf den Berg, und beten inmitten einer in den Berg gebauten, sich in zahlreichen Wegen von Höhlenkapelle zu Höhlenkapelle windenden und über und über mit mittelalterlichen Fresken bemalten Kirche ihr Gotteslob. Nur selten erlauben sie einen Blick in ihr Leben.

Eingang in die über und über ausgemalte Höhlenkirche des Klosters von Sacro Speco.

Benedikt im Berg: Das Kloster Sacro Speco umhüllt die Höhle, in der der junge Benedikt als Einsiedler lebte. Zahlreiche Fresken zeigen dort sein Leben.

Das benediktinische Höhlenkloster Sacro Speco in Subiaco / Italien

Im Schoß des Abendlandes

Wenn die ersten Klöster Benedikt von Nursias, des Patrons Europas, als Wiege des Abendlandes gelten, dann ist Subiaco dessen Mutterschoß. Die Idee vom Leben aus Gebet und Arbeit, von Gemeinschaft und Einsamkeit, von Agrikultur und Kultur, von einem abgeschiedenen Leben mit Gott, in dem die Einzigartigkeit jedes Menschen aufgeht: Hier ist die Urzelle dieser Idee. Oder besser gesagt: Hier reifte der Urgedanke – so abgeschieden von der Welt da draußen, dass manche diese einsame, abgeschlossene Art zu leben, »Wüste« nennen, andere »Gebärmutter«. Am Anfang jedenfalls war eine Höhle, so viel steht fest. Eine heilige Höhle – »Sacro Speco«.

Heute freilich ist von den Widrigkeiten und Unwirtlichkeiten jenes Lebens, das der noch sehr junge Benedikt hier als Einsiedler verbrachte (manche sagen, er war erst 14), kaum etwas zu spüren. Denn Sacro Speco, dieses schmucke Heiligtum in den Bergen, das wie ein Schwalbennest auf 600 Metern Höhe über dem Städtchen Subiaco am Taleohügel klebt, überwältigt durch die Schönheit der Landschaft. Mit einer schmalen Schlucht beginnen hier die Simbruiner Berge, über und über von dicht an dicht stehenden Bäumen bewaldet, als läge satt grüne Seide in sanftem Faltenwurf über den Felsen. Weit, weit ins Land geht der Blick, beruhigt das Auge und bald den ganzen Körper, und man steht und schaut und staunt – und denkt: So wird das wohl auch Benedikt gesehen haben, als er vor 1500 Jahren hierher kam.

Ganz so stimmt das freilich nicht, denn zu seiner Zeit gab es unterhalb der Höhle einen von gleich drei Stauseen, die Kaiser Nero bauen ließ (und ganz in der Nähe eine prächtige Villa). Daher jedenfalls hat Subiaco (sub-lacus, unterhalb des Sees) seinen Namen. Heute fließt tief unten im Tal immerhin noch der Anio, dessen Rauschen bis nach Sacro Speco heraufklingt – das einzige Geräusch in dieser Landschaft der Stille, wäre da nicht das Zwiepen der Schwalben, die als Akrobaten der Lüfte ums Schwalbennestkloster schießen.

Ansonsten aber ist Ruhe allüberall: im Blick über die Hügelwälder, in der Stille des Ortes, in der Ehrfurcht vor dem, was hier geschah. Und selbst die Menschen aus dem 100 Kilometer westlich gelegenen Rom, die sonst in einem Nicht-Verhältnis zu jeglichem allgegenwärtigen Zivilisationslärm der Stadt leben, zieht es gern nach Subiaco, nach Sacro Speco – im Sommer allemal, weil die Luft hier oben so frisch und frei und sauber schmeckt.

Nicht der Zerstreuung, sondern der Sammlung wegen suchte und fand Benedikt diesen Ort. Um 480 in Nursia geboren (gestorben um 547 in Montecassino) und während seiner Studienzeit in Rom der bewegten Zeiten aus moralischem Verfall und Völkerwanderung überdrüssig, zog es ihn zu dem, was man heute ein »bewusstes Leben« nennen würde, zu einem Leben freilich, das nur mit Gott zu denken ist. Papst Gregor der Große (540-604), ein zutiefst überzeugter Anhänger des mönchischen Lebens, das er zugleich stets vermisste, verfasste eine – freilich nicht pur historisch zu verstehende – Biographie Benedikts, das so genannte »Zweite Buch der Dialoge«. Und er verstand seine Notizen wohl in gewissem Sinn als eine »Antibiographie« zu seinem eigenen Leben, indem er in der Gestalt Benedikts nicht ohne eine gewisse Selbsttrauer all das zusammenfasst, was ihm für sein eigenes Leben kostbar erscheint, aber nicht immer durchgehalten und verwirklicht werden kann. Gregors »Dialoge« und die Regel des heiligen Benedikt gelten so als die wichtigsten Quellen jener Zeit über Benedikt.

Papst Gregor jedenfalls beschreibt den jungen Einsiedler so: »Es lebte ein verehrungswürdiger Mann. Er hieß Benedictus. Der Gnade und dem Namen nach war er ein Gesegneter. Schon von früher Jugend an hatte er das Herz eines reifen Mannes, denn er war in der Lebensweise seinem Alter weit voraus.« In Subiaco also begegnet nicht der große, langbärtige Mönchsvater, sondern ein junger Mann, der Gott suchen will – und der dies spannenderweise nicht einmal in der erstmals alt werdenden frühen Kirche zu erreichen glaubte, nicht in der Theologie,

Dreimal Franziskus im Benediktinerkloster (v.l.):
Pater Francisco Schulte, Fresko des heiligen Franz von Assisi
(wohl entstanden zu seinen Lebzeiten),
Klosterkandidat Francesco.

nicht im Amt, nicht in der Gemeinschaft, sondern in der Einsamkeit, fern von allem, fernab in der Abgeschiedenheit einer Berghöhle.

Bis heute ist diese Höhle der Kern von Sacro Speco, einem Kloster, das in dieser Form größtenteils seit dem 13. Jahrhundert besteht. So recht weiß man beim Betreten des Raumes gar nicht, was denn das sein soll: Kirche? Kloster? Kellergewölbe? Freilich, gleich am Anfang ist der Raum eine Kirche, ein Kirchlein besser gesagt, mit Kanzel und Orgel, mit Altar und Ambo. Dann jedoch geht es steil hinab, in den Berg und am Berg entlang. Ein gewaltiger, vielschichter Traum-Raum, übervoll mit tiefen Bildern, und immer tiefer geht es hinab über Stufen und Treppen, dass man nicht ahnt, wo das enden soll. Alles ist über und über bemalt mit grandiosen Fresken, manche über 1200 Jahre alt; große, lebendige Geschichten werden da erzählt – Sterben, Tod und Auferstehung Jesu, wundersame Begebenheiten aus dem Leben Benedikts, wie Gregor sie überlieferte, dazu äußerst konkretes Anschauungsmaterial für ein aufrechtes und bewusstes Leben.

Und mittendrin: Sacro Speco, die heilige Höhle. Ein schummriger Raum im Berg. Benedikts geistlicher Aufstieg beginnt mit dem Abstieg in die Erde, in eine »ganz enge Höhle«, wie Gregor schreibt. Und genau das ist es. Es ist – trotz des für Pilger angesetzten Vorbaus – kaum Platz. Unvorstellbar, hier wie Benedikt drei Jahre zu verbringen, hier zu hausen, hier zu wohnen.

Doch genau dies ist das wesentliche Stichwort: »Allein, unter den Augen Gottes, wohnte er in sich

selbst.« Da sitzt man nun als Besucher in dieser Höhle, gönnt sich die Ruhe, gönnt sich diesen »Urkern« und bekommt es mit einem Satz zu tun, der so gar nicht nach Theologie, nach Moral, nach Lehre, nicht einmal nach Gottesverkündigung klingt – sondern der eine Haltung meint, eine Grundhaltung des Menschseins, die es in sich hat.

Hier ist das Fundament der erdigen Spiritualität benediktinischen Mönchtums, die nicht überhöht in den Himmel entführt, sondern in die Tiefe menschlicher Existenz, in den »sehr engen Raum«. Benedikt hat hier leibhaftig erfahren, was er später geistvoll in seiner Regel schreibt, wenn er dazu ermutigt, den Weg nicht verwirrt von Angst zu verlassen, der »am Anfang nicht anders als eng sein kann«; am Ende jedoch verheißt er ein weites Herz und »unsagbares Glück der Liebe«.

Hier aber ist Anfang, Ursprung, die »sehr enge Höhle«, und wie der junge Benedikt als barocke Marmorstatue darin kauert, erinnert er tatsächlich an ein Kind im Mutterleib, das wahrlich unbelastet von den Dingen »da draußen« in sich selbst wohnt und reift zur Geburt. Und manchmal geschieht es, dass in Sacro Speco das ungeahnte Wissen davon wie eine uralte Erinnerung aufblitzt, einen Wimpernschlag lang.

Für Pater Francisco Schulte, 56-jähriger Mönch der amerikanischen Riesen-Abtei Collegeville mit Wurzeln in Westfalen und einer der vier Benediktiner, die in Sacro Speco leben, ist die Sache klar: »Hier ist nicht, wie manche romantisierend sagen, die Wiege des Abendlandes; hier wurde nichts und keiner sanft

Fresko des heiligen Benedikt in den gewundenden Höhlengängen.

hin- und hergeschaukelt. Hier ist vielmehr der Schoß des Abendlandes, Keimhülle, Geburtshöhle.« Was ihn noch mehr fasziniert: »Benedikts Bei-sich-Wohnen, diese Art der Selbsterfahrung, heißt nichts anderes, als in der Gegenwart Gottes zu leben. Es ist ein und dasselbe.«

Für Pater Francisco ist Sacro Speco deshalb ein ganz besonderer Ort, »denn eigentlich«, sagt er, »eigentlich habe ich keine Heimat, keine Höhle.« In Puerto Rico ins Kloster eingetreten, wurde er bald in die übergeordnete Abtei Collegeville im Norden der USA gerufen. »Dann ging es in ein Kloster auf die Bahamas, nach Mexiko, nach Rom, Israel, wieder Rom, wieder USA.« Mittlerweile sind beide Eltern gestorben – »wo also sollte meine Heimat sein?«

Vor drei Jahren sagte ihm sein alter Studienkollege Mauro Meacci, mittlerweile Abt der Abtei Santa Scolastica, unterhalb von Sacro Speco gelegen, ihm fehle ein englisch sprechender Mönch für die Besucher von Sacro Speco. »Also habe ich zugesagt, und jetzt bin ich hier«, sagt Francisco lachend und pfeift nach den Schwalben, die über die Dächer des Felsenklosters sausen. Und als könnten sie Francisco verstehen, stürzen sie zu ihm hinunter und ziehen haarscharf an seinem Habit vorbei. Ganz wie es doch einst dem heiligen Franziskus gegeben war, der zu den Tieren sprechen konnte, der auch Sacro Speco besucht hat und dessen möglicherweise (weil noch ohne Stigmata und Heiligenschein) zu Lebzeiten gefertigtes Porträt in den Tiefen Sacro Specos zu bestaunen ist, im Innern der Erde. ■

Reise-Tipps

Anreise

Subiaco liegt 100 Kilometer östlich von Rom. In Tivoli, auf halber Strecke, ist die grandiose Villa Kaiser Hadrians zu bestaunen.

Unterkunft

Sacro Speco bietet keine Übernachtungsmöglichkeit. Allerdings: In der Abtei S. Scolastica, 15 Gehminuten unterhalb der Höhle, gibt es rund 120 Betten in einfachen, neuen Einzel-, Doppel- und Gruppenzimmern. Vollpension ab 55 Euro.

Kontakt

Monastero S. Scolastica
I-00028 Subiaco (Roma) / Italia
Tel.: 0039 / (0) 774 / 82421
www.benedettini-subiaco.it

Subiaco mit Abtei Santa Scolastica (oben) und einem ihrer drei Kreuzgängen (unten).

Italien

Praglia – Benediktiner

Ein »Kloster auf dem Land« nennt sich Italiens grösste Benediktiner-Gemeinschaft, die Abtei Praglia im Veneto. Das Ländliche steckt schon im Namen, der von den »Prati« kommt, den Wiesen zwischen den »Euganeischen Hügeln« rings um diese traumhafte Abtei. Im 11. Jahrhundert gegründet, ist Praglia zweifellos dies: das wohl schönste Kloster Italiens. Nicht ohne Grund gibt es dort kaum Nachwuchsmangel.

Sonnenspiel und Schattenspender: einer der vier Renaissance-Kreuzgänge der Abtei Praglia.

Blühendes Kloster: umgeben von traumhaften Gärten, fruchtbarem Weinanbau, emsigen Bienen im Dienst der Benediktiner.

Benediktiner-Abtei Santa Maria Assunta, Praglia / Italien

Kühlende Barmherzigkeit

Unglaublich, wie laut Hitze sein kann! Denn eigentlich geschieht nichts. Alles steht. Alles ruht. Nichts bewegt sich. Kein Lüftchen geht. Niemand zu sehen. Unter der sengenden Mittagshitze blenden die hellen steinernen Stufen der gewaltigen, breiten Treppenanlage, die hoch zur Kirche der Abtei führt; jeder Schritt hinauf treibt neue Schweißperlen aus den Poren. Oben angekommen, liegt das Land zu Füßen: Doch so bezaubernd der Ausblick ist – die Sonne brennt mit aller Kraft, mit voller Energie bei weit über 30 Grad und macht die Felder träge und duldsam.

Es bleibt dabei: Unglaublich, wie laut Hitze sein kann! Denn in den alten, hohen Zypressen und Pinien rings um die Abteikirche plagen sich mühsam hunderte, tausende von Zikaden ab, arbeiten nach Leibeskräften, was das Zeug hält und zirpen ohne Unterlass gegen die Glut: ein gewaltiges Staccato-Streichorchester im Fortissimo, allen Ernstes so laut, dass es nahezu bedrohlich wirkt, wüsste man nicht auch um die beruhigende Wirkung dieser mediterranen Schöpfungsmusik, die jeden leichterdings in den Schlaf zu singen vermag.

Tatsächlich gelingt das selbst hier: Hinter den großen, verschlossenen Portalen der Abtei pflegen auch die Mönche von Praglia ihre Siesta, ruhen ausgiebige zwei Stunden in ihren schattigen Zellen – bei geöffneten Fenstern, geschlossenen Jalousien und still und gleichmäßig surrenden Ventilatoren.

Erst eine kräftige Glocke vom uralten Turm, der seit sieben Jahrhunderten an dieser Stelle steht, weckt sie nicht eben einfühlsam und ruft zugleich zum Gebet der neunten Stunde, der Non, in die Kirche. Manche schlurfen noch verschlafen, andere sind gleich voller Tatendrang, stellen sich aufrecht in ihre Stalle im gewaltigen, hölzernen Chorgestühl unter Fresken aus Giottos Schule und singen und beten in diesem weiten, schlichten Renaissance-Raum wie jeden Tag, jeden frühen Nachmittag seit dem 16. Jahrhundert. Der Bruder Sakristan hat pünktlich zwar, doch mit noch verknautschtem, bemüht-freundlichem Blick das Portal für die Gäste von außerhalb geöffnet, und nun weht tatsächlich an der Kirchentür ein großer, schattenspendender Vorhang gemächlich im Wind. Es tut sich was, das Leben erwacht, die Siesta ist vorbei.

Bald kommen die Touristen wieder, von denen Praglia völlig zu Recht einige zigtausende im Jahr zu verbuchen hat. So manche Kurgäste aus dem benachbarten, picobello sauberen und modernen Abano Terme zieht es in die alte Abtei, zudem viele Kulturreisende, die das Veneto mit Venedig, Padua und Vicenza erkunden und auch hierher geraten sind – sei es, weil Praglia wie eine geheimnisvolle Einladung zur Reise in die Klosterwelt des Mittelalters wirkt, wie es da mit seinen massigen Mauern schon von weitem sichtbar inmitten von Maisfeldern und Weingärten vor der Lonzina liegt, einem der »Euganeischen Hügel«; sei es, weil die wunderbaren vier (!) lichten Renaissance-Kreuzgänge der Abtei dazu verleiten, selber auf den Pfaden der Mönche zu wandeln, vorbei am mondänen alten Refektorium, dem weiten Kapitelsaal, der schmucken Bibliothek – oder sei es schlicht, weil Praglia ein einfach wunderbarer Ort ist, an dem Körper und Geist zur Ruhe kommen können und der liebe Gott eine Spur leichter zu erreichen scheint.

»Gäste werden dem Kloster nie fehlen«, wusste schon der heilige Benedikt vor 1500 Jahren. In der Tat: Dom Walter, ein sympathischer 40-Jähriger mit zugetanen, wachen Augen und meist aufgekrempelten Habit-Ärmeln, hat als Gastbruder sein Handy stets dabei und schafft es, selbst in den ungelegensten Momenten – etwa bei einer Gästeführung durch Imkerei, Buchrestaurierungs-Atelier, Kräuterstube und Kosmetik-Labor – freundlich und verlässlich jedem Anrufer zu antworten, der geneigt ist, in diesen alten Mauern neue Kraft zu schöpfen.

Dom Walter, gebürtig aus Como und seit 17 Jahren in Praglia, ist glücklich mit seinem Leben, mit seiner Aufgabe im Kloster: »Ich liebe die Menschen!«, sagt er, »und wer sagt, im Kloster gehe es nur um Gott, der hat noch kein Kloster von innen gesehen.« Die Schultern hochgezogen, die Hände nach oben geöffnet, Zeigefinger und Daumen aneinander gedrückt: So sieht es aus, wenn Italiener klar machen wollen, wie weit die Meinung eines anderen hinterm Mond liegt.

Abt Norberto, Bruder Walter, Bruder Stephano (v.l.).

»Nein, nein«, fährt er fort, hält die Augen geschlossen und plaudert in atemberaubendem Tempo weiter: »Wer im Kloster lebt, will der Welt Gutes. Dafür sind wir da.« Dann neigt er seinen Kopf zur Seite und lächelt: »Ach«, sagt er, »wissen Sie, mir gefällt es einfach, Menschen zu begegnen. Ihnen eine gute Zeit bei uns zu ermöglichen, zuzuhören, zu erzählen.« Und manches davon, sagt Dom Walter leise und auf einmal sehr ernst, lasse ihn auch im alten Chorgestühl der Abteikirche von Praglia nicht los. »Dann stehe ich eben so vor Gott und singe – mit den Geschichten der Menschen im Herzen. Und ich bin sicher: Gott hört selbst das Leise, das Ungesungene.«

Nicht nur das. Mitunter scheint es tatsächlich so, als gelte all das auch in der Gegenrichtung; als ließe sich in Praglia ebenso Gott deutlicher vernehmen. Morgens in der Frühe etwa, wenn die Welt noch schläft und die Mönche durchs Grau des anbrechenden Tags über den offenen Kreuzgang zum Gebet ziehen. Und während sie singen und beten, schweigen und lauschen, steigt draußen majestätisch langsam, noch milde und gnädig die Sonne empor, streift die dunkelgrünen Gipfel der uralten Euganeischen Hügel, die wie hier und da vom Himmel geworfene Brocken in der Landschaft liegen, und gießt sanft ihr Goldlicht über die Welt. Und drinnen in der noch halbdunklen Kirche beten die Mönche von Praglia ihre anrührend melancholisch-innigen Gesänge und singen allen Ernstes in genau diesem Augenblick alte Lieder von genau diesem Augenblick: »Gott, zur Morgenröte suche ich dich, nach dir sehnt sich meine Seele.« Wem ein solcher Satz bisher nur als hübsch ausgedachtes

Bild vorkam – an einem solchen frühen Sommermorgen in Praglia muss er sich darauf gefasst machen, dass ihm Tränen in die Augen schießen. – Es gäbe Schlimmeres, aber kaum Schöneres.

Auf derlei lebendige Poesie folgt Handarbeit. Padre Eusebio ließ sich mit seinen 87 Jahren partout nicht aus dem Garten vertreiben, obwohl er unter manchen Herzbeschwerden leidet. Ein paar Jahre hat man ihn an die Pforte gesetzt, damit sein lebensgeprüfter Körper nicht allzu sehr in Anspruch genommen wird. Aber da sei er nunmal nicht glücklich gewesen, erzählt Gastbruder Walter, und nun ist Eusebio wieder draußen, kümmert sich um 250 Bienenvölker, wenn er nicht gerade mit zwei Gästen Lavendel erntet. Manche nennen das mönchisch-naive Arbeitsmarktpolitik, weil sie kaum an wirtschaftlichem Erfolg orientiert ist; der heilige Benedikt indes schätzt schlicht die Eigenarten der Einzelnen und den Eigenwert der Arbeit. Praglia weiß, welchem Vorbild zu folgen ist.

»Du machst das nicht richtig«, ruft Padre Eusebio mit brüchiger Stimme Alberto zu, einem 50-jährigen Lehrer und Familienvater, der seit kurzem als Oblate in größerer Verbindlichkeit zur Benediktinerabtei Praglia lebt und mitunter nicht nur mitbetet, sondern auch mitarbeitet. »Man sieht, dass du nicht viel mit den Händen arbeitest!«, ruft Pater Eusebio und zeigt Alberto mit der Bestimmtheit eines Profis, wie das richtig geht. Bald darauf hat der Lehrer fürs Leben gelernt.

Im Übrigen haben sich illustre Gäste aus der ganzen Welt im Kloster eingefunden: Denis, ein 50-jähriger Priester aus Australien; Andreas, ein 29-jähriger

»Ora«: Abteikirche innen und außen; »labora«: Arbeit im Lavendelfeld.

Kaplan aus China; der 34-jährige Mauro, der zwischen Italien, England und Portugal hin- und herreist, eine Heimat sucht und in Praglia den einen oder anderen Wegweiser zu finden hofft; Giancarlo, ein 44-jähriger unglaublich belesener Lehrer für alte Sprachen – und still und heimlich ein in die Jahre gekommener Kardinal aus Rom, der allemal aus der Hitze Roms in Praglias kühlende Barmherzigkeit geflohen ist.

In der Kräuterstube mischt Dom Daniele allerlei Pflanzen zu allerlei heilsamen Zwecken: »Blasentang ist der Renner«, erzählt er, »das hilft beim Abnehmen.« Und Eisenkraut nützt der Entspannung, die »Rote Weinrebemischung« beugt Zellulitis vor. Sage einer, Mönche hätten nur mit geistigen Dingen zu tun. Nicht nur die Kurgäste aus Abano Terme wissen, warum sie nach Praglia kommen.

Nach derlei Tagwerk und dem Vespergebet ist das Abendessen ein wahrer Genuss. Im Refektorium werden herrlich schmackhafte Salate aus dem Klostergarten gereicht, dazu ein kühler Merlot aus Eigenproduktion. Und wenn am Sonntag durchs sperrangelweit geöffnete Refektoriumsfenster eine abendlich kühle Brise hereinweht, der Blick auf die Weingärten hinausgeht und statt Tischlesung Vivaldis »Sommer« aus seinen »Vier Jahreszeiten« erklingt, dann brauchte es kaum mehr, damit es reichte zum Glück.

Doch es gibt ja noch die Komplet, das Nachtgebet. Längst ist das Kirchentor geschlossen, Mönche und Klausurgäste sind unter sich, weich und sanft wogt der Wechselgesang der Psalmen durchs Kirchenschiff. Oben, in die Nacht geleitend, wenig Licht, unten viel Müdigkeit in den hitzeträgen Gliedern. Und dann, bevor die Mönche von Praglia, der Abtei »Santa Maria Assunta«, die Gottesmutter preisen, tritt der alte Prior vor, stellt sich in die Mitte des Chorgestühls und singt mit verschwebender, warmer Stimme die letzte Bitte an Gott: »eine gute Nacht und erholsame Ruhe« – Silbe für Silbe: »un riposo tran-quil-lo«. Das letzte O weht durch den Raum, die Orgel hält einen tiefen Pedalton. Dann das letzte Wort des Tages: »Amen«, singen die Mönche, bevor das große Schweigen beginnt.

Bald darauf sieht man in den dunklen, langen Klostergängen einen Bruder die großen Fenster öffnen. Die Hitze weicht, die Kühle kommt, die Nacht ist da. ■

Reise-Tipps

Anreise

Wer nicht mit dem eigenen Auto fahren will, kann bis Venedig oder Treviso fliegen. Von dort erreicht man Praglia in Richtung Süden in einer Stunde über Padua (von dort 20 Kilometer).

Unterkunft

Es gibt zahlreiche, zeitgemäß einfache Gästezimmer (auch für Frauen), darunter wenige Doppelzimmer, meist mit Bad/WC. Bezahlung je nach finanzieller Möglichkeit.

Kontakt

Abbazia di Praglia, Via Abbazia di Praglia, 16
I-35037 Teolo (PD) / Italia
Tel.: 0039 / (0) 49 / 99 99 322
www.praglia.it

Abendliche Rekreation des »Foresterarios«, Dom Walter, mit den Gästen auf der Klosterterrasse, zwei Brüder bei ihrer Arbeit.

Italien

Montecassino

Benediktiner

IM 6. JAHRHUNDERT KAM BENEDIKT VON NURSIA AUF DEN MONTE CASSINO, SÜDLICH VON ROM. ER ZERSTÖRTE DEN APOLLO-TEMPEL, DEN ES DORT OBEN NOCH GAB, UND ERRICHTETE SEIN ERSTES KLOSTER. VIER MAL IST ES SEITDEM VÖLLIG ZERSTÖRT WORDEN, ZULETZT IM ZWEITEN WELTKRIEG. HEUTE LEBEN IN DEM GEWALTIGEN KLOSTER, IN DEM BENEDIKTS GRAB VEREHRT WIRD, NUR NOCH 15 MÖNCHE. DOCH ABT PIETRO VITTORELLI UND SEINE BRÜDER SIND ÜBERZEUGT: IN JEDEM ABBRUCH STECKT EIN UMBRUCH.

Strahlend weiße Mauern vor strahlend blauem Himmel: Hauptinnenhof der Abtei.

Höhe-Punkt: Blick aus einem Gästezimmer auf die Stadt Cassino; Bronzeplastik des im Stehen sterbenden Benedikt; die gewaltige, helle Klosterfassade.

Die Benediktiner-Abtei Montecassino / Italien

Tradition mit Brüchen statt Bruch mit Tradition

Dieses Kloster ist der Höhepunkt. Nicht nur, weil es – auf halbem Weg zwischen Rom und Neapel an der »strada del sole«, der »Sonnenstraße« – hoch oben auf einem der zahlreichen Berge des südlichen Latium liegt, so stolz, protzig und massig, die weißen Mauern so makellos und rein strahlend vor nichts als dem tiefen Blau des Sommerhimmels, dass dieses Kloster mit der Stadt zu seinen Füßen zweifelsohne abgehoben wirken kann, arrogant, desinteressiert, weit weg vom Sorgen und Plagen und von der Lebenslust der Welt da unten – und sich auch noch im Recht fühlte vor lauter Tradition. Montecassino thront nicht nur in gut 500 Metern Höhe auf dem Gipfel des Monte Cassino, gleichwohl umgeben von manchen um das Vierfache höheren Bergen; dieses Kloster markiert vor allem den Höhepunkt, das Ziel, die Vollendung, die Krönung des Lebens von keinem Geringeren als dem heiligen Benedikt von Nursia.

Wann genau er die Einsamkeit seiner bergenden Höhle in den Gebirgefelsen von Subiaco rund 150 Kilometer weiter nördlich verließ und hoch oben auf dem Monte Cassino ein gemeinschaftliches Leben begann, darüber streiten die Experten. Anfang des sechsten Jahrhunderts aber wird es gewesen sein. Hier oben auch, darüber besteht größtenteils Einigkeit, hat er seine geniale Klosterregel vollendet, hier starb er, hier wurde er beigesetzt, hier werden seine Gebeine und die seiner Schwester Scholastika verehrt, auch wenn manche davon ausgehen, dass sie weit entfernt, in der französischen Abtei St-Benoît-sur-Loire in Fleury, ihre letzte Ruhe gefunden haben. Die Grabkrypta unter der Abteikirche gestaltete immerhin eine Künstlerschule des frühen 20. Jahrhunderts um einen Mönch namens Desiderius Lenz aus der deutschen Abtei Beuron.

Selbst die Haltung seines Sterbens kündet von Benedikts Streben nach oben, was man zweifelsohne als Ausdruck der Vollendung, der Aufgerichtetheit und Aufrichtigkeit seines wie jedes menschlichen Lebens deuten kann. Als Benedikt nämlich die Stunde der Vollendung seines Lebens nahen sah, ließ er sich von seinen Brüdern stützen, und so starb er aufrecht stehend, »die Hände zum Himmel erhoben«, wie Papst Gregor der Große einige Jahrzehnte später im »Zweiten Buch der Dialoge« schrieb – neben der Benediktsregel die einzige einigermaßen verlässliche Quelle über das Leben Benedikts. Jedem Besucher von Montecassino begegnet kurz nach dem Betreten des Klosters eine Bronzedarstellung am Ort eben dieses Ereignisses, ein Werk aus den 1950er Jahren, das der damalige deutsche Bundeskanzler Konrad Adenauer dem Kloster stiftete.

Montecassino, keine Frage, ist eines der Heiligtümer Italiens. Täglich pilgern Hunderte, jährlich Tausende hierher – aber anders als etwa bei San Francesco in Assisi (Umbrien) oder Padre Pio in San Giovanni Rotondo (Apulien) hat Montecassino wenig von der Leichtigkeit, die einfacher Volksfrömmigkeit zu Eigen ist. Montecassino ist schwer, ist gewaltig, fast übergroß, übermenschlich, überwältigend. Das strahlende Weiß der Steine, aus denen dieses Kloster errichtet ist, die prächtigen Innenhöfe, Kreuzgänge und Höfe, die über und über in goldener Ornamentik ausgestattete, prächtige Abteikirche am Ziel nicht enden wollenden Aufstiegs und unbarmherziger Stufen, die 1500-jährige Geschichte, die noch so eben an die allmählich ausfransenden Enden der jungen Kirche reichen, die Erhabenheit eines Mannes, der als »Patriarch des Abendlandes« gilt – all dies wird zunehmend auch für eine sich immer stärker säkularisierende italienische Gesellschaft zur Überfrachtung, nicht einholbar, nicht mehr nachvollziehbar. Was bleibt, ist das mitunter fast abergläubisch weitergegebene Vertrauen vieler Italiener in die fraglose Bedeutung dieses heiligen Ortes, die Montecassino nach wie vor den Gusto eines irgendwie nationalen Heiligtums gibt.

Wie aber lässt es sich hier leben, heute – nicht nur *mit* dem Ziel mönchischen und also menschlichen Lebens vor Augen, sondern *in* diesem Ziel? Wie lässt es sich leben als junger Mensch am Anfang seines Weges, wenn der erste Vordenker, der »Gründer«, das Ideal, ständig nicht nur als Gedanke und geistliches Vorbild gegenwärtig ist – wie in den hunderten Benediktinerklöstern weltweit –, sondern wenn ein ganzer Ort sich um dessen leibhafte Person bildet, wenn tagtäglich von frühmorgens bis spätabends das Stun-

Abendliche Rekreation, Dom Luigi, Abt Pietro Vittorelli (v.l.).

dengebet im Angesicht seiner leiblichen Überreste gefeiert wird, auf deren Grab sich die Blicke der Mönche aus dem wuchtigen Chorgestühl Montecassinos richten? Wenn sich über seinem Grab nicht nur zeitgenössische Fresken mit Szenen seines Lebens wölben, sondern die gesamte Existenz dieser klösterlichen Gemeinschaft stets und ständig mit dem Anspruch des Ursprungs und dessen Ideals konfrontiert ist? Allgemeiner gefragt: Wie stehen Treue zum Anfang und Achtsamkeit für die Gegenwart zueinander? Was ist zu bewahren, weil es Identität stiftet, und was ist zu überdenken und zu verändern, damit die Gegenwart den Kern des Ganzen verstehen, wahrnehmen und schätzen kann? Wie hier leben?

In Montecassino sind diese Fragen bekannt, sind vertraut und drängend zugleich. Denn die Gemeinschaft dieser bedeutenden Abtei besteht heute nur noch aus gerade einmal 15 Mönchen, den Abt mitgerechnet. Immerhin: Ein gutes Drittel der Benediktiner auf dem Berg sind noch verhältnismäßig jung, zwischen 30 und Mitte der Vierzigerjahre alt. Zwei von ihnen sind Brüder mit zeitlicher Profess, die anderen haben sich tapfer für ein ganzes Leben in Montecassino entschieden. Einer von ihnen ist Dom Luigi, 38 Jahre alt, aus den Abruzzen stammend, ein wacher, sympathischer, feinfühliger Mann, der immerhin mitten in der Woche verspätet zum vereinbarten Fototermin kommt, weil ein Jugendlicher bei ihm beichten wollte. Tagesgeschäft Seelsorge – da sind die Mönche nach wie vor gefragt.

Ein anderer ist der Abt selbst: Pietro Vittorelli, 1962 geborener Römer, studierte nach dem Abitur

Medizin, trat 1989 in Montecassino ein, war zehn Jahre lang Novizenmeister des Klosters, bis er im Oktober 2007 zum 190. Nachfolger des heiligen Benedikt als Abt von Montecassino gewählt wurde, nachdem der Papst seinen Vorgänger zum Bischof von Gaeta ernannt hatte. Weil der Abt von Montecassino nicht nur Vorsteher seiner klösterlichen Gemeinschaft, sondern »Territorialabt« ist und damit Leiter eines immerhin 80 000 Gläubige umfassenden Bistums, gehört er auch zur Italienischen Bischofskonferenz, ohne selber die Bischofsweihe empfangen zu haben. Ein heller Geist mit kleinen, dunklen, wachen Augen, der in seinem Kopf so manche revolutionäre Gedanken und die Einsicht hegt, dass für deren Umsetzung die Zeit noch kommen muss.

Allein innerhalb der letzten Monate haben vier junge Männer ihren Entschluss, in Montecassino einzutreten, wieder rückgängig gemacht. Man sieht Abt Pietro an, dass er darunter leidet und die jungen Leute zugleich versteht: »Dieser Ort, diese Gemeinschaft braucht dringend eine Öffnung, ein Wahrnehmen dessen, was benediktinisches Mönchtum der Kirche und den Menschen heute geben kann.« Aber er weiß auch: »Ich allein bin nicht Montecassino. Ich habe denjenigen Respekt zu zollen, die mitunter schon seit 50, 60 oder gar 70 Jahren als Mönche hier oben leben.«

Dabei könnte Montecassino ein Paradebeispiel für den Umgang mit Idealen sein. Denn selbst dieses hohe Kloster hat nicht nur Hoch-Zeiten erlebt. Viermal ist die Abtei zerstört worden: das erste Mal kurze

Oben: »Der Ruhm des heiligen Benedikt« (P. Annigoni, 1979), Abteikirche.
Unten: Sakristei der Abteikirche. Rechte Seite: Blick in den Chorraum.

Zeit nach dem Tod Benedikts, im Jahr 577 durch die Langobarden, das letzte Mal durch die Alliierten im Zweiten Weltkrieg, die annahmen, in der Abtei verbärgen sich deutsche Soldaten. Das Kloster wurde gänzlich zerstört, anschließend mit Hilfe des italienischen Staates und unter der Maßgabe des damaligen Abtes, Ildefonseo Rea, so aufgebaut, »wie es immer war«. Was nach Verherrlichung alter Zeiten klingt, stellt sich angesichts der wenig innovativen Fähigkeiten italienischer Architekten jener Zeit womöglich als kluger Schachzug heraus. Nun leben und beten die Mönche in einem gewaltigen Klosterkomplex um eine prachtvolle Abteikirche, deren Neo-Renaissance-Stil Nordlichtern das Beten nicht eben leicht macht.

Knapp 60 Jahre nach dem Wiederaufbau allerdings ist das Kleid für die Mönchsgemeinschaft eindeutig zu groß geworden. Zwar sind viele der Zimmer auf dem sage und schreibe 180 Meter langen Gästeflur häufig belegt; zwar nutzen die Mönche das gewaltige, barocke Refektorium, obwohl sie nur knapp ein Drittel der Bestuhlung in Anspruch nehmen; zwar singen sie ihr Chorgebet nach bestem Können, doch jeder in seiner Stalle des wuchtigen, düsteren Chorgestühls, obwohl sie doch aufrücken, die leeren Plätze überspringen und so in kleiner, aber feiner Gemeinschaft nah beieinander beten könnten. Doch womöglich ist diese Art zu leben, eine schlicht und ergreifend ehrliche:

Es gibt kein Leben, keine Tradition ohne Brüche, ohne Lücken, ohne Wunden, ohne Leerräume. Und doch schmälert all das nicht die Größe dieser Spiritualität, dieses Benedikts von Nursia, seiner Regel, des Ortes. Im Gegenteil: Abreißen, Aufbauen, Ausharren, Abbruch, Zerstörung und Neuanfang – all dies zusammen ist so ehrlich und echt und wahr an Montecassino wie es das doch ebenfalls nie stets glatt gehende Leben jedes Menschen immer wieder bezeugt.

Abt Pietro fühlt den Umbruch, sieht die Zeit reif, Überkommenes zu überdenken, nimmt davon auch die Bischofskonferenz in Italien nicht aus, kann dabei auf die Wahrnehmung der Kirche aus der Sicht seiner Freunde zurückgreifen, von denen manche schlicht und ergreifend Atheisten sind. Aber er bleibt dabei: »Wir haben gewaltige Räume. Es müsste uns doch gelingen, in diesen leeren, freien Räumen echte Freiräume zu entdecken, in denen Platz genug ist, dass sich ganz unterschiedliche Lebensentwürfe zu ihrem Ziel hin entwickeln könnten.« Immer wieder spricht der 190. Nachfolger des heiligen Benedikt begeistert vom Geist der Regel des ersten Abtes von Montecassino. Der jedenfalls hatte, so erzählt es Papst Gregor der Große, gegen Ende, kurz vor dem Höhepunkt seines Lebens, eine Vision. Hoch oben in Montecassino, mehr noch: auf einem Turm, und dort sogar »in dessen oberen Teil«. Dort sah er inmitten der Nacht in einem Moment wacher Entrücktheit die ganze Welt »wie in einem ganzen Sonnenstrahl gesammelt«.

Am Abend, wenn die Touristen gegangen, Höfe und Gänge nahezu leer sind und die Sonne den Himmel rosa färbt, erzählt Pietro Vittorelli beim Wandeln auf der weiten Dachterrasse vom Zuspruch eines befreundeten Abtes: »Ihr seid da. Das allein zählt.« ■

Groß und gewaltig, hell und hallig: das Refektorium der Mönche (oben) und der 180 Meter lange Gästeflur des Klosters (unten).

Reise-Tipps

Anreise

Die Abtei Montecassino gehört zur Gemeinde Cassino, ziemlich genau zwischen Rom und Neapel an der A1 gelegen. Direkter Bahnanschluss.

Unterkunft

Bislang werden nur männliche Gäste aufgenommen – innerhalb der Klausur, aber nur teilweise mit Bad/WC im Zimmer. Bezahlung je nach persönlicher Möglichkeit.

Kontakt

Abbazia di Montecassino
I-034043 Cassino (FR) / Italia
Tel:. 0039 / (0) 776/311 529
www.montecassino.it

Frankreich

La Trappe – Trappisten

Richtig gegründet wurden die Trappisten eigentlich nie. Armand Jean Le Bouthillier de Rancé war es, der 1664 in das Zisterzienserkloster La Trappe eintrat und es zurück zu den Quellen mönchischen Lebens führte. Von der Französischen Revolution vertrieben, zogen die Mönche in die Schweiz, nach Russland, in die USA; überall entstanden neue Klöster. Und doch ist La Trappe bis heute ein einzigartiger Ort, der sich um Nachwuchs keine Sorgen machen muss.

Schlicht und einfach und ergreifend: das Refektorium der Mönche.

Persönlichster Bereich eines Mönchs: am Tisch im Skriptorium; bei der Arbeit – stets gut behütet vom Erzengel Michael im Klosterhof.

La Trappe, die Mutter-Abtei der Trappisten in der Normandie / Frankreich

Der Anfang der Stille

Am Ende der Welt und dann rechts. Da liegt La Trappe. Die Wegbeschreibung etwas konkreter: Von Paris nach 170 Kilometern nichtssagender Nationalstraße Richtung Westen im letzten Dorf noch einmal abbiegen. Dann bald dem Mund freigiebig gestatten, sich langsam staunend zu öffnen angesichts soviel Ausgebufftheit, hier draußen, im äußersten Winkel des »Forêt du Perche«, hinter ahnungslos wogenden Getreidefeldern geduckt, eine kleine, sich vollkommen unwichtig nehmende Welt zu bauen. Alsbald vor dem überraschend hübschen Klostertor stehen und sich sagen: Hier ist es also. Das große, berühmte La Trappe.

Noch vor jedem Entschluss, den Eingangsbogen zu durchschreiten, erstehen wie von selbst ungläubige Fragen: Wie kann das nur sein, dass von diesem unscheinbaren Ort, der einfach irgendwann so da liegt in der Bas-Normandie zwischen Feldern und Wäldern, eine derartige Reformbewegung ausgegangen ist? Wenn doch schon der ganze Orden – zumindest im Volksmund – nach diesem Ort »La Trappe«, eben Trappisten, genannt wird: Was muss dieser Ort für eine unglaubliche Kraft haben!

Montecassino, das Mutterkloster der Benediktiner – das ist was! Hoch oben auf dem Berg mit gewaltigen Mauern gelegen und bis in weite Fernen Ehrfurcht einflößend. Oder Cluny, und seien es nur noch Reste: Da sagt man »Oh!« und »Ah!« und ist überwältigt von der Größe der Bauten und der Ideen. Aber La Trappe, der Ursprung eines der strengsten Orden der katholischen Kirche? Man sieht es diesem Flecken Erde wahrlich nicht an; im Gegenteil: Nach Reformkraft und Erfolg schaut hier nichts aus.

Wahrscheinlich ist es genau das. Hier leben, sein Leben leben, ohne daraus etwas machen zu wollen oder es zu etwas bringen zu müssen. Nur still mit seinem Gott sein. – Natürlich, man kann Familien gründen, seine

Talente reifen und blühen lassen und anderen damit Hilfe sein und eine kleine oder große Freude; man könnte sich selber zum Gedeihen wessen auch immer einsetzen – aber wer sagt, ob all das wirklich erfolgreicher die Welt besser macht als die Mönche von La Trappe? Wer weiß, wie es um die Welt stünde, gäbe es Orte wie diesen nicht? Gäbe es diesen Ort hier nicht, wer weiß ... – Man wird ein bisschen verquer hier draußen als Neuling in einer fernen Welt und denkt Dinge, die einem in der Nachbetrachtung gelinde gesagt selber unheimlich anmuten.

Für die 30 Mönche, die hier leben, ist La Trappe ihr Zuhause, nichts Außergewöhnliches, Gleichmaß, dasselbe Programm tagein, tagaus. Gäste können maximal eine Woche bei ihnen wohnen – und sich einbilden, ein bisschen trappistisch zu sein. Selbst der berühmte geistliche Schriftsteller Henri Nouwen, der sieben Monate bei Trappisten lebte, musste sich vom Abt jenes Klosters sagen lassen: »Von da an, wo das monastische Leben nichts Neues mehr bringt, wo die Umgebung einem keine besondere Aufmerksamkeit mehr schenkt und einen nichts ›Interessantes‹ mehr in Beschlag nimmt, wird dieses monastische Leben schwierig. Dann tut sich der Raum für Gebet und Askese auf.« – »Ich hörte auf die Stille« heißt Nouwens Schweige-Bestseller. Klingt nicht eben nach einfachem Einsteigerkurs. In der Tat: La Trappe ist der Anfang der Stille. Hier haben die Mönche endgültig das Schweigen gelernt.

Nur auf ausdrücklichen Wunsch kann man mit einem der Mönche sprechen. »Nun«, erzählt Dom Marie-Gérard Dubois, der 26 Jahre lang, bis 2003, Abt von La Trappe war, »wir lieben die Stille. Wir brauchen die Stille. Nichts ist schlimmer als Geplapper und Lärm. Aber wir verbieten sicherlich nicht das Sprechen. Es soll das gesprochen werden, was gesprochen werden muss.« Eine »Notwendigkeit« nennt er das. Nicht mehr.

Es gibt keine Rekreation in La Trappe, keine Zeit des lockeren Austauschs der Mönche. Der Alt-Abt schüttelt den Kopf: »Wir mögen das nicht.« Und doch sieht man hier und da etwa den Gärtnerbruder Jean-Baptist in den Johannisbeeren mit einem anderen plaudern; und im Klosterladen, den ab und an touristische Busladungen bevölkern, muss der Ladenpater

Frère Paul, Alt-Abt Marie-Gerard, Frère Jean-Baptiste (v.l.).

an der Kasse allemal die Endsumme, ein »Merci« und ein »Au revoir« sagen – während im Hintergrund Beethovens Klavierkonzerte plätschern. Immerhin kann man sogar mit dem Alt-Abt sprechen. »Sie haben Fragen«, sagt der. »Offenkundig gibt es die Notwendigkeit, sie zu beantworten.«

30 Mönche also leben so in La Trappe. »Ein Drittel unter 40, ein Drittel über 80 und ein Drittel in der Mitte«, sagt Dom Marie-Gérard. »Das ist doch ganz gesund, oder?« Die ganze Zeit schon blickte er recht freundlich, jetzt lächelt er sogar. Der Alt-Abt ist 78 Jahre alt, gehört also noch zum Mittelfeld. Vor allem gehörte er ursprünglich zu einem ganz anderen Kloster – zur Abtei Mont-des-Cats, doch die Mönche von La Trappe wählten ihn schließlich 1977 zu ihrem Abt. Er war es, der im Nachklang des Zweiten Vatikanischen Konzils die Klosterliturgie reformierte und den Konvent allmählich für die Außenwelt öffnete. »Wissen Sie«, erzählt er, »damals war La Trappe sehr verschlossen; Frauen durften nicht einmal zum Gottesdienst die Kirche betreten.« Für ihn ist klar: Bei aller Abgeschiedenheit und Selbstständigkeit sind doch auch Trappistenklöster Teil der Kirche. »Wir müssen da sein für die Menschen, die uns suchen«, sagt Dom Marie-Gérard. Und mit einem Augenzwinkern fügt er hinzu: »Wenn wir Novizen haben wollen, und wir wollen Novizen haben, dann müssen wir uns ein wenig für junge, suchende Menschen öffnen.«

Und so sieht man beim Chorgebet in der düsteren neogotischen Abteikirche auch junge Mönche. Einer spielt die Orgel; vorher aber zieht er seine Sandalen aus und tritt das Pedal mit nackten Füßen. Nach dem

Gebet schiebt er einen der älteren Brüder im Rollstuhl aus der Kirche, nicht ohne ihn zuvor noch einmal quietschend Richtung Altar zu drehen zur verabschiedenden Verneigung. Abends zupft ein anderer Junger, besagter Gärtnerbruder, den Psalter zur Komplet. Die wird im Dunkeln gesungen, ohne künstliches Licht. Die Texte haben alle auswendig. Inwendig.

Ein anderer, ein Alter, ist ganz und gar gebeugt, wie im rechten Winkel, und doch geht er ohne jeden Stock. Wenn er an seiner angestammten Stalle im Chorgestühl steht, sieht man ihn gar nicht. Er versinkt einfach hinter den Gebetsbänken für die einstmals dicken Bücher. Nur beim französisch gesungenen »Ehre sei dem Vater« sieht man ihn. Paradoxerweise. Denn während die anderen sich tief verneigen und sich liturgisch gewollt dem 90-Grad-Winkel nähern, da richtet er sich auf, so gut und weit es geht, um sich eben auch verneigen zu können. Er muss sich erst einmal aufrichten, seinen Rücken so gerade machen wie möglich, um sich verneigen zu können. Leibhaftiger Ausdruck von Demut und Gottergebenheit.

Sein gekrümmter Oberkörper allerdings hat damit nichts zu tun. Der hat mit Schmerz zu tun, vermutlich, mit eingeschränkter Sicht, aber nicht mit Demut. Also richtet er sich auf, um sich richtig verneigen zu können vor dem großen Gott. Er wird sicher leiden ab und an, auch öfter als nur ab und an. Doch vermutlich lastet er das seinem Gott nicht einmal an. Demut jedenfalls kommt aus aufrechter Hal-

Eucharistiefeier in der Abteikirche, geistliche Konferenz im Kapitelsaal.

tung. In Anerkennung gottgeschenkter Würde, die Leben heißt. Das lässt klein werden, von Zeit zu Zeit.

Das Chorgebet in der Abteikirche lehrt noch anderes. Wenn die Sonne in der Reinheit eines neuen Tages wieder aufgeht, haben die Mönche längst ihre Stimme geölt, um die ersten Strahlen wie Christus willkommen zu heißen. Sie wenden sich gen Osten, verneigen sich tief und besingen in Hymnen das klare Licht, das Schatten und Dunkelheit der Nacht vertreibt. In den Laudes kann man dabei zusehen: Die Mönche lassen sich tief unten im Kirchenschiff übergießen von den frischen Sonnenstrahlen. Und wer Ernst macht und darin Christus kommen sieht, jeden Morgen durch die Fenster im Ostchor, der weiß, wovon er singt, wofür er lebt, was sein Leben überhaupt ist. Wenn man das wahrnehmen und für wahr nehmen kann, wem diese Begabung geschenkt ist, der hat gute Karten, in La Trappe alt zu werden. Und glücklich.

Frère Paul zum Beispiel. Auf einmal steht er im Gästezimmer, 35 Jahre alt, aus einem Pariser Vorort stammend, 1993 mit 20 Jahren in La Trappe eingetreten, musste dann aber noch seinen Militärdienst leisten. Vorher studierte er ein bisschen Philosophie und Literatur, »aber das war mir zu theoretisch«. Er suchte etwas, das mit dem Leben, mit seinem Leben zu tun hatte. Er spürte eine Berufung, und um zu klären, was daran sei, machte er eine Fahrradwallfahrt nach Lourdes. »Ich hatte kaum etwas mitgenommen, nicht einmal Flickzeug«, erzählt er. In Lourdes hoffte er auf eine Antwort. »Aber die habe ich nicht bekommen.« Wieder daheim, erfuhr er von La Trappe. Er rief den Gastbruder an, erzählte ihm von seinem merkwürdig hartnäckigen Gedanken, ob er wohl Mönch werden sollte. Der Gastbruder schlug ihm vor, gleich in der nächsten Woche zu kommen.

»Das war im August«, erzählt Frère Paul, »in der Woche, in der sowohl Mariä Himmelfahrt als auch das Fest des heiligen Bernhard von Clairvaux gefeiert wurden. Das war meine Antwort«, sagt Frère Paul, ganz selbstverständlich und lächelnd. Wenn schon Maria allein ihm in Lourdes keine Reaktion geben konnte oder wollte – zusammen mit dem großen Zisterzienser Bernhard von Clairvaux kam die Antwort bei Frère Paul an. Ein Jahr später kam er wieder nach La Trappe – und blieb.

Paul ist ein Mönch, der mit 35 Lebensjahren aussieht, als wäre er 20. In seinem hellen Gesicht eine randlose Brille vor dunkelbraunen Augen. Er spricht auffallend normal, gar nicht weltentrückt himmelwärts, und liebend gern auf Deutsch. Einen ordentlich festen Händedruck hat er auch.

Benediktiner seien ihm zu intellektuell gewesen, erzählt er; bei den Trappisten gefiel ihm, »dass es um das ganze Leben geht. Um mein Leben. Immer.« Die Klostergebäude des 19. Jahrhunderts und der Gesang der Mönche haben ihm schon damals nicht gefallen. »Aber das ist nicht das Wichtigste. Ich weiß, dass ich hierher gehöre, weil ich erfahren habe, dass hier in der Abteikirche Christus für mich gestorben ist. Und darum gebe ich ihm mein Leben. Für etwas Größeres kann man nicht leben.« Frère Paul sagt dieses Übergroße mit einer solch tiefen Selbstverständlichkeit,

Wissbegieriger Student: Frère Paul in der Bibliothek.

dass es erschreckt. Er meint das ernst, vollständig. – Was ihm allerdings an La Trappe ganz besonders gut gefällt, ist die viele grüne Landschaft ringsum und »dieses wunderbare Licht am Abend und am Morgen; besonders im Frühling und im Herbst ist es einfach traumhaft schön.« Das genügt, nicht nur äußerlich.

Und wenn dann noch hinterm Kloster und vor dem Wald ein kleiner See dazukommt, auf dem von Zeit zu Zeit die Enten schimpfen und Wasserläufer Wanderungen von der kleinen Insel zum bezaubernd-beruhigenden Ufer unternehmen; wenn am Rand des Klosters eine »Sankt-Bernhards-Quelle« dermaßen gesundes Wasser sprudeln lässt, dass Menschen mit ganzen Körben voller leerer Plastikflaschen kommen, um sie mit frischem Quellwasser aufzufüllen, dann kann man nicht anders, als La Trappe einen wahrhaft Leben spendenden Ort zu nennen. Einen wunderbaren Ort. Voll von Stille, voll Herzlichkeit, voll Bodenständigkeit und voll des selbstverständlichen, täglich siebenmal gefeierten Glaubens, dass hier, irgendwo in der Landschaft, Christus aufsteht und da ist und stirbt und aufersteht. Wo man durch Wälder und Felder wandern, wo man zur Ruhe kommen, frisches Wasser und schmackhaftes Essen genießen kann – in einer Atmosphäre herzlicher Gastfreundschaft, menschlicher Zuneigung und tiefen Lebens-Ernstes. – Darüber können auch die im Klosterladen kiloweise verkauften edlen Süßigkeiten der Mönche nicht hinwegtäuschen, die dieses Leben ermöglichen. Weltlich gesehen. ■

Geruhsam: See hinterm Kloster (oben), schweigend speisen im Gästerefektorium, Blick aus einem Gästezimmer (unten).

Reise-Tipps

Anreise
Die Abtei La Trappe liegt rund 170 Kilometer westlich von Paris. Etwa drei Viertel der Strecke führt über die gut ausgebaute Nationalstraße N 12.

Unterkunft
Männer wohnen in einfachen Einzelzimmern im Gästebereich am Kloster (Dusche/WC auf dem Flur). Für Frauen, Paare und Gruppen ist in der »Bergerie« Platz. Die Mahlzeiten nehmen alle Gäste schweigend im Gäste-Refektorium ein. Die Mönche freuen sich über eine Spende von etwa 30 Euro am Tag.

Kontakt
Abbey de La Trappe
F – 61380 Soligny-la-Trappe / France
Tel.: 0033 / (0) 233 / 84 17 00
www.latrappe.fr

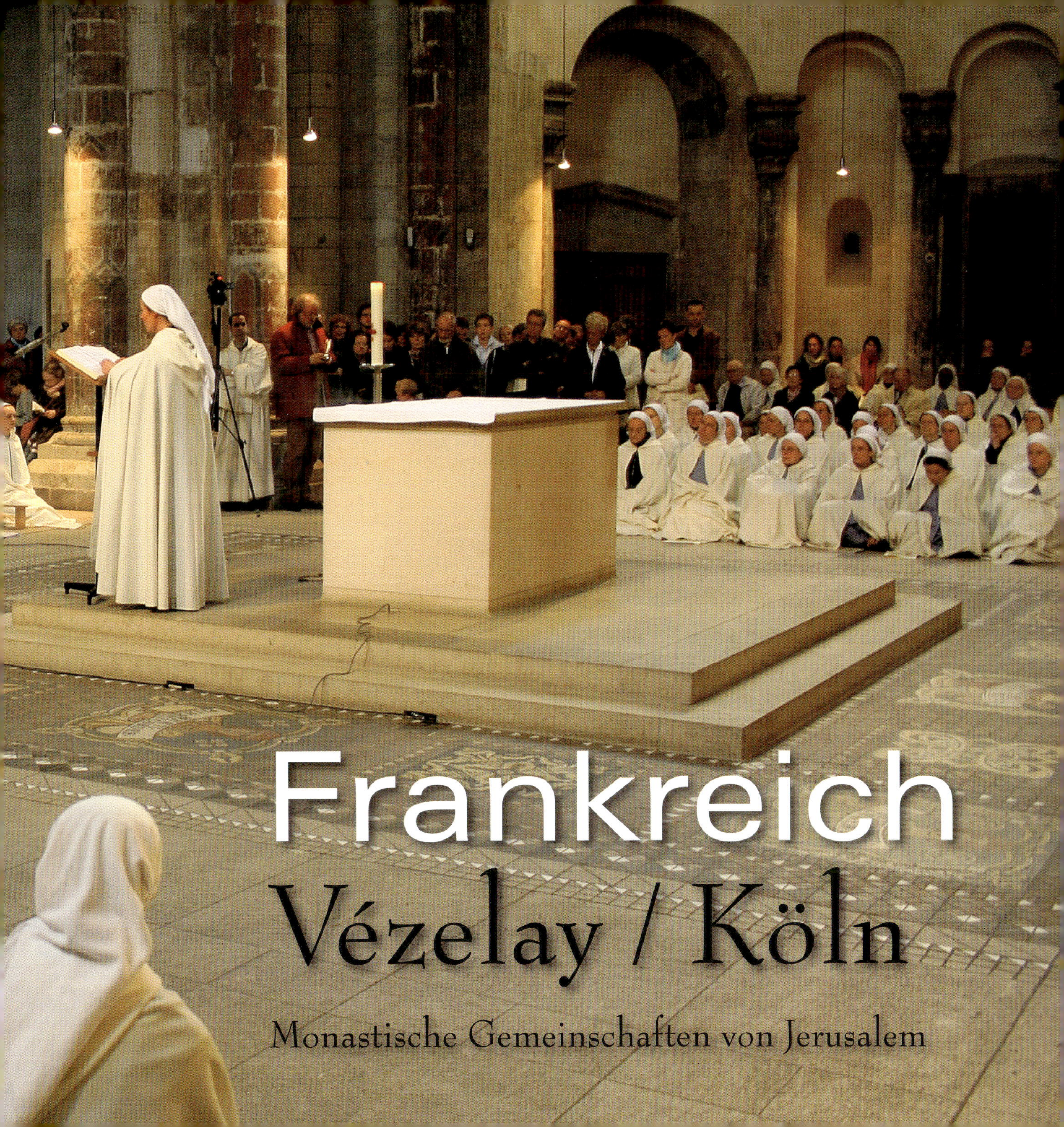
Frankreich
Vézelay / Köln
Monastische Gemeinschaften von Jerusalem

Sie nennen sich Mönche, obwohl ihre Gemeinschaften auch aus Frauen bestehen. Sie nennen sich Mönche, obwohl sie grundsätzlich im Trubel der Städte leben. Sie sind eine der jüngsten Gründungen in der katholischen Kirche: die Monastischen Gemeinschaften von Jerusalem. In Paris haben sie begonnen, bald darauf folgte ein Kloster im traumhaften Vézelay in Burgund. Erst 2009 kamen sie auch nach Köln. Besuch an zwei bemerkenswerten Orten.

Oben: Lohnt mehr als nur einen Besuch – der gewaltige Raum der Basilika von Vézelay.

Vorherige Seite: Gründungsgottesdienst der Gemeinschaften in Groß St. Martin, Köln.

Romanik und Romantik: Ansichten der Basilika und des Städtchens Vézelay in Burgund, einer der beliebtesten Ausflugsziele der Franzosen.

Die Monastischen Gemeinschaften von Jerusalem in Vézelay / Frankreich und Köln / Deutschland

Lichte Herrlichkeit

Man kann unmöglich einfach als Tourist kommen. Wer sich dennoch vorgenommen hat aus Brast, Ignoranz oder Ahnungslosigkeit, nur als Schaulustiger durch Burgund zu reisen, der muss schon ein harter Klotz sein. Aber was macht so einer in Burgund?

Wer in die Bourgogne reist, wie Frankreich seine sechstgrößte Region nennt, muss eine genießerische, verschwenderische Ader haben und zugleich den Reichtum von Natürlichkeit und Ursprünglichkeit schätzen. Doch selbst allen anderen, den Gottesleugnern und Attraktionenjägern, gibt sich diese Traumlandschaft als barmherziger Charmeur, und am Ende ist jeder ein Bekehrter.

Hier entspringen die Seine, der Armancon und die Yonne, die Gegend gilt als eine der wasserreichsten der Republik. Hier wachsen Wildorchideen, wilder Ginster, Knabenkräuter und Ragwurze, hier flattern Sperber, Habichte, Falken und Bussarde, auf den Feldern stolzieren Fasanen und Rebhühner, im Morvan gar Auerhahn und Haselhuhn neben Dachsen, Iltissen und Wildkatzen, ganz zu schweigen von den cremefarbenen Charolaisrindern, die auf den satten grünen Weiden Burgunds grasen. Zwischen Dijon und Beaune erstreckt sich eines der berühmtesten Weinbaugebiete der Welt, die Cote d'Or. Das Örtchen Chardonnay hat der wichtigsten weißen Traube Burgunds ihren Namen gegeben, dem Dorf Chablis geht es ähnlich – und selbst der Beaujolais entstammt jener gleichnamigen Gegend, die sich vom Süden Burgunds aus erstreckt.

Dies ist ein Land so grün und weit und weich, dass die Autobahnen noch schmerzen. Wer aber – etwa 200 Kilometer von Paris aus nördlicher Richtung kommend – in Vitry die A6 Richtung Westen verlässt, der findet sich bald auf schmalen, asphaltierten Zugeständnissen und kann kaum anders, als in gemäßigtem Tempo durch hohe Felder zu kutschieren. Seitenmarkierungen gibt es nicht. Selbst passionierteste Autofahrer überkommt die Einsicht, dass dieses Land zum Gehen, Wandeln, Pilgern gemacht ist. Eigentlich muss man seine

Füße auf diese Erde setzen, um dazuzugehören und nicht nur zu Besuch zu sein.

In Vézelay hat es ohnehin ein Ende mit der Fahrerei. Der erste Empfang ist ein Parkplatz, gebührenpflichtig wie nicht anders zu erwarten in einem 700-Seelen-Dorf, das zu den beliebtesten Reisezielen der Franzosen gehört. Sei's drum. Aber dann, mit den ersten Schritten, bewegt sich jeder unvermittelt auf Pilgerwegen. Man muss kein gläubiger Mensch sein, um das zu erkennen. Es ist ohnehin keine Angelegenheit der Erkenntnis, sondern der Erfahrung, denn es geht steil hinauf. Hoch zum Haupt der »colline éternelle«, dem Hügel der Ewigkeit, auch »colline inspirée« genannt: der erleuchtete Hügel.

So ist das mit Pilgerwegen. Nicht der Weg ist das Ziel. Am Ende kommt der Höhepunkt. Am Ende geht es noch einmal richtig zur Sache. Nicht belohnend seicht bergab, sondern in vollem Ernst steil bergan. Es gibt Wallfahrtsorte, da bewegen sich die Pilger gar auf Knien, mitunter stufenweise aufwärts, allemal die letzten Meter. In Vézelay darf man auf den Füßen bleiben, immerhin. Aber es geht steil hinauf, eine lange Zeit. Wer immer etwas zu büßen hat, hier hat die Buße noch Hand und Fuß, ist Arbeit, macht kurzatmig, treibt den Schweiß auf die Stirn und bekommt wie von selbst eine Patronin an die schwankende Seite gestellt: die heilige Maria Magdalena. Kaum einer, der unterwegs nicht fragt, womit er das verdient hat.

Ohnehin ist die Gegend heiliges Land, seit hunderten von Jahren mindestens. Manche sagen, das sei schon so gewesen, lange bevor das Christentum Wurzeln geschlagen hat: dass es heilige Orte gab, die nie heilig gesprochen wurden, indem man Kultstätten oder Kirchen dort errichtete, sondern die aus sich heraus von den Menschen als solche erfahren wurden – durch Erd- und Sternen- und Mondkonstellationen oder aus welchen Gründen auch immer. Auf dem Weg aufwärts zur Basilika Sainte Madeleine in Vézelay geht's dann auch vorbei am esoterischen Buchladen namens »Sternengold« und seinem Schaufenster. Darin etwa eine von Bhagwan-Begründer Osho kommentierte Übersetzung des apokryphen Thomas-Evangeliums, ein spitzer Roman mit dem Titel »Der Papst der Schnecken« und ein geheimnisvoll anmutendes Buch, das die »Sieben Gesichter der Maria Magdalena« präsentiert.

Gründer Pierre-Marie Delfieux, Schwester und Bruder, die Priorin der Kölner Gemeinschaft, Schwester Edith (v.l.).

Das Restaurant nebenan heißt dann aber auch schon wieder »Saint Etienne«, schräg gegenüber liegt ein uriges Weinlokal mit dem irgendwie nach Versacken klingenden Namen »Cave du Pélerin«, zu deutsch »Pilgerhöhle«, und ganz in der Nähe werden unter dem Patronat von »Saint Vincent« wohl katholische Köstlichkeiten wie Konfitüre, Senf, Karamel, Sülze, eingelegte Schnecken, Honig – und natürlich gekelterter Traubensaft zum Verkauf geboten. Die Schöpfung will genossen werden – und sei es als hübsch dekorierte Auslage mit Rabatten in der Nebensaison.

In der Mittagszeit machen die Küchendüfte aus Zwiebeln, Kräutern, Gebratenem und hochprozentig veredelten Saucen den Aufstieg zwar noch eine Spur sinnlicher, keineswegs aber einfacher. Vor der letzten erneuten Steigung weht dann doch schon Weihrauchhauch vor die schnaufende Nase und lässt das nahe Ziel erahnen. Der Duft ist – freilich absichtlich – dem Geschäft der Monastischen Gemeinschaften von Jerusalem entfleucht, die dort Bücher, Musik, Kerzen, Ikonen, Seifen, Cremes, besagten Weihrauch aller olfaktorischen Konfessionen und andere religiöse Artikel feilbieten. Davon leben die 14 Schwestern und acht Brüder, die oben, vor der Basilika, ihre – getrennten – Domizile haben und in der Basilika ihren eigentlichen Bet- und Lebensraum. Doch man sollte dem Laden bei Interesse erst auf dem Rückweg einen Besuch abstatten und vorerst weiter seinen Weg vollenden nach oben.

Dort angekommen, erwarten auf dem Vorplatz der Basilika: Autos. Das ist hässlich, nicht nur für fußmüde Pilger. Man sollte nicht lange dort verweilen,

zumal auch das im 19. Jahrhundert von Eugène Viollet-le-Duc restaurierte Portal nach den Zerstörungen während der Revolution nur neoromanisch ist. Sinnvoller erscheint ein Rundgang um den gewaltigen Bau, am besten rechts herum: eine umkreisende Annäherung an die insgesamt rund 200 Meter lange Kirche und ihre fast 1000-jährige Geschichte.

Im Jahr 1096 entschloss sich der später ermordete Abt Artaud zur Vergrößerung der ursprünglich an dieser Stelle erbauten spätkarolingischen Abteikirche. Der Grund: Seit Anfang des 11. Jahrhunderts weiß man von einem Magdalenenkult, der in der Überführung der Reliquien der heiligen Maria Magdalena (Sainte Madeleine) aus der Provence begründet liegt. Dort nämlich tobten die Araber – und die Menschen in Vézelay profitierten von der Sicherungsverwahrung der Apostolin-Gebeine. Bald schon begann eine derart große Wallfahrt, dass besagter Umbau in Angriff genommen wurde, der eher einem Neubau glich und Vézelay zu einem der wichtigsten Wallfahrtsorte des Abendlandes machte. Darüberhinaus war der damals rund 10 000 Einwohner zählende Ort Ausgangspunkt einer anderen Wallfahrt, denn von hier brachen all jene Jakobspilger auf, die auf der Via Lemovicensis dem Jakobusgrab in Santiago de Compostela zustrebten. Bis heute zeigen in die steilen Wege eingelassene, bronzene Jakobsmuscheln diesen Pilgern die Richtung.

Die Geschichte der Basilika geht weiter – voll prominenter Zeitzeugen: Bernhard von Clairvaux vom mehr oder weniger benachbarten Zisterzienserzent-

Traumschön: Das Chorgebet der Gemeinschaft in der Basilika von Vézelay.

rum Cluny hat hier zum zweiten Kreuzzug aufgerufen, König Philipp II. August und der englische König Löwenherz führten hier ihre Heere zusammen, um zum Dritten Kreuzzug aufzubrechen – freilich genauso wie der Zweite ein Debakel. 1217 gründete Franziskus von Assisi in Vézelay das erste Kloster seines Ordens auf französischem Boden.

Freilich ist all dies Vergangenheit, abgeschlossene Vergangenheit, denn obschon heute wieder bis zu 800 000 Besucher jährlich nach Vézelay kommen: Als Karl II. aus dem Haus Anjou in einer Nacht des Jahres 1270 träumte, die echten Reliquien der Magdalena seien gar nicht in Burgund, sondern in der Provence zu finden, ließ er dort an jener Stelle graben, die ihm ein Engel in besagtem Traum verraten hatte, und tatsächlich kamen antike Gräber zum Vorschein. Wie man sich denken kann, kam es zu heftigem Streit, der Papst musste schlichten und entschied sich – in Anbetracht der bis nach Neapel und Süditalien reichenden Macht des Hauses Anjou – für die Provence als Magdalenengrab. In Vézelay jedoch versiegte der Pilgerstrom abrupt, und der Ort versank in Bedeutungslosigkeit.

Das muss heute niemanden mehr grämen, denn die Basilika ist auch so nichts Geringeres als ein lichter Raum der Herrlichkeit. Schon im Narthex, dem gewaltigen Vorraum, stockt einem der Atem im Angesicht des großen Tympanons. Zwar hat auch hier die Revolution den Aposteln die Gesichter geraubt, doch die linienförmigen Strahlen des Heiligen Geistes, die Christus über sie ausgießt, sind eindeutig einladender als jene bedrohlichen Gerichtsszenen, die man an anderen bedeutenden Tympana gewohnt ist. Die Geiststrahlen von Vézelay jedenfalls sind Lichtstrahlen, die zur Erleuchtung der Apostel führen und sie in allen Sprachen der Welt sprechen lassen. Die Adressaten sind gleich mit abgebildet: verschiedene Berufsgruppen und Völker, darunter jenes der Panotier, von denen es hieß, sie lebten am Ende der Welt. Und um sich vor den dort tobenden Winden zu schützen, habe ihnen die Natur übergroße Ohren verliehen, in denen sie ihren ganzen Körper einhüllen könnten. Eine nicht ganz unkomische Pfingstbotschaft.

Das große Portal ist für gewöhnlich geschlossen; ein Tipp: Nach dem sonntäglichen Hochamt mit den Schwestern und Brüdern der Jerusalemgemeinschaft werden die gewaltigen Flügel geöffnet. Neben dem Erlebnis feierlicher, bewegender Liturgie ein weiterer Anreiz zum Sonntagsausflug, falls man in der Nähe ist. Für gewöhnlich jedenfalls geht der Weg in die Basilika durch eine der beiden kleinen Seitentüren (Vorsicht! Ducken!). Dann braucht es erst einmal keine Worte mehr. Genial für Genussmenschen!

Ein zunächst nicht sonderlich heller Raum tut sich auf, von schlichter Präsenz, die anfangs allein durch die rot und weiß abgesetzten, aus der Architektur des islamischen Spanien übernommenen Keilsteine in leichte Bewegung versetzt wird. Von Anfang an fasziniert die ungewohnte Kombination von romanischer Weite und weit nach vorn strebender Ausrichtung – wohl durch den frühgotischen Neubau des seinerzeit zerstörten Chorraums. Allmählich aber sollte man sich in Bewegung setzen und den Blick nach oben richten: Über 150 Kapitelle gilt es zu entdecken, zu betrachten, zu bestaunen.

Der Chorraum zieht in seinen Bann, so lichtdurchflutet wie er ist. Er zieht dorthin, wo Eucharistie gefeiert wird, wo die Schwestern und Brüder der Jerusalemgemeinschaft morgens, mittags und abends in weiß-lichten, hell leuchtenden Gewändern Gott loben. Ihre Kommunität zählt zu den jüngsten Gründungen der katholischen Kirche. In den 1960-er Jahren, nach Konzil und Studentenrevolte, entschloss sich Pierre-Marie Delfieux, bislang Studentenpfarrer an der Sorbonne in Paris, für zwei Jahre als Eremit in die Sahara zu gehen, um in einer eigenhändig gebauten Einsiedelei zu leben. Er erkannte, dass die Wüste unserer Zeit »im Herzen der Großstädte mit ihrer Sehnsucht nach Spiritualität und echter Liebe« sei. Er kehrte nach Paris zurück, um »Mönch in der Stadt« zu werden. Es schlossen sich weitere Menschen an, und 1975 gründeten zwölf Brüder in der Kirche Saint Gervais die Monastische Gemeinschaft von Jerusalem. Ein Jahr später kam die Gemeinschaft von Schwestern dazu.

Heute gehören etwa 200 Brüder und Schwestern aus 30 Nationen dazu. Im April 2009 gründete die Gemeinschaft ein Kloster in Köln – in der traumhaften romanischen Kirche Groß St. Martin im Herzen der Altstadt. Damit sind die Stadtmönche an zwölf Orten in sechs Ländern vertreten: in Paris (Saint Gervais), in Vézelay, in Strasbourg (Saint Jean), auf dem Inselberg Mont-Saint-Michel an der französischen Atlantikküste, in Belgiens Hauptstadt Brüssel (Saint Gilles), im kanadischen Montreal (Saint Sacrement), in der Kirche Trinità dei Monti oberhalb der spanischen Treppe in Rom, in Florenz (La Badia), in Warschau, an ihren Rückzugsorten Magdala en Sologne (Frankreich) und Gamogna (Italien).

Nur vier Schwestern in der gesamten Kommunität aus 30 Nationen kommen aus Deutschland; einen deutschen Bruder gibt es bisher überhaupt nicht. Die neue Priorin der Schwestern in Köln ist Edith Kürpick, geboren Ende der 1960er Jahre in Paderborn. Mit einem hervorragenden Theologie-Diplom in der Tasche machte sie sich 1994 auf den Weg nach Paris, trat in die Jerusalem-Gemeinschaft in St. Gervais ein und leitete zuletzt deren Kloster in Vézelay. Dort wie in Köln bieten die Schwestern und Brüder geistliche Führungen durch die Basilika an, verbinden sie mit Vorträgen, Exerzitien, Glaubenskursen. Sie singen das Stundengebet im Chorraum, in langen weißen Umhängen, stehend, kniend, mit weit ausgebreiteten Armen oder sitzend auf weißem Boden; mehrstimmig meistens, in Melodien und Riten der Ostkirche; singen die Psalmen, hören die biblischen Lesungen und Texte aus der Tradition der Kirchenväter; gönnen sich sogar beim Mittagsgebet eine Auslegung des Tagesevangeliums; feiern die Eucharistie täglich festlich, stets mit Weihrauch, und flattern zum Friedensgruß ausgiebig durch die Kirche zu den Schwestern und Brüdern in der Gemeinde.

Und immer wieder Stille: eine halbe Stunde vor jedem Gottesdienst, jeden Donnerstag die ganze Nacht hindurch zur Anbetung des Allerheiligsten in der Krypta, bei den Mahlzeiten ohnehin, in ihrer

Neue Heimat der Gemeinschaften am Rhein: die romanische Kirche Groß St. Martin (li.) nahe dem Kölner Dom (re.).

Klausur – während draußen vor dem Fenster die Menschen strömen.

So warmherzig die Gesänge, barmherzig die Blicke, herzlich jeder Gruß der Schwestern und Brüder: Schwester Edith spricht immer von »Glaubensintelligenz«: »Nur auf Gefühl orientiert könnte ich nicht leben.« Wie Christen ihren Gott feiern – das zu erleben sei die eine Sache. Darüber wirklich Auskunft zu geben, was Christen meinen, wenn sie »Gott« sagen und warum junge Frauen und Männer ihr ganzes Leben nach ihm ausrichten, das, sagt Schwester Edith, sei unverzichtbar. Wenn Menschen in der Wüste Wasser trinken wollen, braucht es die anderen, die es finden – und teilen. ■

Reise-Tipps

Anreise

Vézelay liegt 50 km südlich von Auxerre in Burgund und 250 km südlich von Paris.
Köln: Die Kirche Groß St. Martin liegt inmitten der Altstadt, direkt am Rhein.

Unterkunft

Die Monastischen Gemeinschaften nehmen nicht immer Gäste auf. Da sie aber vor allem in Städten leben, gibt es stets ein Hotel in der Nähe.

Kontakt

Allgemein und zu Vézelay:
www.jerusalem.cef.fr/de
Köln: An Groß St. Martin 9-11, 50667 Köln

Frankreich

Tournay

Benediktiner

Ein Besuch in den französischen Pyrenäen, nahe dem Marien-Wallfahrtsort Lourdes – und umgeben von mittelalterlichen Schmuckstücken wie der (nicht mehr belebten) Zisterzienserabtei von Escaladieu, dem frühromansichen Kirchlein St. Just et Pasteur und dem reich ausgestatteten Dom von Saint-Bertrand-de-Cominges. Doch unser Kloster besteht erst seit 1951. Im Jahr 2004 bauten die Mönche ihre Kirche um – modern und tiefgründig.

Blick in die 1951 erbaute, 2004 modernisierte Abteikirche, deren Schiff leicht erhöht wurde.

Pittoreske Umgebung: Die Abtei Tournay ist umgeben von unberührter Natur. Der Ort: hübsch, unspektakulär, typisch französisch.

Die Benediktiner-Abtei Tournay / Frankreich

Singen im Innersten der Höhle

Sie sind keine Mönche einer der berühmten, großen Abteien, die sich über Jahrhunderte einen Namen gemacht haben. Sie haben keine gewaltige Bibliothek, keine kunsthistorisch bedeutsamen Bauten, sie haben nicht durch große Persönlichkeiten in ihren Reihen von sich reden gemacht. Und doch ist dieses Kloster ein wunderbarer Ort, unscheinbar gelegen in einem der vielen Täler der Hautes-Pyrénées, umgeben von gemächlich grasenden Kühen, sanften Hügeln und gewaltiger Erhabenheit: am Horizont die Pyrenäen, der weltberühmte Wallfahrtsort Lourdes und jahrtausendealte Geschichte, die über die Frühzeit der Zisterzienser bis zu den Römern und dem Jerusalemer König Herodes Antipas zurückreicht.

Mit derlei Prominenz kann Tournay zweifellos nicht mithalten und versucht es auch erst gar nicht, Gott sei Dank. Die Mönche von Tournay leben vielmehr in faszinierender Selbstverständlichkeit ihr einfaches Leben aus wunderschön gesungenem Gebet, herzlicher Gastfreundschaft und ansteckender Fröhlichkeit. Ein einfacher Ort, in dem alles zusammengenommen ist, was genügt zum Leben – und was es unsagbar reich macht. All das wird wohl die Landschaft die Mönche gelehrt haben, schließlich sind sie ihr Leben lang umgeben von so spektakulär urtiefen Natürlichkeiten wie Felsen und Höhlen und Wasserläufen.

Gebirge und Gewässer, das Feste und das Fließende – das sind die »Hautes-Pyrénées«: gewaltige Berge, dunkle Grotten, große und kleine Flüsse, Seen und Quellen. Auf über 3000 Meter steigen die Felsmassen, 860 Kilometer lang fließt die Garonne ab hier, in Lourdes gar heiliges Wasser aus den Tiefen der Erde, und die Bagnéres-de-Bigorre sind nur das bekannteste von mehreren heilsamen Thermalbädern der Gegend. Felsgestein und Quellwasser, das Erstarrte und das Bewegte – an den Ausläufern der Pyrenäen gibt es kein Entweder-Oder, hier geht es immer um beides, als wollte die Natur den Menschen das Leben aus Bewährtem und Neuem beibringen und ihn zugleich trösten, wenn alles zu hart wird oder aus den Händen rinnt: »Das war schon immer so«, schweigen starr die jahrtausendealten Gesteine; »hier kommt junge Frische«, flüstern geflissentlich die Flüsse.

Die meisten Menschen freilich kommen zum Skilaufen oder zum Wandern in die Haute-Pyrénées. Oder zum Pilgern auf dem Jakobsweg, hinüber ins nahe Spanien. Oder zur Wallfahrt nach Lourdes, zur Muttergottes und zu Bernadette. Das sind alles Bewegungen in den über die Zeiten gemächlich gewachsenen Hautes-Pyrénées im äußersten Südwesten Frankreichs.

An Tournay aber fährt man vorbei, bestenfalls hindurch. Die grüne, hügelige Landschaft ringsum macht es einem leicht, vorbeizurauschen, weil Tournay zweifellos nicht ablenkt von eben dieser Kulisse, und wenn die Sicht auf die Berge gut ist, hat Tournay selbst die letzte Chance auf Beachtung verloren. Nein, ein Ziel ist Tournay nicht. Nach den Bahngleisen beginnt die schmale Hauptstraße, und am Ende heißt sie stolz gar »Rue de la Republique«; auch sonst ist alles in Tournay so, wie überall in französischen Städtchen ähnlicher Größe: In der Mitte gibt es einen Platz links und rechts der Hauptstraße, an einer Ecke hängt müde die Trikolore vom Rathaus, drumherum haben sich allerlei Geschäfte angesiedelt – ein Supermarkt, ein Tabak- und Zeitungsgeschäft, ein Laden, der mit »Foie gras« wirbt – Gänseleberpastete, für die die ganze Gegend berühmt ist. Ein unspektakulärer, nicht sonderlich malerischer Ort, auch wenn manche der geduckten Häuschen hübsch bunt gestrichen sind.

Bezeichnenderweise weisen Wegweiser im Dorf ausschließlich aus dem Ort hinaus – zu alten Klöstern. Nach Saint Sever zum Beispiel oder zur Abbaye de Escaladieu aus dem 12. Jahrhundert, die im Namen nicht weniger als die Traumleiter des alten Patriarchen Jakob benennt. Wo Jakob zum Höchsten hinaufträumte, war biblisch Bet-El, Gotteshaus, mit Escaladieu aber ging es letztlich bergab, und in der Tat sind die meisten ausgeschilderten Klöster, wie man sagt, »untergegangene« Klöster, versunken im Fluss der Zeit, manchmal ohne einen einzigen Stein zu hinterlassen.

Und doch kann sogar der große Trappisten-Eremit und Stille-Dichter Thomas Merton (1915-1968), der aus den Pyrenäen stammt, in seiner grandiosen, vielsagend betitelten Autobiographie »Der Berg der sieben Stufen« über diese Landschaft schreiben: »In diesen Bergen gab es zahlreiche verfallene Klöster. Mit tiefer Ehrfurcht denke ich an jene sauberen, alten, steinernen Klöster, jene niedrigen, mächtig geschwungenen Bögen, die von Mönchen behauen und errichtet wurden, deren Gebet mich vielleicht hierher geführt hat, wo ich heute bin.«

Erst kurz vorm Ortsausgang zeigt ein Schild an, dass es rechts zu einer lebendigen Abtei geht, nach Notre Dame de Tournay. Versteinerte Vergangenheit traut man den Besuchern zu, gelebte Gegenwart wohl weniger. Dabei konzentriert sich in der Abtei kaum weniger als die ganze Pyrenäen-Landschaft aus Stein und Höhle und Fluss. Eine Holzbrücke führt über den Arros zum Kloster. Die Mönche deuten das als biblischen Bruch: »Lasst uns zum anderen Ufer hinüber-

Zwei der rund 20 Mönche von Tournay: Frère Julien bei der Herstellung von Frucht-Pâte (li.) und Gastbruder Frère Michel.

fahren«, zitieren sie Jesus, der Ruhe haben will von den Menschen. Auch dort, »jenseits«, leben Menschen – aber anders, an einem »Ort der Gemeinschaft und der Wüste, einem Ort der Solidarität und der Einsamkeit«, sagen diese Mönchsmenschen. Auf Französisch liest sich das lyrischer: »un lieu de solidarité et de solitude«. Ein klangvoller, großer Anspruch, demgemäß jedes Ich nach Wir klingt und jedes Wir eines jeden Ich achtet.

Die ersten Brüder von Tournay kamen 1934 von der Abtei d'En Calcat nach Madiran. Wegen guten Nachwuchses wurde das Kloster bald selbstständig und zu klein, zugleich begann der Krieg, der die Brüder zerstreute und ein geregeltes Klosterleben unmöglich machte. Dennoch wussten sich Novizen angezogen, viele Novizen, sodass man ein größeres Areal suchte – und 40 Kilometer von Lourdes fand: in Tournay. 1951 siedelten die ersten Mönche um, 1955 öffnete der Gastbetrieb, 1958 wurde die Kirche geweiht, 1977 war der Konvent groß genug, um ein weiteres Kloster zu gründen – im Westen Brasiliens.

Zwischenzeitlich gab es das Zweite Vatikanische Konzil – und es gab Père Gérard Calvet in Tournay, der mit den römischen Beschlüssen so gar nichts anzufangen wusste und sich zunächst in die Abtei Fontgombault und die Karthause von Montrieux zurückzog. Bald schlossen sich ihm Novizen an, die wie er die Tridentinische Messe zu pflegen gedachten. Ab 1972 waren sie alle einem gewissen Erzbischof Marcel Lefebvre und der Pius-Bruderschaft verbunden; darü-

ber kam es zum Bruch mit dem damaligen Abt von Tournay. 1989 wurde die abtrünnige Gemeinschaft durch die päpstliche Kommission »Ecclesia Dei« autonome Abtei. Der damalige Kommissions-Vorsitzende Kardinal Augustin Mayer, ehemals Abt der niederbayerischen Abtei Metten, weihte Gérard Calvet am 2. Juli 1989 unbekümmert zum Abt. Im September 2008 wurde Calvets Gründung gar in die weltweite Benediktinische Konföderation aufgenommen. Als Gérard Calvet im Februar 2008 starb, nahm der Abt von Tournay, Dom Joël, an dessen Beerdigung teil. – Tournays Weite lässt das zu.

Woher kommt das? Was ist Tournay? Was macht die Abtei aus? Zur Gemeinschaft gehören heute 21 Mönche zwischen Mitte 30 und Ende 90. Vor gut fünf Jahren beschloss der Konvent, die nahezu fensterlose Abteikirche aus Granitstein zu renovieren. Dabei wurde der Chorraum in den Gemeindebereich vorgezogen und komplett um einen guten Meter angehoben. Die Distanz wird von einem wasserblau spiegelnden Lichtband überbrückt – als schwebten Mönchsgemeinschaft und Gemeinde ein wenig über dem Niveau der Alltäglichkeit oder als flösse ringsherum der Fluss der Zeit gemächlich weiter wie der Arros draußen vor der Kirchentür. Das Chorgestühl: schlichte schwarze Stühle mit grauen Kissen darauf; auch die Bänke im Gemeinderaum sind aus schwarz lackiertem Holz; alles hängt zusammen, nimmt sich zurück und lässt dem Eigentlichen das Licht.

Vorn der Altar aus Glas, von innen geheimnisvoll leuchtend; auf seinem Grund ein Goldrelief wie gekräuseltes Tuch: die leichte, leinene Hinterlassen-

Oben: Der Altar der Abteikirche – das Grabtuch Jesu, symbolisiert in goldenem Relief.

Linke Seite: Feierliche Vesper in der Abteikirche (oben), Blick auf Gästetrakt und Gotteshaus des Klosters.

schaft einer schweren Botschaft – die der Auferstehung in leerer Grabeshöhle. Dahinter, vor der dunklen Apsis, drei Kreuze aus Edelstahl – wie auf dem Golgota-Felsen: die beiden äußeren wie ein T, das mittlere mit höherem Längsbalken. Leere Kreuze, leere Höhle – zwischen Tod und Auferstehung steht Vermissen, dessen Schmerz Liebessehnsucht in Hoffnung wandeln mag. Mönche sind solche Liebende.

Die Mönche am Arros beten nah an Lebenskern und -quelle, ganz so, wie sie jeden Freitagabend in ihrer Vigil aus dem ersten Psalm singen: »Selig der Mann, der wie ein Baum an Wasserbächen gepflanzt ist.« Es ist diese ungetrübte und untrügliche Gelassenheit, die ihren lebendigsten Ort ausgerechnet in jener der Grabeshöhle nachempfundenen Kirche hat, wo still und unbeachtet vom Tosen der Welt im Felsbehau unsterbliches Leben erstand. Und so erklingt in Tournay eine unsagbare Vertrautheit, ein unbeschreibliches Vertrauen darin, dass einer ewig bleibt, weil er ewig ist.

Also singen sie mit über viele Zweifel erhabenen Melodien zu Gott und von ihrer Geschichte mit ihm, schweigen ausgiebig in seiner Gegenwart, sitzen aufrecht in ihren schwarzen Wohngewändern (»Habit«) auf schwarzen Stühlen und sind sich ihrer Sache derart hoffnungsfroh gewiss, dass sie Tag für Tag in der Frühmesse Ostern feiern – alle in weißen Gewändern. »Die Liebe«, schreibt Ordensvater Benedikt in seiner Regel, »drängt sie, zum ewigen Leben voranzuschreiten.« Und so kommt es, dass ein jüngerer Bruder Abend für Abend liebevoll einen alten Bruder im Rollstuhl aus der Kirche in die Zelle schiebt, dass der Abt nur ein kleines schwarzes Holzkreuz auf dem schwarzen Habit trägt und dass im Refektorium über die Europäische Union und Angela Merkel und später über Dom Helder Camara vorgelesen wird – und dessen Aufforderung: »Nehmt die Prophetien unserer Zeit wahr!«

Daher wohl rührt die herzensgute Freundlichkeit der Mönche von Tournay tatsächlich von ihrem schlichten Leben mit Gott als felsenfest treuem Begleiter, wie er es immer war, ist und sein wird. Und so verneigen sich junge wie alte Mönche tief nach jedem Psalm, wissend, dass sie in Bewegung gehalten sind durch den Glauben an einen, der als lebendigstes aller Wasser selbst zwischen allem stumm Erstarrten rinnt. Davon singen sie wie der Fluss vorm Felsengrab. ■

Reise-Tipps

Anreise

Tournay liegt nahe Lourdes. Flug auch bis Pau. Autobahn 64 Richtung Toulouse, Ausfahrt Nr. 14.

Unterkunft

36 einfache Zimmer für Frauen, Männer, Kinder und Familien. Kein fester Tagessatz.

Kontakt

Abbaye Notre-Dame de Tournay
F-65190 Tournay / France
Tel.: 0033 / (0) 562 / 35 70 21
www.abbaye-tournay.com

Nah und sehenswert: die (verlassene) Zisterzienser-Abtei Escaladieu (oben), die kleine Kirche von St. Just et Pasteur (11. Jh., unten links), der Dom von Saint-Bertrand-de-Comminges mit seinem üppigen Chorgestühl und wunderschönen Kreuzgang.

Frankreich

Tamié – Trappisten

Ein Ort absoluter Stille in einer Umgebung absoluter Schönheit – das ist die Trappistenabtei Notre Dame de Tamié in den französischen Alpen zwischen Annecy und Albertville. Die Gemeinschaft lebt ein zeitgemässes Mönchtum aus strenger Tradition eines nachts um vier Uhr beginnenden Stundengebets, einer bewegenden, musikbetonten Liturgie und einfacher, aber grandios herzlicher Gastfreundschaft.

Ein schönes Fleckchen Erde haben sich die Mönche vor 900 Jahren für ihr Kloster ausgesucht: die Abtei Tamié in den französischen Alpen.

Liebhaber der Schönheit und des Schweigens: Frère Didier, einer der Mönche von Tamié, wo Touristen auch einmal daran erinnert werden, wo sie sind.

Trappisten-Abtei Notre Dame de Tamié / Frankreich

Gottes Freunde in den Bergen

Manche Wege müssen lang sein. Damit man sich nichts vormacht und nicht meint, man könnte so mir nichts, dir nichts wie auf Knopfdruck oder wie im Flug jedes Ziel erreichen: Ruhe oder Stille etwa, Gott womöglich. Tamié ist in jeder Hinsicht weit weg. Selbst die Mönche, die hier leben, haben allesamt weite Wege hinter sich, und keiner von ihnen würde sagen: Das war's.

Unterwegs schon in die Schweigewelt versagt das Navigationsgerät mangels GPS-Empfang; auch das Handy sucht und sucht und findet kein Netz. In Faverges, einem Städtchen zwischen Annecy und Albertville, wo 1992 die Olympischen Winterspiele stattfanden, geht es am Ende der Hauptstraße rechts ab, und dann gewährt die Natur jedem Klostersucher zehn gnädige Kilometer, um sich daran zu gewöhnen, allmählich aus dieser Welt zu entfleuchen. Man mag das Flucht nennen – oder Reise ins »Refugium«, was zwar gleich viel schöner klingt, die Schönheit von Tamié aber nicht einmal im Ansatz beschreibt.

Nach Faverges jedenfalls geht es jene gnädigen zehn Kilometer auf schmalen, gewundenen Straßen Richtung Berge, die manchem bald ehrfürchtige Schrecken in die Beine jagen, bald gibt es herzallerliebst nur noch weites Grün und rotbunte Kühe, dichte Bäume und Sträucher, schließlich entlässt ein Wald auf freies Feld, eine breite, üppig blühende Wiese – und auf einmal liegt da Tamié, rechts oben. Allerdings: Das sieht nur, wer wagemutig begonnen hat, den Blick für die Straße beiseite und die Augen spazieren gehen zu lassen in der Gegend. Dann aber packt pure Überwältigung: Ein traumhaftes Fleckchen Erde haben sich die Mönche da vor fast 900 Jahren ausgesucht. Weit ab vom Schuss, aber ungestört, bei klarer Sicht inklusive Blick vom Col de Tamié auf den Montblanc mit seinen knapp 5000 Metern. Luxusbauland, für das so manches edle Hotel Unsummen hinblättern würde. Tamié – unbezahlbar.

150 000 Touristen jährlich sprechen für sich, doch die Mönche waren pfiffig, haben auf halbem Weg einen Klosterladen mit Vortragsraum gebaut; da können sich Schnellreisende schnell informieren, schnell einen Film mit Mönchen drin anschauen, schnell Mönchskäse, Mönchsgesänge und Ansichtskarten kaufen, Geld dalassen, des weiteren Wegs zum Kloster müde werden und den Mönchen ihre kostbare Ruhe lassen. Siehe da – das Konzept der Brüder geht auf.

Das danken ihnen denn auch jene, die als Stille suchende Klostergäste den langen, gnädigen Weg bis zur Pforte vollendet, den Motor abgestellt und die Tür geöffnet haben. Denn dann hört das Ohr: Begrüßung durch Vogelgezwitscher, irgendwo in der Ferne rauscht ein Bach, muht eine Kuh – sonst nichts. Macht drei Geräusche. Und das Auge sieht: Wiesen, Wälder, in der Ferne die Berge, darüber blauen Himmel, mittendrin das Kloster – sonst nichts. Macht fünf Dinge in drei Farben. Wer Glück zählen will: So wenig reicht, um alles zu haben.

Deshalb brauchen die Mönche von Tamié auch keinen Urlaub. Das zu glauben fällt manchem Weltmenschen schwerer als die Vorstellung, ein Leben ohne Sex zu verbringen. Weltmenschen brauchen immer Auszeiten, müssen »mal runterschalten«, »alles runterfahren« oder »auf Null zurückstellen« und merken kaum, wie sehr das nach Maschinen klingt. Doch was ist noch »an«, wenn Auszeit ist? Wohin sind jene, die »raus« sind?

Die Mönche von Tamié jedenfalls sind immer drin, manchmal vielleicht außer sich, aber allemal immer »an«. Sie leben in dem, was sie lieben; sie leben, was sie lieben. Kein Grund weit und breit, davon Urlaub zu nehmen. Jedenfalls nicht in Tamié. Drei Geräusche, drei Farben, fünf Dinge – es gibt Anstrengenderes. Das aber muss deshalb nicht mehr sein. Tamié jedenfalls ist trotzdem ziemlich viel.

Nicht unbedingt, was die Größe der Gemeinschaft angeht; da gehören die 28 Trappisten in ihrem hohen Tal eher zu den kleineren Konventen. Frère Patrice hat genau das angezogen – allerdings erst mit 38 Jahren. Bis dahin lebte er in Paris, war in der Wirtschaft tätig und will darüber, wenn man seine Handbewegung und seine verzogenen Lippen richtig deutet, auch nicht weiter sprechen. Als Pfadfinder war er mal in der Gegend, hörte davon, wie einfach und arm das Kloster sei. In seiner Erzählung tut er einen Sprung –

Mönche von Tamié: Frère Patrice, Abt Victor, Frère Marco.

und ist plötzlich Mönch. »Das kann man nicht weiter erklären«, sagt Patrice. Mittlerweile ist er 68, ein groß gewachsener, drahtiger, silberhaariger Mann mit braun gebrannten, muskulösen Unterarmen und mit Händen, die von schwerem Anpacken und solchen erdverbundenen Tätigkeiten erzählen, die man weiter nördlich »Wullacken« nennt. Aus seinem früheren Leben hat er mitgebracht, dass er Englisch spricht. So manche Gäste danken ihm auch das.

»Ja sicher weiß ich«, sagt er lachend, »dass wir hier im Paradies leben. Aber schon unser früherer Abt hat immer gesagt: Wer in Tamié eintreten will, braucht zwei Berufungen – die zum Mönchtum und die zum Winter.« Da macht er große Augen und nickt und lässt aus lauter Begeisterung mit seinem braunen Gürtel, den er um den schwarz-weißen Habit trägt, Leder auf Leder knallen. »Einen Meter Schnee haben wir hier immer, oft von Oktober bis März«, sagt er noch. Schon ist er im Kuhstall verschwunden.

Kühe gibt es da gerade keine. Die stehen draußen, auf steilen Wiesenhängen. Und obwohl die Mönche von Tamié jeden Tag aus bis zu 10 000 Litern Milch ihren berühmten, dem »Chaumes« ähnlichen, aber deutlich milderen Käse fabrizieren, werden ihre eigenen Kühe nur zur Aufzucht genutzt. Jedes Jahr kommen sieben Kälber dazu, jedes Jahr werden sieben Dreijährige verkauft, macht insgesamt 21, und wenn man Frère Patrice und seinen launigen Erzählungen glauben darf, dann gibt es die Kühe vor allem, »damit die jungen Mönche ordentlich arbeiten und ihre überschüssigen Kräfte loswerden«. Unnötig zu erwähnen, dass Patrice sich fast schüttelt vor Lachen.

Frère Marco sieht die Sache naturgemäß etwas anders, um nicht zu sagen: ernster. Denn Frère Marco, ein 55-jähriger Italiener aus dem Piemont, ist der Novizenmeister von Tamié. Doch auch er, der mit 19 Jahren in ein Trappistenkloster seiner Heimat eintrat, dieses jedoch verließ, als er merkte, dass die überalterte Gemeinschaft keine Zukunft für ihn war, lernte Tamié kennen und verliebte sich sofort. Hastig ergänzt er: »Aber dennoch dürfen und können weder dieser Ort noch diese Gemeinschaft die einzigen Gründe für jemanden sein, Trappist zu werden. Es muss eine größere Liebe dazu kommen, eine innere Überzeugtheit, ein inneres Wissen: Hier, an diesem Ort, mit dieser Gemeinschaft, will ich vor und mit Gott leben. Anders geht das nicht.« Denn, auch daran lässt er keinen Zweifel: Es sei ein hartes Leben in Tamié, nicht nur im Winter: »Es gibt viel Arbeit, sehr viel Arbeit, und unser Leben ist nicht leicht für junge Leute heute.«

Schon Frère Patrice, der Mann aus Paris, war glücklich, als nur ein Jahr nach seinem Eintritt 1980 der große, gemeinsame Schlafsaal abgeschafft und einzelne Schlafzellen gebaut wurden. Ein Blick hinein zeigt ein Bett, einen kleinen Tisch, einen kleinen Schrank. Hier ein Foto von Verwandten, dort ein Gebetsriemen für das Jesusgebet auf dem Kopfkissen – das ist alles. Die Zelle des Abtes sieht so aus wie jede andere – und die Tür ist ebenso geöffnet wie jede andere. Keiner hat Geheimnisse, keiner etwas zu verbergen. Der einzige private Bereich ist ein Schreibtisch im Skriptorium.

»Formation – also Ausbildung – hat mit Form zu tun«, erklärt Novizenmeister Marco: »In der Form

Oben: Bruder Ginepro, ursprünglich aus Italien stammend, singt während des Chorgebets der Mönche einen Psalm vor.

Linke Seite: Blick in den Chorraum der kleinen Abteikirche – gemeinschaftliches und zutiefst persönliches Gebet.

unseres Lebens aus Gemeinschaft, Schweigen, Gotteslob und Gehorsam gilt es, die Form des eigenen Lebens vorgebildet zu finden und so in sich selber hineinzuwachsen.« Schön. Schwer. Zur Gemeinschaft mit allen Lebensaltern gehört zurzeit ein Novize, einige junge Männer sind interessiert, es zu werden.

Frère Didier, Dichter, Fotograf, Musiker und Leiter des Klosterladens, hat seinen Ort gefunden, den schönsten, den er sich vorstellen kann. »Schönheit«, sagt er, »ist immer ein Zeichen für Gottes Gegenwart.« Und weil die Liebe, sagt Frère Didier, Gott selber ist, sei auch die Freundschaft Zeichen der Gegenwart Gottes. Das habe schon Aelred von Rievaulx, Urzisterzienser des 12. Jahrhunderts, geschrieben. Also erzählt Frère Didier von seinem Freund und Mitbruder Christophe, mystischer Dichter wie er und wie er Anfang der 1970er Jahre in Tamié eingetreten, jedoch 1987 mit fünf anderen Mönchen in das Kloster »Notre Dame d'Atlas« in Algerien gewechselt und dort 1996 mit allen seinen Brüdern bestialisch umgebracht. Gerade erst hat eine Verfilmung dieser Tragödie mehrere Preise bei den Filmfestspielen von Cannes errungen. »An meinem Namenstag erfuhr ich von seiner Ermordung«, sagt Frère Didier, »und seitdem weiß ich, dass ein Teil von mir bereits im Himmel ist. Unsere Freundschaft hat über die Distanz nach Algerien gehalten, sie hält auch über den Tod.«

Diese innige Präsenz der Brüder von Tamié ist allenthalben zu spüren: im kräftig gesungenen, modernen Stundengebet, in jeder Begegnung mit jenen Mönchen, die für die Gäste da sind – und selbst unter den rund 20 Stille suchenden Frauen und Männern im Gästerefektorium: beim irischstämmigen Amerikaner namens Friedrich, der mit seiner japanischen Frau Masako auf Hawai lebt; bei David, einem jungen Mann aus Toulouse, der sich auf die Diakonenweihe vorbereitet, bei dem jungen Filmemacher Martin Betz aus Wien, der für 3Sat eine grandiose Reportage über Tamié geschaffen hat. Zuvor kannte er das Kloster kaum. Jetzt ist er wieder da – nach 14 Stunden mit dem Auto. Für ihn ist auch der Rückweg lang. Und doch wohl kürzer, als ihm, wie vielen, recht ist. ■

Reise-Tipps

Anreise

Flugmöglichkeit bis Genf, von dort 100 km über Annecy Richtung Albertville; kurz vor Faverges rechts nach »Col de Tamié«.

Unterkunft

Schlichte Einzelzimmer für Frauen und Männer (Dusche/WC auf dem Flur). Überall herrscht Schweigegebot. Einfaches vegetarisches Essen, das die Gäste im Schweigen unter sich einnehmen. Kosten je nach Möglichkeiten. Das Haus St. Benoît steht zudem Selbstverpfleger-Gruppen offen.

Kontakt

Abbaye Notre-Dame de Tamié
Plancherine
F-73200 Albertville / France
Tel.: 0033 / (0) 479 / 31 15 50
www.abbaye-tamie.com

Auch Arbeit ist Gebet: Madonnen-Emblem in der Käserei; ein Bruder beim Herrichten des Refektoriums; Kukullen der Mönche.

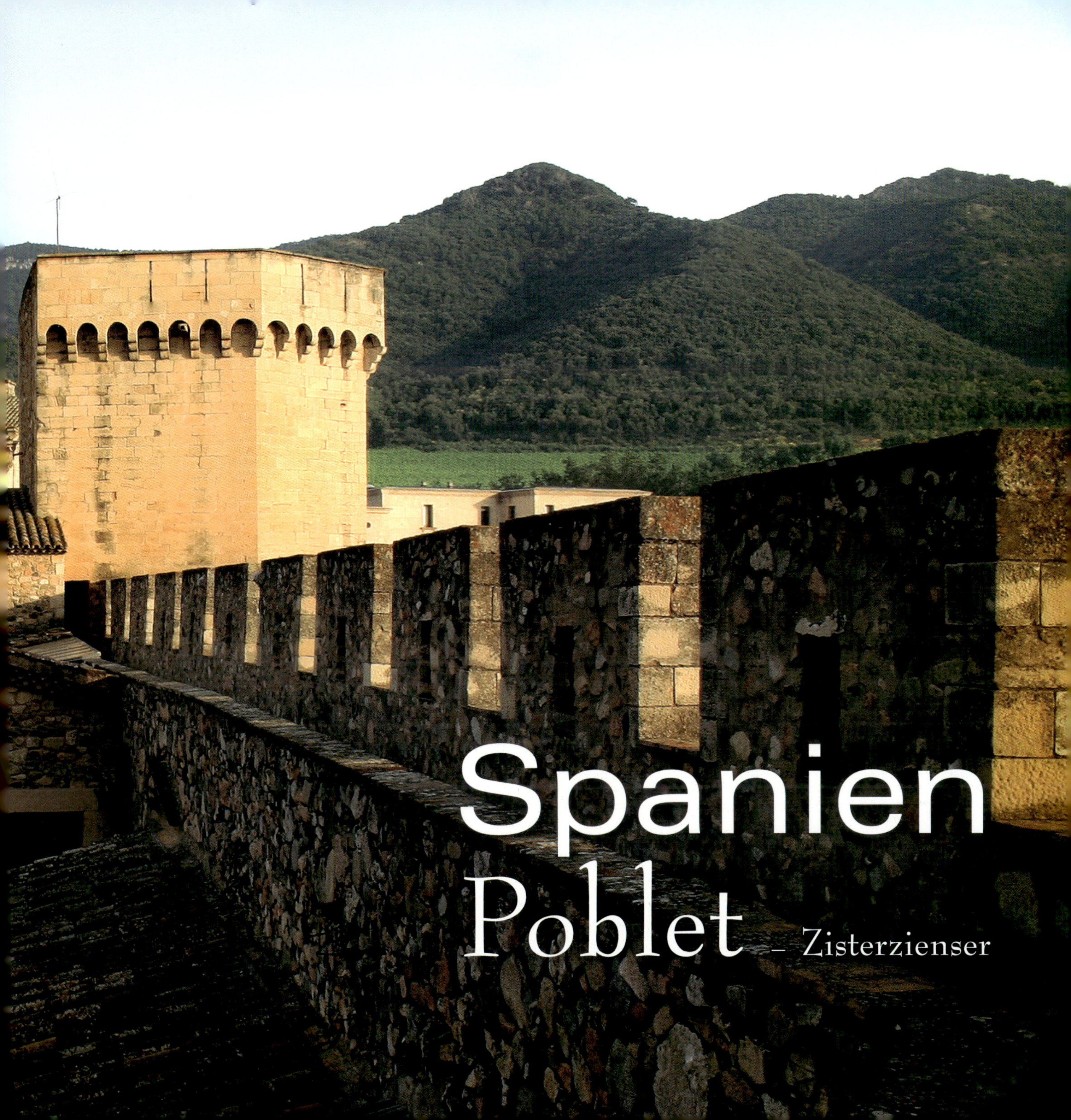
Spanien
Poblet
– Zisterzienser

Ein königliches Kloster nennt sich die Abtei Poblet in Katalonien. Acht der 13 Könige Aragons und Grafen Barcelonas ruhen in der gewaltigen Abteikirche des 12. Jahrhunderts. »Poblet« kommt vom lateinischen Wort für Pappeln, kann aber auch »Dörfchen« heissen, denn das Kloster der 29 Mönche besteht in der Tat aus einer Vielzahl mittelalterlicher Bauten, umgeben von einer stattlichen Wehrmauer. Seit 1991 gehört es zum Weltkulturerbe.

Typisch zisterziensisch: Die größtenteils romanische Abteikirche kommt ohne Ornamente aus.

Urtypisch und urig: die gewaltige Front des Klosters mit Königstor und barocker Kirchenfassade, Blick in den Kreuzgang und die umliegenden Weingärten.

Zisterzienser-Abtei Santa Maria del Poblet in Katalonien / Spanien

Die reine Kraft reicher Einfachheit

Mauern, Mauern, Mauern: sechshundertacht Meter strotzende, trotzende Wälle aus Sandsteinquadern, über elf Meter hoch, zwei Meter dick, mit Wehrgängen und Zinnen, eine Festung. Von außen betrachtet nicht eben einladend und doch merkwürdig anziehend, wie die alte Abtei seit 860 Jahren massig, stolz und ruhig da liegt an den Ausläufern der grünen Bergkette von Prades, 120 Kilometer westlich von Barcelona. Eine eigene Welt, klar umrissenes Areal, und doch weit anderes als ein geistig überhöhtes Flüchtlingslager von schwachen, hasenfüßigen Weltskeptikern, die tumb abgeschottet vom Getriebe da draußen ein selbstzufriedenes, aber blindes, taubes, eingefriestes Leben bräuchten, für das keine Mauer hoch genug sein könnte. Mitnichten. – Davon ab: Hatte nicht auch das Paradies Grenzen? Wie sonst hätte man daraus vertrieben werden können?

Immerhin, an der langen Klostermauer erheben sich satte dreizehn Türme, die ins Land ausschauen lassen, in die Ferne, die Weite, die Welt und auf das, was sich von dort nähern könnte oder abzuwehren wäre – aber es bleibt dabei: Mauern sind Mauern, und dahinter leben die Mönche. Freiwillig. Frei. Nicht in einer Festung, sondern wie in einer Fassung, die einen kostbaren Stein am Ring umhüllt, in der Fassung, in der Lebens-Form der Regel Benedikts und der zisterziensischen Reformen zu mehr Einfachheit, Klarheit, Schnörkellosigkeit – zu einem konzentrierten Leben mit einer klaren Mitte: Gott. Von ihm zu künden, von den Zinnen der Klöster in die weite ferne Welt, dass es ihn gibt, und dass ein ganzes Leben lohnt, mit ihm zu leben – davon zu künden sind Klöster da.

Womöglich zieht eben dies unbewusst so viele Menschen dahin, einen Blick hinter die Mauern zu werfen: als einer der 150 000 Touristen jährlich – oder um einige Tage zu bleiben, mitzuleben, einzutreten in diese

Anderswelt. Menschen, die um Fassung ringen angesichts ihres Lebens und der rasanten Geschwindigkeit, in der die Welt sich dreht – sie vertrauen auf die Kraft, dass die Fassung der Mönche, deren Leben und Kloster, auch ihnen und ihrem Leben wieder Form, Kontur, Zuhause, »Facon« bringen mag.

In Poblet ist das problemlos vorstellbar. Und der Weg hinein ist ein Königsweg, ein Ehrenweg, ein geadelter und womöglich adelnder Weg, der jeden an seine göttliche Würde erinnern mag. Am Anfang nämlich ist das »vergoldete Tor« zu durchschreiten, von dem es heißt, es sei tatsächlich einmal vergoldet gewesen. Es folgt ein weiter Platz, die Placa Major, mit der angesichts der romanisch-gotischen Gesamtanlage irritierend üppigen barocken Fassade der Abteikirche – und links davon, zwischen den zwei mächtigsten, vieleckigen Türmen, öffnet sich das »königliche Tor« ins Kloster. Ab hier können Touristen nur unter Führung besichtigen; Klausurgästen hingegen ist es erlaubt, mitzuleben in dieser Welt, für eine Weile:

Am frühen Morgen etwa, wenn die Träume der Nacht noch nicht ganz verscheucht und die nüchternen Realitäten des Tagwerks noch nicht ganz aufgezogen sind, lässt es sich vor dem Chorgebet herrlich stille wandeln im weiten Kreuzgang, während auf der

Gesichter von Poblet: Prior und Quantenphysiker Pater Lluc (li.), Gästepater Francisco.

anderen Seite ein Mönch mit aufgezogener Kapuze dasselbe tut. Seit dem Jahr 1150 ist das so. Ist das hier so, in diesem Kreuzgang. Immer taten die Mönche dasselbe hier, in diesem sandsteinernen Kreuzgang: stille wandeln, den Glauben bedenken, ein Psalmenwort, mein Leben – und darin Gott suchen mit jedem Schritt. Nur begleitet von leichtem Morgenwind und aufsteigendem Sonnenlicht, das durch die romanischen Rundbögen und gotischen Durchbrüche der schlichten, hellen Fensterornamente sanfte Farben in den Tag träufelt. Die reine Kraft reicher Einfachheit. Ein Luxus, um den die Mönche womöglich gar nicht wissen und den sich Weltmenschen nur selten leisten, weil er unbezahlbar ist.

Aus dieser Stille im Quadrum – noch schweigen selbst die Vögel – ziehen Gäste und Mönche ins Chorgestühl der grandiosen Abteikirche und beginnen ihr Morgenlob: kein gregorianischer Choral, sondern modern-melancholische Psalmtöne, die der uralten, göttlich-menschlichen Poesie in katalanischer Übersetzung Klang geben. Da singen die zwei Postulanten, der Novize und die 29 Professmönche in ihrem schwarz-weißen Zisterzienser-Habit, die weiße Kukulle darübergestreift, in der weißsteinernen Kirche – und alles stimmt: die wunderbaren Proportionen des überwältigenden Raumes (85 Meter lang, 28 Meter hoch, 21 Meter breit), das Sonnenlicht, das allmählich durch die schlichten Fenster hoch oben im Chor kriecht, so einfach und schön und klar und rein, wie ein Morgen nur sein kann.

Die Orgel spielt Pater Lluc, sanft und verhalten, und freut sich, dass in zwei Jahren ein neues, mit 53 Regis-

tern weitaus größeres Instrument hinten überm Hauptportal stehen wird; »zurzeit ist es immer ein kleines Abenteuer, ob nach dem Drücken einer Taste auch wirklich ein Ton aus den Pfeifen kommt«, sagt er später beim Rundgang durchs Kloster.

Pater Lluc ist gewissermaßen der Klischeezerstörer von Poblet. Mit 19 Jahren war er zum ersten Mal in dieser Abtei, »und ich wollte sofort bleiben«, erzählt er. Doch der damalige Abt verlangte, dass er zunächst sein Physikstudium beendete. Als es soweit war, nahmen ihn die Mönche auf. »Ich wollte nie etwas anderes«, sagt Pater Lluc und kann es nicht weiter beschreiben, was keineswegs an seinen Deutschkenntnissen liegt, die durchaus respektabel sind. Mittlerweile ist er 38 Jahre alt, seit drei Jahren Prior und damit Stellvertreter des Abtes, hat in Rom Philosophie, Theologie und Kirchenrecht studiert und promoviert nebenbei über Quantenphysik und Philosophie. Während er erzählt, nestelt er immer wieder an seinem Blackberry-Handy herum und verzieht genervt das Gesicht: »Wir haben ein Problem mit dem Netzempfang seit dem Gewitter gestern, ich muss mich gleich darum kümmern.« Pater Lluc kümmert sich um so einiges in Poblet, um vieles, wenn nicht um alles, auf jeden Fall um alles Technische inklusive einer Solaranlage, die das soeben eröffnete, hochmoderne, stylische 100-Betten-Gästehaus komplett mit Strom und Warmwasser versorgt.

Die Biographie des Abtes von Poblet, Josep Alegre, ist nicht minder ungewöhnlich: Lange war er Pfarrer einer Gemeinde in der Umgebung, bis er vor 17 Jah-

Schlichte Schönheit: Das romanische Brunnenhaus (oben) sorgte ursprünglich ganz praktisch für die Säuberung der Mönchshände vor dem Essen, denn gegenüber liegt bis heute das überwältigende Refektorium (rechts). Darin speisen Mönche und Gäste: einfach, schweigend.

ren, mit knapp über 50, in Poblet eintrat. Er hatte nicht einmal seine ewigen Gelübde abgelegt, da wurde Poblets damaliger Klostervorsteher Generalabt des Zisterzienserordens – und die Gemeinschaft wählte Josep Alegre zu ihrem neuen Leiter. Also legte er danach flugs seine feierliche Profess ab und wurde einen Tag später als Abt eingeführt. »Ein sehr charismatischer, spiritueller Mensch«, erzählt Pater Lluc. »Er lebt wirklich aus der intensiven geistlichen Lesung und gibt unserer Gemeinschaft viele tiefe Impulse aus der Bibel.« Und das meist im großartigen, weiten romanischen Kapitelsaal im Ostflügel des Kreuzgangs, unter vollendetem Palmengewölbe, wie seit Jahrhunderten. Dennoch kann es beim Mittagessen geschehen, dass Abt Josep plötzlich aufsteht, die Serviette in der Hand, und dem Mitarbeiter draußen vor der Tür des Refektoriums sagt, er möge das lärmende Rasenmähen im Kreuzgang doch verschieben. Dann kehrt er zurück, isst weiter – und alle haben ihre Ruhe.

Überhaupt: das Refektorium! Ein 33 Meter langer Raum des 12. Jahrhunderts mit hohen, gerundeten Fenstern, spitzbogigem Tonnengewölbe und steinernem Brunnen in der Mitte. Auch wenn nach 100-jähriger Vertreibung der Mönche im Zug der staatlichen Aufhebung des Klosters im 19. Jahrhundert vieles restauriert und ersetzt wurde – man sitzt als Gast dort mit den Mönchen wie eh und je, seit 860 Jahren, trinkt aus tönernen Schalen, isst einfache, schmackhafte Speisen, lauscht schweigend dem Vorleser und

Blick auf den ungewohnt prächtigen Renaissance-Hochaltar (li.) und die Gräber der Könige und Königinnen (oben).

traut kaum dem traumhaften Blick durch die verglaste Tür auf das romanische Brunnenhaus direkt vor dem Speisesaal. Was hat sich geändert in all den Jahrhunderten? Wenig – außer Anselm Grün als Tischlesung, einem Mikrophon auf der Kanzel des Lektors und den Mönchsmenschen.

Um die Gäste im Refektorium und überhaupt kümmert sich Pater Francisco, von dem unbedingt noch zu erzählen ist, weil er so spaßig und illuster von seinem Leben zu plaudern weiß. Denn trotz seiner 76 Lebensjahre hat er bisher nur derer 20 als Zisterziensermönch von Poblet verbracht, bildete vorher als Piaristenpater jahrzehntelang junge Menschen aus und wurde urplötzlich bei einem Besuch in Poblet gewahr: »Oha, hier geschieht etwas mit dir!« Große Augen macht er da, spitzt die Lippen und hebt den Zeigefinger. Pater Francisco merkt man an, dass er Lehrer und sein Vater der Schauspieler Paco Martinéz Soria war, »der Theo Lingen Spaniens«, wie der Mönch erzählt. Jedenfalls erkannte Pater Francisco in Poblet: »Ich war krank, krank an der Seele, weil ich zwar viel als Seelsorger gearbeitet habe, aber wenn ich ehrlich bin, fehlte ein intensives Leben mit Gott.«

Doch der damalige Abt sagte dem Noch-Piaristen-Pater damals, dass ein Zisterzienserkloster kein Krankenhaus sei. »Da habe ich energisch widersprochen, durfte einige Jahre als Gast bleiben, und was soll ich Ihnen sagen: Ich wurde gesund!« Will sagen: Er wurde Mönch. »Früher war ich Schuldirektor, habe Volleyball gespielt und Judo unterrichtet; heute putze ich

Kunst und Muße: Die Kapitelle der Kreuzgangsäulen zieren allein Pflanzen-Ornamente (oben). Die marmornen Mönche (unten) stammen aus dem 20. Jahrhundert.

Das große Dormitorium, der Schlafsaal der Mönche. Einen kaum kleineren gab es für die Laien-Brüder. Beide werden heute anders genutzt. Die Mönche im Poblet des 21. Jahrhunderts haben nicht nur ihr eigenes Bett, auch ihre eigene Zelle.

die Toiletten der Gästezimmer«, sagt er lachend und weiß, dass er zuspitzt. »Aber ich bin glücklich. Ich bin endlich zuhause.«

Und so sitzt auch Pater Francisco am Abend eines warmen Sommertags mit 31 anderen Glücklichen in weißen Kukullen auf einer Bank im Kreuzgang und lauscht im lauen Lüftchen der geistlichen Lesung eines Bruders. Dann ziehen sie in die dämmernde Kirche, singen das letzte Stundengebet, auswendig, während es dunkler und dunkler wird und mit jeder Verbeugung auch der Tag sich mehr neigt. Am Ende besprengt der Abt jeden einzeln mit Weihwasser und entlässt ihn in die Stille der Nacht, einem neuen Tag entgegen in ihrer geliebten Freiheit hinter Klostermauern. ■

Foyer des neuen Gästehauses der Abtei.

Reise-Tipps

Anreise

Der nächstgelegene und auch von Billigfliegern angesteuerte Flughafen ist Barcelona. Von da 120 Kilometer westlich: Richtung Montblanc, dann nach L'Espluga de Francoli; zwei Kilometer hinter der Ortsgrenze liegt die Abtei Poblet.

Unterkunft

Es gibt einfache Zimmer (mit Bad/WC) im Gästetrakt des Klosters für Männer, die auch mit den Mönchen essen können. Bezahlung je nach finanzieller Möglichkeit. Erst im Sommer 2010 wurde ein weiteres, edel-modernes Gästehaus fertiggestellt, das allen offen steht (hier ca. 80 € bei Vollverpflegung).

Kontakt

Reial Monestir de Poblet
Pl. Corona d'Aragó, 11
E-43448 Poblet (Vimbodi i Poblet) / España
Tel.: 0034 / 977 / 870 089
www.poblet.cat

Sehenswertes in der Umgebung

Empfehlenswert ist die »Zisterzienserroute« zu den Klöstern Santa Maria de Vallbona (siehe Seite 186) und Santes Creus (Fotos rechts); auch möglich als Tagesausflug von Barcelona. Weitere Routen (Romanische-, Mittelalter-, Burgen- und Weinstraßen) laden zur Erkundung der Landschaft ein. Die Abtei Poblet ist ausschließlich bei geführten Besichtigungen zu bestaunen, die Kirche hingegen ist bis zum Chorraum frei zugänglich.

Ein Kloster als Museum: die (nicht mehr belebte) Zisterzienser-Abtei Santes Creus, unweit von Poblet.

Spanien

Rabanal del Camino

Benediktiner

Unvorstellbar: Auf dem ganzen, rund 800 Kilometer langen spanischen Jakobsweg nach Santiago de Compostela gibt es nur einen Ort, der den 300 Pilgern täglich auch eine geistliche Herberge bietet: ein neues Klösterchen mit drei Benediktinermönchen in Rabanal del Camino bei Astorga. Einer von ihnen studiert noch in Rom. Dennoch pflegen Pater Javier und Pater Juan Antonio herzliche Gastfreundschaft. Und jeden Abend gibt es den Pilgersegen.

Alles andere als herausgeputzt und dennoch bezaubernd: die Dorf- und Klosterkirche von Rabanal del Camino.

So bezaubernd die Landschaft aussehen mag, die spanische Hitze setzt ordentlich zu; die Pilger-Muschel zeigt den Weg; rechts das Kloster in Rabanal.

Das Benediktiner-Kloster San Salvador del Monte Irago in Rabanal del Camino / Spanien

Ein Ort, der gehen lässt

Dürre Gegend in fadem Grün und blassem Gelb, so weit das Auge schaut. Gütig lässt ein warmer Wind die Gräser wogen, in der Ferne als Rauschen, in der Nähe als Rascheln. Sonst hört man nichts, sieht man nichts. Ab und an kreisen ferne Falken und Bussarde unterm stahlblauen Himmel, staksen Störche über Stoppelfelder, flattern Schmetterlinge, summen Bienen, brummen Hummeln vorbei. Dazwischen aber, wenn selbst der Wind kleine Siestas hält unter der sengenden Sonne, ist es so still, wie es nur still sein kann auf flachem, langweiligem Land. Der Blick geht weit und weiter bis zum Horizont, und es wunderte niemanden, wäre dort hinten das Ende der Welt, finis terrae.

Bis dahin aber ist es noch ein weiter Weg, bis Fisterra genauer gesagt, dem westlichsten Zipfel Spaniens. Vor Jahrhunderten wanderten die Menschen bis dorthin, zum äußersten Rand der Erdenplatte, verbrannten ihre ausgetretenen Wanderschuhe, die sie wenige Tage zuvor bis nach Santiago de Compostela getragen hatten, dem Ziel des Jakobswegs, den Menschen aller Sprachen schlicht »den Camino« nennen.

Dejan hat ihn geschafft. Er ist angekommen in Santiago. Vier Wochen zuvor war er in Roncesvalles gestartet, der ersten spanischen Station des Camino hinter den Pyrenäen, allein, und hatte nach 800 Kilometern sein Ziel erreicht mit vielen Mühen, mit zahllosen Blasen und einer Infektion am Fuß, die sich gewaschen und ihn beinahe zur Aufgabe gezwungen hatte. Aber nach einigen Ruhetagen war es noch einmal gut gegangen, und so hatte er Dutzende Menschen aus der ganzen Welt kennen gelernt, mit dem einen mehr und tiefer, mit dem anderen kaum gesprochen, sondern geschwiegen, hatte freundliche Orte erreicht und unfreundliche hinter sich gelassen. Und er war weiter gegangen bis zum Ende der Welt, bis Fisterra.

Da hatte er zwar nicht seine Schuhe, dafür aber seine Bandagen verbrannt, die Überbleibsel der schlimmsten Tage seiner Pilgerreise, doch den Flug zurück in seine Heimat nahe dem slowenischen Ljubljana ist er dennoch nicht sofort angetreten. Er ist zurückgekehrt zu einer Station des Camino, weil er dort unbedingt noch einmal sein wollte – für länger als eine Nacht, wie es eigentlich üblich ist für die Jakobspilger. Diesmal wollte Dejan einige Tage bleiben, in dem Dörfchen, das den Weg nach Santiago gar im Namen trägt: Rabanal del Camino, ein Tagesmarsch von Astorga in Kastilien-Leon entfernt. Der erste Teil des Ortsnamens hat mit Rettich zu tun, aber das ist weiter nicht von Bedeutung.

Rabanal del Camino ist ein Dörfchen mit ein paar Dutzend Häusern aus graubraunem Bruchstein und im Großen und Ganzen nicht mehr als zwei betonierten Straßen. Wenn am späten Nachmittag die Sonne sanfter ihre Strahlen zwischen den Dächern auf die Wege schickt, leuchten die Mauern freundlich warm, und die urig-steinernen Häuser wandeln sich in diesem Licht zu ländlich-idyllischen Einladungen, was zugegebenermaßen auch an den Holzläden der Fenster und Türen liegen mag, die zum Ende der Siesta wieder offen stehen.

Mancher Pilger ist froh, wenn er Rabanal erreicht. Nicht nur der Unterkunft wegen, sondern weil es nach langwierigen Tagen über plattes Land endlich allmählich bergauf geht. Eine Abwechslung, die bald nach dem Aufbruch von Rabanal und sofort folgendem Aufstieg auf den rund 1500 Meter hohen Rabanalpass kaum einer noch wird nachvollziehen können. Sei's drum. Zunächst Rabanal. Wo die beiden größeren Straßen aufeinander treffen, eine davon der uralte Jakobsweg, steht eine Kirche seit dem 12. Jahrhundert, Unserer Lieben Frau geweiht. Davon später mehr.

Vor knapp zwei Wochen war Dejan, 30 Jahre alt, Fotograf von Beruf, schon einmal hier, in der Pilgerherberge »Refugio Gaucelmo« hinter der kleinen romanischen Marienkirche, wo sich britische Christinnen und Christen, allesamt Angehörige der »St.-James-Bruderschaft«, als Freiwillige der täglich 300 Wandersleute annehmen, ihnen einen immer herzlichen Empfang bereiten, Waschmöglichkeiten und 50 von ihnen eine karge Bettstatt bieten für eine Nacht und einfaches Frühstück am nächsten Morgen. Dejans Rückkehr in den Alltag aber sollte unbedingt in einem kleinen Haus neben dem Refugio seinen Anfang nehmen: im Benediktinerkloster San Salvador del Monte Irago. »Ich bin viel herumgekommen in meinem Leben«, erzählt Dejan, »viel und oft in Ostasien, habe in buddhistischen Klöstern gelebt und in hinduistischen. Ich brauche solche Orte.«

Dejan ist nicht getauft. Er ist auch keiner jener Menschen, die esoterisch kreisend von allem Angebotenen dieser Zeit ein bisschen mitnehmen und »irgendwie spirituell« sind. »Ich weiß um die uralte Kraft von Orten wie Rabanal«, sagt Dejan. »Nicht sie verändern mich, sondern sie geben mir die Stille, in der ich mich ändern kann.«

Zwei der drei Brüder von Rabanal: Pater Javier und Pater Juan Antonio (v.l.).

»Wir öffnen nicht nur unsere Haustür, sondern auch die Türen zu unseren Herzen. Wir bieten Euch das Beste an, was wir haben: das Gebet und die Vertiefung der spirituellen Erfahrung auf dem Pilgerweg.« So schreiben es die Mönche von Rabanal in ihrem Begrüßungsbrief, der im Kirchlein ausliegt. Große Worte in einem kleinen Kloster. Nicht mehr als drei Mönche gehören dazu, von denen einer, Bruder Abraham, gerade noch sein Studium in Rom abschließt. Bleiben noch Pater Juan Antonio, der 40-jährige Superior, und Pater Javier, 36 Jahre alt.

Javier erzählt: »Der größte Teil der Pilger will hier einfach nur sein, ein Gespräch führen über das, was ihnen auf ihrem Weg aufgegangen ist.« Pater Javier spricht Deutsch, so gut, dass er nachsetzt: »Aufgegangen – wie eine Wunde, eine Verletzung, oder als eine Klarheit, eine Erkenntnis. Das ist anfangs nicht leicht zu unterscheiden.«

Alle drei sind mit Mitte 20 in Silos eingetreten, einer der großen Traditionsabteien des Landes, die wie alle spanischen Benediktinerklöster zum Klosterverbund der traditionsreichen, streng-monastischen Abtei Solesmes in Frankreich gehören. Wer Mönch werden will in Spanien, hat nur diese eine Möglichkeit mönchischen Lebensstils – anders als in Deutschland, wo es drei verschiedene große Benediktinerkongregationen gibt.

»Wir drei merkten«, erzählt Pater Javier, »dass wir näher bei den Menschen Mönche sein wollten, mit einem pastoralen Auftrag: praktizierter Gastfreundschaft.« So haben sich die drei entschieden, ihre Abtei Silos zu verlassen und ein neues Kloster zu gründen.

Ab diesem Entschluss ging es – man kann es nicht anders sagen – ein bisschen wunderlich zu. Eines Tages nämlich klingelte bei den Mönchen, die auf der Suche nach einem neuen Ort für sich waren, das Telefon, und eine Frau bot ihnen ein Haus an, als Geschenk. Seit sieben Jahren ist dieses Haus ihr Kloster: San Salvador del Monte Irago in Rabanal del Camino. Und im Jahr 2001 haben sie sich – als erstes Benediktinerkloster in Spanien – der Benediktinerkongregation von St. Ottilien in Bayern angeschlossen, einem Zusammenschluss von Klöstern in Europa, Amerika, Afrika und Asien, deren Mönche sich als missionarische verstehen. Der Abtprimas in Rom, Notker Wolf, der selber lange Jahre Erzabt von St. Ottilien war, hat das Seinige dazu beigetragen, und die Mönche von St. Ottilien haben ihr neues »Tochterkloster« herzlich willkommen geheißen.

Ihre spanischen Brüder pflegen ihr mönchisches Leben bis ins Detail – auch wenn sie die meiste Zeit nur zu zweit sind. Sie verteilen die Dienste, die zu tun sind, im üblichen Wochenwechsel: Koch, Tischdiener, Tischleser, und der Superior klingelt mit seinem kleinen Glöckchen, wenn die Mahlzeit beendet ist und gebetet werden soll. Zum Kloster gehört ein kleines Refektorium und ein noch winzigerer Raum, holzgetäfelt, kaum größer als eine Privatsauna: der »Kapitelsaal« der Mönche, wo sie die frühmorgendlichen Vigilien und die Mittagshore beten. In einer Ecke steht der vergoldete Abtsstab des Erzabtes von St. Ottilien, Jeremias Schröder, für Pontifikalämter im Kirchlein,

Plausch bei Schokolade mit den Mönchen; Aufbruch am frühen Morgen.

wenn er etwa am 25. Juli zum Jakobsfest zu Besuch kommt.

Das Gotteshäuschen, wo alle anderen Gebetszeiten stattfinden, ist uralt, und man sieht es ihm an. Der Putz bröckelt an der Decke, manche Rippen sind noch bunt bemalt, aber man weiß nicht, wann das geschah. Die Wände purer Bruchstein, die romanischen Bögen wenig kunstvoll, aber durch Jahrhunderte haben die Menschen Rabanals unter ihnen gebetet. Die hölzerne Empore betritt man besser nicht; von den Wänden hängen nackte Glühlampen an Stromkabeln. Kurzum: Die Kirche passt zur Landschaft ringsum und zu den Bildern, die die Pilger von unterwegs mitbringen. In den Laudes strahlt das neue Morgenlicht durch die einzigen Fenster in der romanischen Apsis übers kleine Chorgestühl der Mönche, die, wie sie es gewohnt sind, ihre lateinischen Psalmen singen – im Wechsel zwischen Pater Juan Antonio auf der einen und Pater Javier auf der anderen Seite; einer ist der Kantor.

Morgens duftet es in der Kirche ein bisschen nach Lavendel – von den drei Frauen aus dem Dorf, die wie jeden Morgen mit den Mönchen beten. Sie verstehen nicht viel, aber mit den Jahren können sie zumindest das »Ehre sei dem Vater« auf Latein und fallen an immer derselben Stelle mit etwas quäkenden Stimmen ein. Schön ist das.

Abends duftet es ganz anders in der Kirche: nach Schweiß, Duschgel und Autan-Spray. Das machen die Pilger, die im Lauf des Nachmittags angekommen sind in Rabanal und die Nacht im »Refugio Gaucelmo« verbringen wollen. Wieder singen die Mönche ihre gregorianischen Weisen, unzeitgemäß, ohne Rücksicht auf die spirituellen Vorlieben der Pilger. Wer wollte die auch kennen? Am nächsten Tag sind sie wieder fort. Die Mönche aber bleiben. Wo alles auf Unterwegssein ausgerichtet ist, gelobten sie Stabilität, Bleiben am Ort. Während die Pilger das Immerneue erwartet, leben sie aus dem Bewährten und der Tradition. Aber: »Die Pilger lehren auch uns etwas«, sagt Pater Javier, »uns nicht an die Großartigkeit einer Landschaft zu gewöhnen, nicht an die Anmut einer Blume, an eine innige Melodie, an eine Geste, ein Wort, an einen Blick. Ich will mich nicht daran gewöhnen.« Auch nicht an Leid, Ermattung, Mutlosigkeit und Aufgabe. »Ich möchte das schlichtweg nicht.« Punkt.

Marcel, 30 Jahre alt, Schweizer aus der Nähe von St. Gallen, vor zwei Monaten in Konstanz gestartet und seitdem zu Fuß auf dem Camino, ist fasziniert: »Die Mönche lassen sich für uns nichts Besonderes einfallen. Sie sind hier und beten und nehmen uns mit dazu.« Kostbar sei das, eine Ehre. »Es tut gut, Menschen zu begegnen, die weiter sind als ich.«

Wer im Kloster zu Gast sein will, muss mindestens drei Tage bleiben und darf es maximal zehn. Nichts für den Normalpilger, sondern für solche wie Dejan aus Slowenien, die ordnen, zur Ruhe kommen, neu aufbrechen wollen. Ohnehin, sinniert Pater Javier, hat auch das Pilgerleben viel Monastisches an sich: »Sie stehen früh auf, die meisten von ihnen gehen allein, sie haben feste Zeiten für Erholung, sie denken intensiv über ihr Leben nach, meist auf einem hohen Niveau, viele von ihnen machen intensive Erfahrungen. Ihr derzeitiges Leben erleben sie als Hoch-Zeit.« Nicht umsonst, meint Pater Javier, habe der heilige Benedikt ihnen in der Regel aufgetragen, die Pilger »wie Christus aufzunehmen«.

Wieder so ein großes Wort, aber Javier hat auch ein kleines parat: »Wir sind einfach da.« Das klingt nett, ist aber arg untertrieben. Ihre herzlichen Gesten und freundlichen Blicke, ihr benediktinisches Alltagsleben, ihr Anspruch, den sie an sich und ihr Leben haben, ihr ganzer Lebensstil – das ist viel mehr als einfach nur da zu sein.

Die abendliche Vesper um 19 Uhr ist rappelvoll, immer. Fast alle Pilger, die die Nacht in Rabanal del Camino verbringen wollen, sind da. Kaum einer kann die lateinischen Verse mitsingen, aber so müde ihre Füße auch sind, ihre Augen blicken wach auf die beiden Mönche, die vorn im Chorgestühl singen und beten – für sie alle. Später zur Komplet um 21.30 Uhr kommen weitaus weniger Pilger. Die meisten liegen längst auf den Doppelstockbetten oder auf der Wiese hinter der Herberge unterm Sternenzelt. Früh morgens, bald nach sechs Uhr, werden die meisten wieder aufbrechen. Einige sind dennoch zum Nachtgebet gekommen, denn am Ende gibt Pater Juan Antonio allen, die es mögen, mit ausgestreckten Armen den Pilgersegen – mit den Worten, die seit Jahrhunderten auf dem Camino über die Pilger gesprochen werden.

Mit dabei ist Thomas, 36 Jahre, aus Liverpool. Zum dritten Mal geht er den Weg, allein, diesmal vom französischen Le Puy aus, hat 51 Tage hinter sich. »Du bist nie allein auf dem Camino«, sagt er. »Natürlich hast du Menschen neben dir und Gott über dir. Aber vor allem gilt: Der *Weg* ist dein Freund. Und manchmal führt er dich an einen Ort wie Rabanal, der dich aufnimmt und gehen lässt.« ■

Reise-Tipps

Anreise

Das Kloster befindet sich auf direktem Pilgerweg nach Santiago de Compostela in der Ortschaft Rabanal del Camino (León), etwa auf halbem Weg zwischen Astorga und Ponferrada (an der Autobahn N VI). Beide Orte verfügen über einen Zug- und Busbahnhof.

Unterkunft

Im Kloster gibt es vier kleine, einfache Zimmer, die Frauen und Männern offen stehen. Es wird erwartet, dass das klösterliche Schweigen eingehalten wird. Die Brüder bitten um eine Spende von 50 € pro Tag. Frühzeitige Anmeldung ist nötig!

Kontakt

San Salvador del Monte Irago
Monasterio Benedictino
E-24722 Rabanal del Camino / España
Tel.: 0034 / (0) 987 / 631 528
www.erzabtei.de/rabanal

Blick zurück. Es geht weiter – mit schützenden Verkehrsschildern und der Fürsprache des heiligen Jakob aus der Kirche Rabanals.

Spanien

Vallbona – Zisterzienserinnen

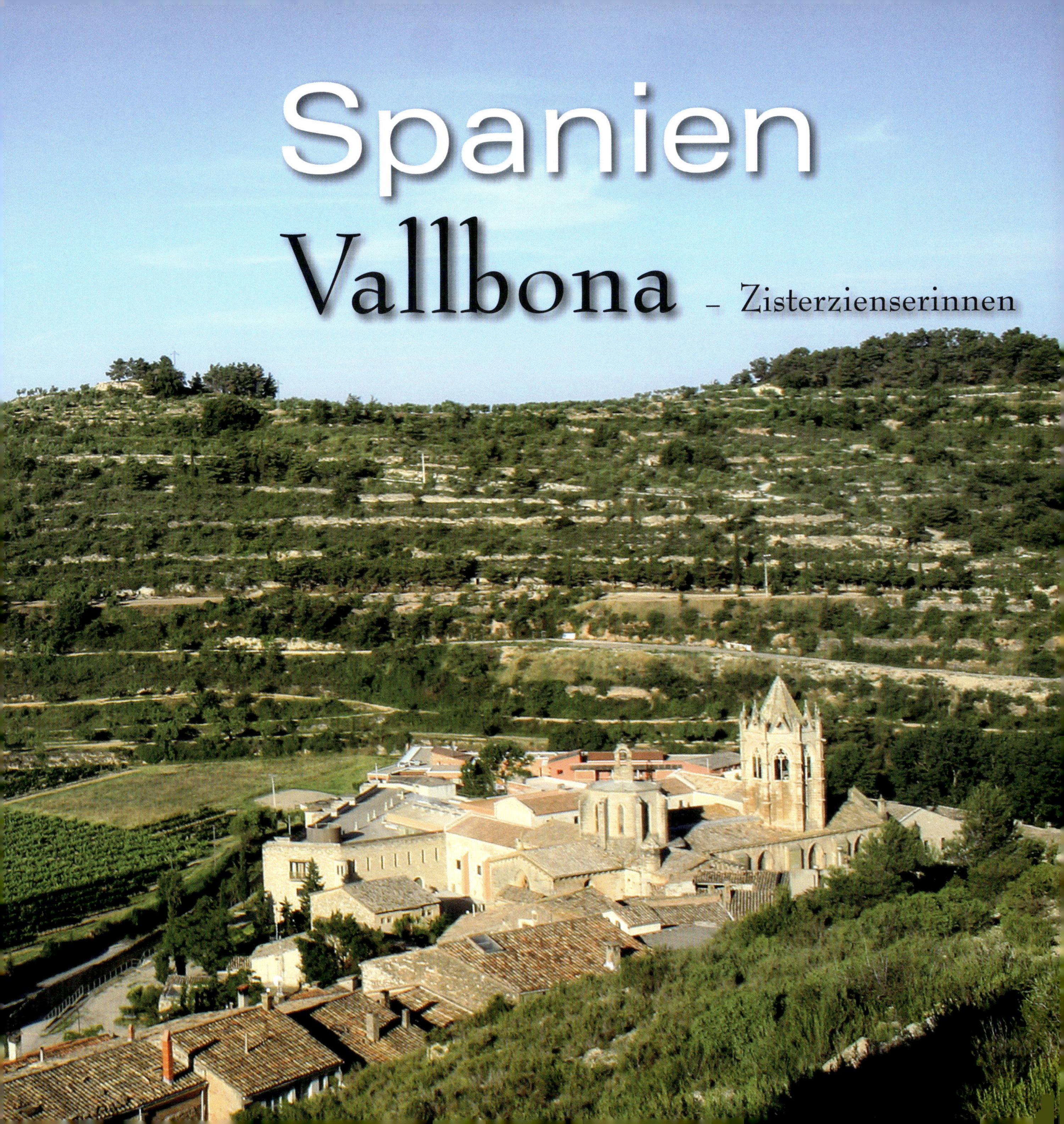

Ein Traum purer Romanik und früher Gotik verbirgt sich in einem verschlafenen kleinen Tal rund 140 Kilometer westlich von Barcelona: die Zisterzienserinnen-Abtei Santa Maria de Vallbona. Bis zu 100 Nonnen lebten hier im Mittelalter, gern besucht von Königen und Königinnen. So klein die Gemeinschaft heute auch ist: Ein Besuch lohnt jenseits kunstgeschichtlichen Interesses auch für einige stille Tage.

Blick in den oktogonalen Turm des Querschiffs (13. Jh.) der Abteikirche.

Fantastische Raumerfahrungen: Eine Grablegung im Chorraum der Kirche, Bögen über der Klosterstraße – und, romanisch, überm Kirchenportal.

Die Zisterzienserinnen-Abtei Santa Maria de Vallbona in Katalonien / Spanien

Im Tal der Könige

Viel muss man sich nicht wegdenken in Vallbona, um sich 850 Jahre zurückzuversetzen – in jene Zeit, als einige Einsiedler dieses versteckte Tal fanden und zu bleiben gedachten: Man müsste sich diesen Ort lediglich ausmalen ohne die paar Häuser der knapp 200 Einwohner, den Sportplatz und das kleine Freibad, die Bar namens »Sindicat« mit ihren auch draußen zu den grünen Plastikstühlen und -tischen hinüberwummernden Songs der internationalen Charts, die aufgemotzten Motorräder und Squads der Dorfjugend, die feierabends kräftestrotzend durch die malerischen Gassen knattern, dann noch die alten Frauen und Männer, die an jedem noch so kleinen Platz zusammensitzen und plaudern – und schon hätte man kaum mehr als dies: ein ellipsenförmiges, kleines Tal, umgeben von grünen Hügeln, voll mit frischem, sprudelndem Wasser allüberall und darüber blauen Himmel, sommertags kräftigen Sonnenschein und im Winter kaum weniger als zehn Grad. Wären noch Stille und Abgelegenheit dazuzurechnen, und schon wüsste man sehr genau, warum dieser Ort Vallbona heißt – »gutes Tal«. Genau gesagt hat sich der Name des Dörfchens parallel zur Entwicklung der Einwohnerzahl verlängert zu »Vallbona de les Monges« – zum »guten Tal der Nonnen«, was darauf schließen lässt, dass die Güte der Gegend durch jene der Zisterzienserinnen eine weitere Veredelung erfahren hat im Lauf der Zeit.

Wer heute nach Vallbona reist und nicht weiß, was ihn konkret erwartet, kommt aus dem Staunen nicht heraus – darüber, wie es sein kann, dass sich in dieser Landschaft aus unscheinbaren und schlichtweg verschlafenen Orten, hinter Getreidefeldern mit unzähligen roten Mohntupfern auf einmal dieses traumhafte, kleine, grüne Tal auftut, umgeben von Mandelbäumen, Olivenhainen und Weingärten, und darüber, dass hier doch allen Ernstes seit dem Jahr 1153 Menschen ihre Bleibe fanden, näherhin die Erfüllung ihres Lebens im Glauben

an den großen, nahen Gott in diesem einsamen Ort jottweedee. Schön ist es hier, zweifellos, traumhaft schön; allein: Man muss drauf kommen, man muss hierhin kommen, also unterwegs sein und suchen, um zu finden und dann tatsächlich ankommen und womöglich bleiben wollen und sein Leben hier Wurzeln schlagen lassen. Das muss man wollen.

Wie auch immer: Alles begann mit einigen Eremiten, die später Mönche und Nonnen wurden und eine Zeit lang sogar als Doppelgemeinschaft zusammenlebten – unter der Leitung ihres Gründers Ramon de Vallbona und im Geist der Regel des heiligen Benedikt. 1175 zogen die Mönche nach Montsant, die zurückgelassenen Frauen schlossen sich dem Zisterzienserorden an, der 1098 von Cluny und Citeaux aus gegründet worden war und sich rasch über ganz Europa ausgebreitet hatte. Der Ruf der Schwestern unter ihrer Äbtissin Òria Ramirez muss auch König Alfons dem Keuschen und seiner Königin Sanca zu Ohren gekommen sein, die zur Stärkung des Klosters eine Gerichtsbarkeit in Vallbona ansiedelten. König Jaume der Eroberer und Alfons der Weise schätzten neben der Schönheit des Ortes die erzieherischen Qualitäten der Schwestern für junge adlige Frauen, sodass sie des öfteren hier weilten, wovon – wie die Chronik erzählt – auch manche Lieder der Troubadoure kündeten. Königin Violant, Gattin von König Jaume I., und ihre Tochter sind gar in Vallbona beigesetzt.

Schnell wuchs das Kloster, die Schwestern gründeten weitere Kommunitäten, was die heutigen Nonnen als einen »lebendigen Beweis für die ausbordende Kraft der klösterlichen Spiritualität von Vallbona«

deuten. In der Tat war und ist die Abtei ein Zentrum kontemplativen Lebens, was erklärt, warum über das bedeutendste Zisterzienserinnenkloster Kataloniens als »Phänomen Vallbona« gesprochen wird. In seinen Hochzeiten soll die Kommunität über 100 Nonnen gezählt haben – heute sind es nur noch neun, darunter aber immerhin eine Novizin und eine Schwester, die unlängst ihre ewigen Gelübde abgelegt hat.

Viel machen sie nicht von sich reden, wenngleich Vallbona als Ort herzlicher und freigebiger Gastfreundschaft gilt: »Uns sind alle Menschen willkommen«, bekennen die Schwestern in einem Begrüßungsschreiben, »Junge und Alte, Studenten, Priester, Laien, Paare; jeder, der einige Tage des Gebets, der Meditation, der Ruhe verbringen will, wird die richtige Atmosphäre vorfinden, um sich selber und Gott zu finden.« Die Betreuung der Gäste liegt in den weisen Händen von Schwester Maria Frederica, die zuvor 30 Jahre lang Äbtissin von Vallbona war. »Wenn Sie etwas benötigen, egal was es ist, sagen Sie es mir«, sagt die kleine, etwas gebückte Alt-Äbtissin mit freundlichem Lächeln und gütigem Blick aus blaugrauen, lebendigen Augen. Man nimmt ihr das ab, auch wenn Laia, eine angestellte Kunsthistorikerin, die auch die Touristen kompetent durch die im 12. Jahrhundert gründende Kirche und die kaum jüngeren Räumlichkeiten wie Kapitelsaal und Kreuzgang führt, jedes Anliegen der Gäste zunächst vom Katalanischen ins Englische übersetzen muss.

Schwester Maria Frederica hat vor zehn Jahren mit Schwester Anna Maria gewechselt, die sich damals

Oben: Blick in den Chorraum der Kirche. Unten: Gotischer Kreuzgang.

um die Gäste kümmerte. Dann wählte die Gemeinschaft Schwester Anna Maria zur neuen Äbtissin – eine Frau mit Entschlossenheit und grandioser Stimme. Wenn die kleine Gemeinschaft in der traumhaften, zisterziensisch-schlichten, frühgotischen Kirche sieben Mal am Tag zum Chorgebet zusammenkommt, hört man vor allem den satten, sanften, weichen Sopran von Mutter Äbtissin Anna Maria, die offenkundig ganz besondere Freude daran hat, gerade die hohen Töne mit wunderbarem Tremolo und Pathos auszugestalten. Arien stünden ihr zweifellos ebenso gut.

Ohnehin das Stundengebet: Die Gäste sitzen im Querschiff, unterhalb des faszinierenden Oktogon-Turms, und lauschen dem Gesang der Schwestern, die weihrauchumwabert im sonnendurchtränkten Längsschiff ihre typisch spanischen, melancholisch-dramatischen Psalmodien singen. Durch die große Rosette am Westende fließt sanftes, goldenes Abendlicht in die Vesper, irgendwo weit weg tost die Welt und beackert ihre Probleme, die wie aus der Ferne in den Fürbitten der Schwestern auf Wende und Wandlung, auf göttliches Gehör harren.

Vor fünf Jahren waren Kronprinz Felipe und seine Gattin Laetitia auf den Spuren der Könige von Aragon zu Besuch in Vallbona; am Eingang des Dorfes, im Restaurant »El Tallat« künden stolz zahlreiche Fotografien neben der Theke von dem Ereignis. Damals soll Prinzessin Laetitia, erzählt man sich in Vallbona, der Presse auf die Frage nach ihrem beeindruckendsten Erlebnis geantwortet haben: »Das war, als mich Äbtissin Anna Maria schlichtweg mit ›Willkommen zu Hause!‹ begrüßte und mich umarmte.« – »Typisch Vallbona«, sagt Gerardo, der Ober vom »El Tallat«. ■

Reise-Tipps

Anreise

Die Zisterzienserinnen-Abtei liegt inmitten des Ortes Vallbona de les Monges, rund 140 Kilometer westlich von Barcelona. Von dort Richtung Lleida über die A7 bis Montblanc, ab da ca. 20 Kilometer.

Unterkunft

Die kleine Gemeinschaft der Schwestern hat Teile des Klosters zu hellen, schlichten Zimmern umgebaut (zur Hälfte inkl. Dusche/WC), die Frauen, Männern und Familien offen stehen. Verpflegung wird ab Herbst 2010 im neuen Gäste-Refektorium gereicht. Es gibt keinen festen Tarif für den Aufenthalt, 40 € pro Tag scheinen angemessen. Darüber hinaus steht das Haus St. Bernhard mit 24 Betten für Gruppen offen.

Sehenswertes in der Umgebung

Die ganze Gegend ist voll von alten Klöstern, Burgen und Städten. Empfehlenswert ist die »Zisterzienserroute« zu den Klöstern Poblet (Seite 162), Vallbona und Santes Creus (Seite 175); auch möglich als Tagesausflug von Barcelona. Die Abtei Vallbona ist ausschließlich bei geführten Besichtigungen zu bestaunen, die Kirche auch während des Stundengebets der Schwestern (Achtung: Siesta bis 16.30 Uhr!).

Kontakt

Monestir de Santa Maria de Vallbona
C/Major s/n
E-25268 Vallbona de les Monges / España
Telefon: 0034 / (0) 973 / 33 02 66
E-Mail: vallbona(at)vallbona.com
www.vallbona.com

Belebend: Brunnen am Klosterplatz vor der Abteikirche (oben). Maria mit Jesuskind (12. Jh.), Kapitelle im Kreuzgang.

Großbritannien

Mount Saint Bernard

Trappisten

Es ist ein hartes Leben, das die Mönche der Trappisten-Abtei Mount Saint Bernard in Mittel-England führen: Errichtet aus dem grau-schwarzen Stein, der überall in dieser Gegend wie zufällig hingeworfen auf den Feldern liegt. »Coalville« ist der Name dieses Ortes – auch er gemahnt an harte Arbeit in den Kohleminen. Das Kloster aber strahlt vor Herzlichkeit.

Gebettet ins grüne Samt der Landschaft: Die Trappistenabtei Mount Saint Bernard.

Gemeinschaft im Grünen: ein junger und ein alter Bruder im Garten; einer dieser »Zahn-Felsen der Umgebung; die Mönche während der Messe.

Die Trappisten-Abtei Mount Saint Bernard in Mittel-England / Großbritannien

Der dunkle Diamant

Meist meint man, die Erde sei dafür da, um etwas mit ihr zu machen, etwas anzubauen oder draufzusetzen. In Charnwood Forest in Mittel-England ist das ein bisschen anders – nicht nur, weil es deutlich mehr Landschaft als Häuser gibt. Überall auf grünem Niemandsland hat die Erde vielmehr selber kleine und größere Steinblöcke aus dem Boden geschoben, auf Wiesen und Feldern, als hätte die große Mutter gezahnt, als sie noch jung war. Heute grasen Schwarzbunte nichts ahnend um diese grauen Kleinstgebirge, die als dunkle, ungeschliffene Diamanten einfach da sind ohne Sinn und Zweck.

Ganz ähnlich liegt Mount Saint Bernard so im Tal eines Dorfs, dessen Name »Coalville« ans harte Leben des Kohleabbaus erinnert, ans Schürfen aus der Tiefe der Erde. Und die Abteikirche duckt sich da im Nebel wie einer dieser ans Tageslicht getriebenen Erdenzähne. Keiner weiß, warum ein Kloster exakt an diesem Flecken; kantig ragt der steinerne Komplex aus der Erde, ein landschaftlicher Stein des Anstoßes wie die schwarzen Diamanten ringsum.

Ein ganzes Kloster, hervorgebracht aus der Erde, aus Naturstein – vor der Haustür gehauen, noch bevor eine Tür überhaupt nötig war. Kein Geringerer als August Welby Pugin, der Geburtshelfer der Neogotik im Vereinten Königreich und Erbauer der »Houses of Parliament« in London, errichtete das Trappistenkloster in den 40er Jahren des 19. Jahrhunderts auf dem felsigen Grund von Leicestershire.

Wie man es so unerwartet entdeckt im grauen Dunst, wie die Abtei so daliegt, wie sie so still und zeitlos ruht in einer Senke auf samtenem Kissen aus Leicestershire-Grün, könnte jeden Moment Black Beauty über die Straße springen oder im knatternden Oldtimer der Doktor zu seinem lieben Vieh fahren. Pures 19. Jahrhundert. Was nach England-Klischee klingt – auf der Abbey-Road hinter Coalville ist es schlichtweg Wirklichkeit. Und ein verhangener Himmel die übliche Kulisse. Dazu beginnt auch noch bald hinter Charnwood Forest der Sherwood Forest, wo doch Robin Hood in Treue zu Richard Löwenherz den Reichen nahm und den Armen gab; der Bischof sitzt noch immer in Nottingham.

»Back to the roots« – rein äußerlich geht der Weg »zurück zu den Wurzeln« wie von selbst. Wenn »radikal« die »radix« mitmeint, die Wurzel, dann sind auch die Mönche von Mount Saint Bernard Radikale, die ein einfaches, schroffes, kantiges Leben führen, erdverbunden bis in die Rillen der derben Mönchsschuhe. Zisterzienser der strengen Observanz, gemeinhin als Trappisten bekannt. Doch keine Angst – Mount Saint Bernard ist ein gnädiger Ort mit gnädigen Mönchen, die in ihrem tiefen Gottesleben tiefe Menschenfreundlichkeit entdeckt haben.

Unabhängig davon, ob man nur eine kleine Weile oder ein ganzes Leben im Kloster verbringen will – an der Schwelle zum Schweigen steht ein Schild, das Unbedarften wie die formale Ankündigung einer Freiheitsberaubung anmutet: »Tor schließt um 20.15 Uhr.« Man sollte das wörtlich nehmen. Zu abendlicher Zeit, wenn das Bett ruft und die nächtliche Vigil schon winkt, sind die Mönche recht knauserig mit der Zeit. Und: Sie sind es gewohnt, dass man nicht mehr raus kommt.

Das ist auch gar nicht nötig: Nach dem Gatter umschmeichelt eine traumhafte Allee die zaudernde Besucherseele, bald darauf ein ausladend zum einladenden Sessel gestylter Buchsbaum – und weitere zu Würfeln, Zylindern, Kugeln gesäbelte Büsche dieses englischen Gartens. Grün satt, wohin man schaut: der Rasen, die Bäume, die Hecken, die man in diesem Schweigekloster gar sprechende Mauern nennt. Von Anfang an wussten die Mönche von Saint Bernard, die Umgebung zu kultivieren; Gemälde aus alter Zeit zeigen sie bei der Getreideernte. Ein bisschen wenigstens wollte man auch hier der Erde Herr werden. Manchmal zahlte sich das aus – während der großen Kartoffelkrise gab es für tausende von Hungernden aus Coalville und Umgebung Speisung zur rechten Zeit im Kloster. Die kastanien-ähnlichen Bäume am großen Park sind allemal so alt wie die Abtei selber. Auf dem strotzend gesunden Rasen, umgeben von gewaltigen violetten und rosafarbenen Rhododendron-Büschen, laden hier und da Teakholzbänke zum Ausruhen, Lesen, Betrachten und Staunen ein – und so lassen manche Wanderer ihre müden Füße vom Wind kühlen, sind ein Mönch und ein Gast ins Gespräch vertieft, erkunden zwei kühn kurzbehoste Radfahrer wackeligen Schrittes das Areal ihres neuen Nachtquartiers.

Park und Wald um Mount Saint Bernard sind ein einziger Konzertsaal. Federvieh aller Stimmlagen füllt spielend die atemberaubende Akustik und flötet pausenlos Matinéen, Teemusiken und Serenaden; bunte Fasanenmännchen stolzieren mit ihren Damen im Gefolge durchs Publikum, ab und an ziehen Krähen krächzend ihre Kreise – und stören wohl aus purem

Zwei Gesichter der Abtei: Bruder Erik aus Norwegen, Bruder Martin aus Deutschland (v.l.).

Neid trotzig die trällernden Koloraturen von Rotkehlchen, Singdrossel und Zaunkönig. Bis kurz vor zehn am Abend schmettern die geflügelten Flötisten ihre Musik. Für sie ist es noch nicht Zeit, den Schnabel zu halten. Doch wenn es soweit ist, beginnt bald der Part der Mönche, die nachts um halb vier die Stimme erheben, ihre Vigilien singen, während die Vogelwelt draußen schläft in Baumbetten und Strauchkojen.

»The Lord is sweet to all – Der Herr ist gütig zu allen«, ist über den Eingang zum Gästetrakt gemeißelt und überm nächsten Bogengang: »Kommt alle zu mir, die ihr mühselig und beladen seid«. Gleich darunter steht Father Laurence, der Gastpater, ein – mit Verlaub – pechschwarzer Mönch aus Nigeria in bunter Norwegerweste über dem schwarz-weißen Habit. Unglaublich, wie dunkle Augen funkeln und weiße Zähne blitzen können, wenn Father Laurence neue Gäste begrüßt. Schon zum Abendbrot wenige Stunden später streckt er seine offene Hand entgegen – als wollte er sagen: »Gimme five!« Aber er belässt es bei »Hallo, my brother!« Anderswo neigen Trappisten gütig das Haupt zur Begrüßung; englische Trappisten sind da etwas anders. Über dem Aufgang zu den schlichten Gästezimmern verheißt ein Schriftzug »Eternity! Eternity! – Ewigkeit! Ewigkeit!« Doch auch das muss Kurzzeitbesucher nicht erschrecken.

Im Gästerefektorium essen alle Gäste, wie der Name schon sagt. Eine katholische Frauengruppe aus der Gegend macht Exerzitien und nutzt das Essen zum ausgiebigen Schwatz mit ihrem Kaplan. Ein Ehepaar aus der Nähe von London nutzt das Kloster als Ausgangspunkt für erholsame Wanderungen. Nicht

zu vergessen die Radfahrer, Studenten aus Birmingham, die sich frisch geduscht für ihre nächste Etappe stärken. Ein anderer, ein Einzelner, heißt Steven. 28 Jahre ist er alt, ist allen Ernstes Butler und Organist und auf der Suche nach einem Kloster – auf Lebenszeit. Vor zwölf Jahren war er schon einmal in Mount Saint Bernard. Er liebt seinen Job, spürt aber »so etwas wie eine Berufung zum Mönchtum« und will sich umsehen. »Gott suchen« ist sein Wunsch, »und dafür genug Raum und Zeit haben.« Ein Traditionalist ist er nicht, ein traditionsbewusster Mensch schon. In Mount Saint Bernard darf er probeweise schon einmal im Chorgestühl der Mönche mitbeten. »Aber ich brauche Zeit für eine Entscheidung. Mich drängt nichts.« Das klingt genauso urtypisch britisch – wie eine ältere Dame mit silbernem Haar und rosafarbener Bluse, auch sie Gast wie alle, die mit gespitzten Lippen und zittrig-piepsiger Stimme in die Abendessensrunde fragt: »Anyone for tea?« – Bei Trappisten bedienen sich die Gäste gegenseitig, spülen ab und decken für die nächste Mahlzeit ein.

Mit mangelnder Gastfreundschaft hat das nichts zu tun, im Gegenteil. Und von allzu strenger Observanz sind die englischen Trappisten ohnehin nicht, sieht man von der nächtlichen Gebetszeit einmal ab. Die 31 Mönche, drei zeitlichen Professen und Novizen aus sieben Ländern der Erde begegnen ihren Gästen in unglaublicher Freundlichkeit. Vom nigerianischen Father Laurence war schon die Rede. Auch der blonde Father Eric, ein junger hochgradig sprachen- und gesangsbegabter Mann aus Norwegen, lässt durch helle

Oben: Geistliche Konferenz im Kapitelsaal. Unten: Klosterfriedhof.

Augen schon beim ersten Begegnen alle Herzlichkeit vom Grund seiner Seele strahlen; Koch und Bäcker ist er auch noch.

Und dann muss unbedingt von Brother Martin aus Deutschland erzählt werden! Als er hört, dass Gäste aus der Heimat da sind, ist er flugs zur Stelle und bald darauf gänzlich aus dem Häuschen ob der Tatsache, es auf einmal mit Kirche+Leben zu tun haben, seiner heimischen Kirchenzeitung, die ihm eine benachbarte Dominikanerschwester namens Hermine regelmäßig zukommen lässt. Bruder Martin nämlich kommt eigentlich aus Goch am Niederrhein, und er erlaubt, dass man ihn »Lebenskünstler« nennt; einer, der durch die ganze Welt gereist ist mit Musik von Led Zeppelin, Genesis und Phil Collins im Ohr. Ursprünglich evangelisch, erinnert er sich nach dem schockierenden Selbstmord eines Freundes an einen Schulaufenthalt in der Abtei Gerleve, findet von dort zur Abtei Mariawald in der Eifel, dem einzigen Trappistenkloster in Deutschland. Dort konvertiert er 1993 und will am liebsten sofort eintreten. »Mir entspricht das Bodenständige der Trappisten eher als das Intellektuelle der Benediktiner«, sagt er lächelnd. Die Mönche von Mariawald verschreiben eine einjährige Eingewöhnung ins Katholische, bevor an Klostereintritt zu denken sei – und Bruder Martin, damals noch Ernst Horwath – zieht es nach Großbritannien, auf dem Fahrrad. Das erste Kloster, das ihm auf der Insel begegnet, ist Mount Saint Bernard. »Ich bin ein Bauchmensch«, sagt Brother Martin, »es fühlte sich gut an hier, erdig. Ich wusste: Hier muss ich bleiben.«

Ganz so schnell ging es dann doch nicht. Er verkaufte seine Wohnung in Goch, verschenkte seine Möbel, feierte noch einmal Geburtstag mit Freunden und fuhr am nächsten Morgen los – wieder mit dem Fahrrad und einem kleinen Anhänger. »Der steht immer noch auf dem Speicher«, erzählt er. Vieles jedoch ließ er zurück: Er war Landmaschinenmechaniker, Pionier bei der Bundeswehr, Nachtwächter, hat als begnadeter Fotograf sogar für den Verpackungskünstler Christo in Japan gearbeitet. Im Kloster ist er Töpfer – und glücklich. »Ich bin wirklich angekommen«, sagt er strahlend. »Mönch zu sein – das ist ein Gefühl, als würde ein unscheinbarer Stein endlich zum Diamanten geschliffen.« ■

Reise-Tipps

Anreise

Flug bis Birmingham oder Eastmidlands Airport, ab da 45 bzw. 25 Minuten im Auto bis Coalville.

Unterkunft

Im Gästehaus einige schlichte Zimmer (Dusche/WC auf dem Flur) für Männer. Häuser für Frauen und Paare. Die Mönche bitten um Spenden.

Kontakt

Mount Saint Bernard Abbey
Coalville
Leicestershire
GB-LE67 5 UL / Great Britain
Tel.: 0044 / (0) 1530 / 832 298
www.mountsaintbernard.org

Großbritannien
Ampleforth
– Benediktiner

Mönche im strengen Sinn wollen sie gar nicht sein, sondern schlicht englische Benediktiner mit Schule und Pfarreien. Das klingt sehr bescheiden für Grossbritanniens mit Abstand grösste Benediktinerabtei – und auch für ein internationales College mit dem Ruf eines katholischen Eton. Grösse hat Tradition in der Umgebung: Ganz in der Nähe von Ampleforth liegen die Ruinen der gewaltigen Zisterzienser-Abtei Rievaulx. Ein benediktinisches Biotop.

Gewaltiger Komplex: Die Abtei mit Kloster und Kirche (links) sowie Schulgebäuden (rechts).

Vorangehende Seite: Cottage nahe dem alten Zisterzienserkloster Rievaulx.

Mondäne Gebäude: die Abteikirche mit einem Teil des Klosters (links); ein Gebäude des Schul- und Internatbereichs mit Blick in den Speisesaal (rechts).

Die Benediktiner-Abtei Ampleforth in England / Großbritannien

Benedikts Businessmen

Jedes Wesen hat den Platz, der ihm entspricht, um dort zu leben: der Engel den Himmel, die vernunftlosen Wesen den Erdboden und der Mensch als Mittelwesen das Paradies in der Mitte.« Aelred, einer der berühmtesten Heiligen Englands, muss beim Schreiben dieser Zeilen aus seinem Zellenfenster geblickt und es gesehen haben – das Paradies: ein traumgleiches, weites, gemächlich sich um das Flüsschen Rye schlängelndes Tal aus üppigem Grün, auf dessen Weiden seelenruhig und sorgenfrei die Schafe grasen. »Speculum caritatis – Spiegel der Liebe« heißt das Buch, das Aelred im 12. Jahrhundert geschrieben hat. Damals war er Abt von Rievaulx, einer von Bernhard von Clairvaux gegründeten Abtei in North Yorkshire.

Paradiesisch war auch der Erfolg dieser Reformmönche: Seit der ersten Gründung der Zisterzienser in England im Jahr 1128 (nur 20 Jahre nach dem Beginn der Bewegung) folgten 58 Klöster in nur 25 Jahren auf der Insel. Eines davon war Rievaulx im Jahr 1132 mit anfangs zwölf Mönchen. Zehn Jahre später waren es bereits 300 und bei Aelreds Tod im Jahr 1166 sage und schreibe 650 Mönche und Laienbrüder. Schon 1191 wurde Aelred heilig gesprochen. Er schrieb nicht nur Bücher (sein berühmtestes und bis heute viel zitiertes handelt »Über die geistliche Freundschaft«), er baute, was das Zeug hielt, um es dem Verve seiner Aktivitäten entsprechend auszudrücken. – Als die Abtei 1538 von König Heinrich VIII. aufgelöst wurde, gab es noch 72 Gebäude.

Selbst wer heute deren gewaltige Ruinen durchschreitet, ist auf Schritt und Tritt begleitet von Ehrfurcht und Hochachtung, und mitunter meint man, die Stimme Aelreds von den hohen Mauern widerhallen zu hören. So etwas kann geschehen, auch wenn diese Stimme ganz gewiss aus dem Kopfhörer einer hervorragend gestalteten Audio-Führung kommt. Aber würden Sie anders reagieren, wenn gleich nebenan auch noch ein sanfter Schimmel auf der bunten Blumenwiese eines dieser verdammt romantischen Cottages grast? Wer rechnet denn damit, dass das Paradies in dieser unerwarteten Gegend Englands aus tiefen Träumen zur Wirklichkeit aufsteht? Ruinen, bitteschön! Wer kann denn da beim Offensichtlichen stehen bleiben?

Ohnehin war die Gegend ein benediktinisches Biotop: Um die Ecke gibt es weitere Klosterreste zu bestaunen, jene von Byland oder etwas weiter Fountains Abbey, die heute zum Studley Royal Water Garden gehört – und damit zum Weltkulturerbe.

Nur 15 Autominuten von Rievaulx entfernt jedoch floriert eine Abtei bis heute mit ganzer Wucht und Lebendigkeit, wenn auch ein paar Jahrhunderte kürzer: Ampleforth Abbey, die mit 85 Mönchen größte Benediktinerabtei Großbritanniens, deren Anfänge in das Jahr 1803 datieren. Heute gehört ein gewaltiges College dazu, an dem 600 Jungen und Mädchen aus Großbritannien, Deutschland, Japan und sieben bis zehn anderen Ländern der Welt zur Schule gehen und größtenteils im Internat leben – so sich ihre Eltern die 25 000 Pfund im Jahr oder knapp 3000 Euro im Monat leisten können. Manche Brüder einfacherer und kleinerer Klöster sagen süffisant, Ampleforth sei »very posh« – und so recht weiß man nicht, ob da angesichts eines »sehr vornehmen« Klosters Respekt, Neid oder Kritik in der Stimme liegen. Dann aber lupft der betreffende Bruder ganz kurz nur die linke Augenbraue; die Gemeinschaft von Ampleforth wird wohl nicht gänzlich grundlos auch »Club der Gentlemen« genannt.

Die Mönche von Ampleforth hören derart elitäres Vokabular gar nicht gern, und in der Tat sind sie vom Abt über den Prior, vom pensionierten Pater Direktor bis zum Novizen einfach freundliche, zugetane Menschen. Und wer Pater Rainer kennen lernt, einen in sich selbst merkwürdig spannungsreichen 50-Jährigen mit hellen Augen unter widerspenstigen, blonden Augenbrauen, der selbst bei flottem Gang die Hände in den Habittaschen stecken hat, und mit ihm im klapprigen Kleinstwagen übers Klostergelände kutschiert ist, muss freiweg bekennen: Ampleforth ist ein uneingebildeter, schlichtweg sympathischer Ort.

Pater Rainer jedenfalls düst hinaus zu einer schmucklosen Halle der ehemaligen Landwirtschaft, wo er gar köstliche Dinge zaubert: neben Apfelmost (Cider) auch den »Ampleforth Cider Brandy« und einen Gin aus Schlehe (»Abbey Sloe Gin«); im Abbeyshop gern genommen wird auch der »Ampleforth Abbey Damson Gin«, ein edler roter Tropfen aus Damaszenerpflaumen. Und in entsprechendem Abstand zu den großen Hochfesten im Kirchenjahr betätigt sich Pater Rainer als Chocolatier. Dann entstehen in einem ehemaligen Schlafsaal des Internats kleine und große Ostereier mit diversen Füllungen – gefolgt von Spezereien unterschiedlicher Kakaohaltigkeit, wenn es auf Weihnachten zugeht. Ein paar Schoko-Eier liegen noch herum. »Alles für den Eigenbedarf!«, sagt Pater Rainer mit Nachdruck, erhobenem Zeigefinger und freundlich-bestimmtem Lächeln, das so viel sagt wie: Finger weg!

Im Übrigen aber hat sich der Schokoladenmönch dem Gesunden verschrieben, denn Pater Rainer ist vor allem dies: Arzt. Das hat er nicht nur mit seinem Abt Cuthbert gemein, einem 53-jährigen Internisten, sondern auch mit zwei weiteren seiner Brüder. Gänz-

Zwei Gesichter von Ampleforth: Pater Rainer aus Deutschland (li.) und Pater Dominic.

lich anders allerdings ist Pater Rainers Nachname: Verborg. Das klingt nicht nur wenig englisch, dieser »Amplefordian« kommt tatsächlich ursprünglich aus Herbeck bei Iserlohn und hat vor seiner Klosterzeit allerhand bunte Dinge gemacht: Er war Koch und Konditor in einem Nobelrestaurant (daher die Kompetenz in Genusswaren), studierte dann Medizin und begann als Unfallchirurg an einer Klinik in Englands West Midlands, bevor er vor zehn Jahren in Ampleforth eintrat. Mittlerweile leitet er die Infirmerie, die Krankenabteilung des Klosters, und hilft als Priester hier und da in den Dörfern der Nachbarschaft beim Zelebrieren aus. »Ach ja«, fällt ihm auf dem huckeligen Rückweg von der Klosterbrennerei ein, »an der Schule habe ich auch mal unterrichtet, zwischendurch: Biologie.« Wirklich erzählenswert findet er das alles nicht. »Man macht eben, was man kann.« Vielleicht sind die Mönche wirklich keine Gentlemen – die Kunst des understatements beherrschen sie gleichwohl perfekt.

Pater Rainer muss weiter. Um kurz nach elf nimmt man einen Kaffee in Ampleforth – das vormittägliche Pendant zum Five-o'clock-tea. Was »Kalfaktorium« genannt wird und damit flugs Bilder eines mittelalterlichen Gemäuers erstehen lässt, entpuppt sich als mondäner Saal mit wenn auch in die Jahre gekommenen Ledersesseln und plüschigen Sofas. Man ist zweifelsohne versucht, von einem »Clubraum« zu sprechen – und sollte sich bemühen, seine Zunge zu hüten. Wie auch immer: Im Kalfaktorium pflegen hochgeschossene, schmalköpfige, rotwangige, altehrwürdige Benediktiner mit scharf gescheiteltem,

schneeweißem Haar das angeregte Gespräch und genießen den atemberaubenden Blick auf die Grünanlagen: wie mit der Bartschere geschnittene, riesige Rasenflächen, exakt abgeteilt, pure Ordnung – die Rugby- und Cricketfelder für die Schülerschaft. So weit das Auge reicht, blickt es in das sanft sich vor dem Kloster senkende Tal, das so unglaublich perfekt gestylt aussieht, dass es problemlos die Kulisse für eine Festgesellschaft mit ausladenden Hüten, weißen Kleidern und distinguierter Konversation liefern könnte. – »Posh«? Ach was, nur lebendige Fantasie.

Father Dominic sorgt für Bodenhaftung. »Wissen Sie«, sagt er, »wir englischen Benediktiner wollten nie Mönche sein. Wir sind englische Benediktiner. Seit es Benediktiner in England gibt, sind wir Missionare. Denken Sie an Bonifatius. Wir haben Schulen, wir haben Pfarreien. Das ist unsere Aufgabe.« Father Dominic doziert. Jahrelang war er Direktor der Schule. »Als ich 1950 in Ampleforth eintrat, faszinierte mich die Komplexität der Begabungen der Mönche«, erzählt er: »Es gab fantastische Sänger, begnadete Priester und hervorragende Rugby-Spieler. Ein unglaublicher Reichtum!« Seit Father Dominics Eintritt in Ampleforth gründete die Abtei drei neue Klöster: eines 1955 in den USA, ein Stadtkloster 1987 im nahen York und 1997 ein weiteres in Zimbabwe.

Vor einigen Jahren, erzählt Father Dominic, wollte ein gläubiger Privatmann in Südamerika eine vom »benediktinischen Ethos« geprägte Schule gründen – und bat die Mönche von Ampleforth um Unterstützung. »Auf einmal, zum ersten Mal, mussten wir uns Gedanken darüber machen, was denn das eigentlich

Oben: Blick aus dem Chorraum in die Abteikirche von Ampleforth.
Unten: Die sehenswerte Ruine der Abtei Rievaulx, 15 Minuten entfernt.

ist: benediktinisches Ethos.« Und den Mönchen wurde klar, worum es einer »benediktinischen Erziehung« geht: »Um Vertrauen, um Freiheit, um Freundschaft.« Damit könnten schon die jüngsten Schüler etwas anfangen, ergänzt Father John, der in der »Prep-School« für die bis 13-Jährigen da ist: »Höre! So lautet das erste Wort der Benediktsregel. Und die Kinder können anhand dieses Wortes lernen, wie wichtig es ist, aufeinander zu hören, zuzuhören, jemandem Gehör zu schenken, Gott zu lauschen. Das funktioniert!«

An manchem Sonntagabend kann man das erleben: Zum Ausklang des freien Wochenendes haben sich einige Schüler – ganz freiwillig – zur Komplet mit den Mönchen ins Chorgestühl gesetzt. Ganz außen lehnt ein 17-jähriger blonder Lockenkopf in orangenem T-Shirt und Schlabberjeans heimelig die Schulter an die Stallenwangen und singt mit geschlossenen Augen auswendig genau das, was auch die Mönche singen, die wallenden Kapuzen aufgesetzt, traumhaft sanft vom begabten Novizenbruder Sedd an der großen 101-Register-Orgel begleitet: »In deine Hände lege ich voll Vertrauen meinen Geist.« Und danach kann man ihn mit Kameradinnen und Kameraden im Abendlicht auf einer Mauer zwischen Abteikirche und Rugbyfeldern sitzen sehen, die Beine schlenkern, erzählen, lachen. Ampleforth hat an solchen Abenden etwas ganz und gar Friedliches, Gereiftes, Bewährtes, auf das Eltern und Schüler vieler Länder vertrauen.

»Lassen Sie in sich nur edle Gedanken, bei Ihrem Wirken nur edle Taten aufkommen; nichts darf mittelmäßig oder kleinlich sein. Die Augen von Millionen sind auf Sie so gut wie auf mich gerichtet, denn Sie sind Ampleforth, und ich ziehe nach Westminster nur, weil ich Abt von Ampleforth war.« Mit diesem stolzen Anspruch verabschiedete sich am 22. Februar 1976 einer der berühmtesten Mönche der Abtei von seinen Brüdern: Basil Hume, der kurz zuvor zum Erzbischof von Westminster ernannt worden war; später wurde er Kardinal, am 17. Juni 1999 starb er. Seine geistlichen Ansprachen und Bücher haben bis heute nichts an Tiefe und Weite und Beliebtheit verloren.

Ampleforth, eine stolze Abtei, eine große Abtei. Dennoch: Es ist lange her, dass einer der Schüler später Mönch wurde. Was denkt so ein alter Hase wie Father Dominic über die Zukunft? »Nachwuchs?«, fragt er, »well, that's god's business.« ■

Reise-Tipps

Anreise

Flugmöglichkeit bis Leeds/Brandon. Von dort im Auto ca. eine Stunde bis Ampleforth.

Unterkunft

Mehrere Gästehäuser. Zeitgemäß einfache Zimmer. Preise je nach Gästehaus.

Kontakt

Ampleforth Abbey,
York
GB-YO62 4EN / Great Britain
Tel.: 0044 / (0) 1439 / 766 000
www.ampleforth.org.uk

Belgien

Maredsous – Benediktiner

Fragt man irgendwo in Belgien, was Maredsous sei, wird man sagen: Bier, Käse, Brot. Und in Brüssel heisst die Antwort: Schule, Internat. Selbst in der Provinzhauptstadt Namur verbinden viele mit Maredsous das Centre d'acceuil St. Joseph, eine Art Ausflugslokal. Dabei ist Maredsous vor allem dies: offenherzige Kirche, menschenfreundliches Kloster – mit einer dramatischen Geschichte.

Feierliches Hochamt der Brüder am Sonntag in ihrer gewaltigen Abteikirche.

Geistliches und Geistiges: Das Kloster von Maredsous ist durchaus bekannt für seine Orte der Stille, allemal aber für sein Bier.

Die Benediktiner-Abtei Maredsous / Belgien

Graue Mauern, buntes Leben

Ein merkwürdiger, scheinbar sinnloser Wandelgang liegt gegenüber den gewaltigen Türmen der Abteikirche von Maredsous. Lang, gerade und vollendet symmetrisch verleitet er zwar tatsächlich zum Wandeln, zu einer Tätigkeit also, für die nur in Klöstern eigens Raum geschaffen wurde, meist in Kreuzgängen, für gewöhnlich als Quadrum, sodass der meditierende Mönch schweigend kreisend um eine Mitte wandeln kann. Ein Kreisen um das Zentrum; das nennt man Konzentration. So etwas gibt es freilich auch in Maredsous, im inneren Bereich des Klosters, gar mit einem verführerisch still dahin plätschernden Brunnen in der Mitte und kleinen Löwenmäulern, die Wasser speien. Bildhübsch.

Draußen aber, vor Klosterpforte und Abteikirche und angrenzend an die Tennisplätze der Internatsschüler, liegt dieser merkwürdige Wandelgang, der verwundert, weil er eben nicht quadratisch im Kreis führt, sondern nur geradeaus; zur einen Seite ist er ständig durch Bögen geöffnet; und am Ende führt er ins Nichts. Hört einfach auf, und danach kommt – Wiese, grünes Freiland. – Was soll das? Wofür ist ein solcher Wandelgang gedacht?

Dieser Wandelgang deutet ungewollt den typischen Maredsous-Lebenswandel: Es scheint immer geradeaus zu gehen im klösterlichen Leben, so wie es geplant war und wie es sich gehört. Und doch gibt es zur Seite eben auch Auswege, lauter Offenheiten und Durchbrüche, die doch keinen Mönch seines Mönchseins berauben, verließe er den klassischen Weg. In der Tat: Der Wandelgang von Maredsous entspricht dem wechsel- und wandelvollen Gang der Geschichte der Abtei: von der Gründung des Klosters 1872 durch Mönche der gestrengen Erzabtei Beuron in Württemberg über den Bau der Klosteranlage und Zeiten mit mehr als 100 Mönchen, über eine große Krise durch radikale Ideen einer Klosterreform im Gefolge von Konzil und Achtundsechzigern, sodass im 100. Jahr seines Bestehens eine ganze Generation von Mönchen samt Abt das Kloster verließ, bis in diese Tage, da die Brüder von Maredsous mit ihrem jetzigen Abt so Mönche sein wollen, wie sie es für richtig halten – in großer Offenheit, in großer Freiheit, in großem Realismus und einem gerüttet Quantum an Selbstbewusstsein.

Hier endet das Gleichnis vom unnützen Wandelgang, und die Geschichte über eine der bedeutendsten Abteien Belgiens beginnt. Fatalerweise täuscht der erste Eindruck, der alles andere als große Freiheit, eher selbstherrliche Verschlossenheit verheißt. Der große Anspruch klassisch-monastischen Lebens aus den Zeiten der Gründung ist dem Bau noch allenthalben anzusehen. Weit ab vom Schuss gelegen, grüßt nach einer Fahrt durch Wälder und Täler den Hügel hinauf zwar eine noch so eben einladende Toreinfahrt, doch gleich darauf strotzen die über drei gewaltige Stockwerke aufragende, schwarz-graue Klosterfront und die kalte, stolze, weit ausladende Fassade der Abteikirche nur so vor Selbstbewusstsein. Vollendete Proportionen zwar, aber auch massige Uniformität, strenger Formalismus, unbezwingbar, uneindringbar. Hier ist Klosterwelt, Mönchsburg, Glaubensfeste, ein geschlossenes System. Quadratisch, praktisch, gut: An die unerwartet riesige Kirche (76 Meter lang, 28 Meter breit) lehnt sich der eigentliche Klosterkomplex an. Will sagen: Das Gebet ist Pflicht und Stütze für das, was sonst noch das alltägliche Mönchsleben ausmacht; nicht von ungefähr ragt selbst das Refektorium aus dieser Geschlossenheit heraus; schließlich gehen die Mönche dort so irdischen Gelüsten wie dem Essen nach.

»Genau so war es gedacht«, erklärt der achte Abt von Maredsous, der 47-jährige Bernard Lorent, der von sich sagt, mehr Historiker als Theologe zu sein. Jean-Baptist Bethune, berühmtester Vertreter der neugotischen Architektur in Belgien, schuf in den 80er Jahren des 19. Jahrhunderts mit der Abtei Maredsous eine Klosteranlage im Idealstil: »In Zeiten des Kulturkampfes«, erklärt Abt Bernard, »wollten die Mönche einen kompakten Klosterbau, der für einen starken Glauben, eine starke Kirche und ein starkes Mönchtum steht.« Eine gewisse unzeitgemäße Mönchsromantik spielte bei diesem trotzigen Rückgriff auf mittelalterliche Formen zweifelsohne eine wesentliche Rolle; ganz Ähnliches geschah einige Jahre später schließlich auch im münsterländischen Kloster Gerleve, das vom ersten Abt von Maredsous und späteren Erzabt von Beuron, Placidus Wolter, gegründet wurde.

130 Jahre nach den Anfängen sehen die Dinge anders aus. Maredsous hat längst selber Klöster errichtet, in Belgien, aber auch in Brasilien (Olinda), Irland (Glenstal), Ruanda (Gihindamuyaga), und war an der Errichtung des benediktinischen Studienkollegs und der Primazial-Abtei Sant' Anselmo in Rom beteiligt; der erste Abtprimas der Benediktiner überhaupt, einer der Vorgänger des rührigen Notker Wolf, war Hildebrand de Hemptinne, der zweite Abt von Maredsous.

Zwei Gesichter von Maredsous: Novizenmeister Père Jean-Daniel, Abt Bernard

Darüber hinaus wurde eine Schule gebaut, an der heute 280 Jungen und seit einigen Jahren auch Mädchen vornehmlich aus Belgien aufs Abitur vorbereitet werden; der größte Teil von ihnen lebt im Internat. Abt Bernard war einige Jahre Rektor des Collège Saint Benoit und hat in dieser Zeit ein gestaffeltes Schulgeld eingeführt: Wer Geld, aber nur ein Kind hat, zahlt bis zu 9000 Euro im Schuljahr; wer reich ist und mit vielen Kindern gesegnet oder wenig Geld zur Verfügung hat, nähert sich dem Mindestbetrag von 3000 Euro. Die Schule ist zwar privat, die Lehrer aber erhalten Gehalt und Pension vom Staat – also auch zwei, drei Mönche, die dort unterrichten oder unterrichtet haben.

Bedeutsam sind die Bibelforschung und die Veröffentlichung diverser Übersetzungen der Heiligen Schrift in Maredsous. Unmengen in verschiedenen Sprachen sind im Lauf der Jahre zusammengekommen; die gewaltige Kloster-Bibliothek beherbergt auf vier Stockwerken knapp 500 000 Bände in einem eigens errichteten Gebäude. Und in die weltweit renommierte Wissenschafts-Zeitschrift »Revue Benedictine« mit einem Artikel aufgenommen zu werden, hat schon mancher Harvard-Professor versucht; nicht immer mit Erfolg.

Einer der Äbte, der dritte genauer gesagt, ein Ire namens Columba Marmion (1909-1923), machte sich indes einen Namen als geistlicher Schriftsteller und »Seelenführer«. Die ebenfalls aus Irland stammende frühere Äbtissin von Dinklage, Máire Hickey, schreibt in einem Buch aus der Bibliothek von Abt Bernard über diesen Vorgänger: »Es gelang ihm, die Sehnsucht

nach den lebens- und liebespendenden Tiefen des Christentums, von dem er selbst geprägt war, in seinen Lesern und Leserinnen zu wecken und zu fördern. ... Die frische Brise, die offensichtlich aus seinen Büchern vielen Menschen entgegenwehte, war zweifellos ein Vorbote des Wehens des Geistes, der über drei Jahrzehnte nach Marmions Tod das Zweite Vatikanische Konzil durch Papst Johannes XXIII. ins Leben rief. So war es sicher kein Zufall, dass am 3. September 2000, noch in der Folgezeit des Konzils, diese zwei Männer in einer gemeinsamen Feier selig gesprochen wurden.« Das Grab des seligen Abtes Columba Marmion in der Abteikirche von Maredsous ist Ziel vieler Pilger.

Populär aber wurde Maredsous weniger durch geistvolle Literatur als vielmehr durch ebensolche Getränke, kurzum: Benediktiner-Bier. Die leichteste von drei Varianten startet gleich mit satten sechs Prozent Alkohol; im »Centre d'Acceuil Saint Joseph«, einer Art Biergarten mit angrenzendem Souvenirladen oberhalb der Abtei, pflegen jährlich 300 000 Touristen, die diversen Gerstensaftsorten mit Brot und einem Käse zu genießen, der gleich dem Bier schlichtweg »Maredsous« heißt; eine Delikatesse mit scharfem Geruch und zartem Geschmack. So kommt es, dass jeder Belgier Maredsous kennt – als Bier und Käse.

Abt Bernard stört das nicht. Er gibt offen zu, dass die Gemeinschaft an ihrem Namen verdient – und

Schüler des Gymnasiums auf dem Weg ins Wochenende, darüber der heilige Benedikt

das nicht eben schlecht. Die Brauerei ist längst ausgelagert, und auch wenn Käserei und Bäckerei noch auf dem Klostergelände liegen, werden sie schon seit geraumer Zeit nicht mehr von den Mönchen geführt.

Zu tun haben sie dennoch reichlich – in der Bibliothek, in der Forschung, der Krankenstation, in der Seelsorge, bei Aushilfen in benachbarten Pfarreien; ein Bruder nimmt gerade an einem Kongress in Paris teil, ein anderer studiert fleißig in Rom. »Wenn Sie mich fragen, ob wir kontemplative Benediktiner sind, dann würde ich ohne zu zögern sagen: Nein, das sind wir nicht. Wir sind aktive Mönche«, sagt Abt Bernard. Und sie sind Mönche, die die Freiheit lieben. »Wir sind Belgier. Jeder Belgier beansprucht Freiheit als das höchste Gut.«

Darin sind sie den englischen Benediktinern ähnlich, den französischen dagegen umso weniger. Nicht ohne Grund war es der damalige Abt der nordenglischen Abtei Ampleforth, der spätere Kardinal von Westminster, Basil Hume, der während der 68-er Krisenjahre eine offizielle Visitation in Maredsous durchführte. Und so kommt es, dass heute längst nicht alle Mönche von Maredsous den Habit, das Mönchsgewand tragen, und viele sich nur zum Gebet die wallende Kukulle überwerfen. So kommt es auch, dass die Mönche ihr Stundengebet weder lateinisch noch in gregorianischen Melodien singen, sondern in zeitgenössischen, teils mehrstimmigen Psalmenvertonungen von Jacques Berthier, der durch seine Gesänge für die ökumenische Gemeinschaft von Taizé bekannt wurde. Solange er lebte, war er auch Maredsous eng verbunden. – So kommt es auch, dass die Benediktiner von Maredsous zum Gebet nur selten im gewaltigen Chorgestühl der großen Kirche Platz nehmen, sondern meist auf den einfachen Kirchenbänken der Krypta. Eine weitere Folge jener Krise: Jeder Mönch nimmt das Abendessen ein, wann es ihm gefällt und solange es ihm gefällt. »Allerdings«, sagt Abt Bernard, »pflegen wir die Gemeinschaft an anderen Stellen – etwa im Beisammensein nach dem Mittagessen und am Abend noch einmal für eine halbe Stunde.«

Für den Novizenmeister, Père Jean-Daniel, genau das Richtige. Auch seine Biographie ist so wenig gerade wie die Geschichte der Abtei. 65 Jahre ist er alt, ein Mann mit gewinnendem Lächeln und herzlichem Blick. Aber erst seit sechs Jahren ist er in Maredsous. Zuvor gehörte der gebürtige Schweizer der Gemeinschaft der Eucharistiner an, war gar Provinzial und Beauftragter des Bistums Basel für die Berufungspastoral. »Aber ich spürte immer schon, dass ich mehr Tiefe, mehr geistliches Leben suchte.« Er fand es in Maredsous: »Eine freundliche Gemeinschaft, schönes Stundengebet, die Möglichkeit zu ausgiebiger geistlicher Lesung – und die Freiheit, weiterhin seelsorglich arbeiten zu können. Das ist es«, sagt er und strahlt.

Zurzeit hat das Kloster zwar einige jüngere Mönche, aber keine Novizen; »es könnte gut sein«, sagt Père Jean-Daniel, »dass wir im nächsten Jahr drei junge Männer aufnehmen. Darauf freue ich mich.«

Letztlich fehlt dem Konvent seit besagten 1970er Jahren nach wie vor eine ganze Generation. Die Ge-

meinschaft beweist gewissermaßen täglich den Mut zur Lücke. »Zwischen mir als dem ältesten Jungen«, sagt der 47-jährige Abt Bernard, »und dem jüngsten Alten liegen genau 18 Jahre.« – Das Kloster mag perfekt geplant sein, Maredsous' Wandel durch die Zeit kennt die Offenheit für Seitenwege, Aus- und Abwege. Wohin es geht? Ende offen, siehe Wandelgang. ■

Reise-Tipps

Anreise

Die Abtei liegt 25 km südlich von Namur im Molignée-Tal und gehört zum Ort Denée.

Unterkunft

Frauen und Männer wohnen im Gästebereich des Klosters. Geräumige Einzelzimmer, Duschen/WC auf dem Flur. Tagessatz um 28 €.

Kontakt

Abbaye de Maredsous / B-5537 Denée / Belgique
Telefon: 0032 / (0) 82 / 69 82 11
www.maredsous.be

Kreuzgang der Abtei (linke Seite) im Grünen (oben). Unten links: Abt Bernard im Gespräch mit Schülersprecher David. Unten rechts: Gemeinsames Mittagessen von Mönchen und Gästen im Refektorium.

Norwegen
Tautra
– Trappistinnen

Auf einer Halbinsel im Trondheimfjord in Norwegen liegt Tautra, das nördlichste Trappistinnenkloster der Welt. Der lichte, 2006 vollendete Komplex aus Stahl, Schiefer, Holz und Glas hat mehrere Architekturpreise erhalten. Den Atem raubt vor allem das harmonische Zusammenspiel mit den Grün- und Blautönen der Fjordlandschaft. Eine spirituelle Quelle im säkularisierten Norwegen, zu der auch Königin Sonja eine enge Beziehung pflegt.

Die Schöpfung als Altarbild: Blick in die Klosterkirche von Tautra am Trondheimfjord.

Helligkeit und Heiligkeit: Große Fenster prägen das Kloster Tautra – auch im Refektorium (Bild Mitte) und in den Zellen der Schwestern (rechts).

Das Trappistinnen-Kloster auf Tautra / Norwegen

Jens Joest

Gott im Wort, Gott im Fjord

Für einen Leuchtturm ist der schmale, schieferverkleidete Turm ein wenig klein geraten: Nur zwölf Meter ragt er in den Himmel an Norwegens Westküste. Und doch markiert er ein Leuchtfeuer, ein spirituelles: In der sonnenlichtdurchfluteten Kirche am Fuß des Turms beten zehn Trappistinnen mit einfachen Gesängen die Vesper. Nur ins Magnificat, den Lobgesang der Gottesmutter am Ende der Feier, schleichen sich zwei- und dreistimmige Harmonien.

»Heiligkeit« – Bischof Bernt Ivar Eidsvig bemüht ein großes Wort um zu beschreiben, was Norwegens Kirche auszeichnet. Keine 200 000 Katholiken zählt sie, in dem Fünf-Millionen-Einwohner-Land dominiert die lutherische Staatskirche. Jeder Norweger wird ihr zugerechnet, solange er sich nicht bei den Behörden als Mitglied einer anderen Religionsgemeinschaft registrieren lässt. So bleibt die Zahl der Katholiken eine kirchliche Schätzung: Viele Zuwanderer und Saisonarbeiter nehmen zwar an Gottesdienst und Gemeindeleben teil, aber registriert sind sie nicht.

»Heiligkeit strahlen vor allem die Klöster aus«, sagt Eidsvig, Bischof des Hauptstadt-Bistums Oslo und Administrator des vakanten Bistums Trondheim mehr als 500 Kilometer nördlich. Besucher bei den Trappistinnen auf Tautra, einer Halbinsel im Trondheimfjord, nimmt diese Heiligkeit sofort gefangen. Rund 15 Gäste beten die Vesper an diesem Tag in Stille mit. Sie lassen sich ergreifen vom schlichten Psalmengesang und von dem, was sie sehen: Sonnenlicht dringt durch das gläserne Spitzdach in die Kirche und malt mit den Schatten der Dachbalken aus hellem Holz Dreiecksmuster auf die Wände.

Der Blick hinter den Altar überwältigt: Die Klosterkirche auf Tautra ist nicht wie die meisten Kirchen nach Osten ausgerichtet, sondern nach Norden. Unter einem schlichten, schmalen, schwarz-goldenen Kreuz ohne

Korpus dominiert eine wandbreite Fensterfläche. So bildet der Blick auf das Wasser des Fjords, auf Gottes Schöpfung im Licht der Tages- und Jahreszeiten, ein sich ständig veränderndes Altarbild.

Helligkeit ergänzt die Heiligkeit auf Tautra an strahlenden Sonnentagen, vor allem rund um die Mittsommernacht. Obwohl Tautra mehr als 600 Kilometer südlich des Polarkreises liegt, wo die Mitternachtssonne herrscht, verdienen im Juni und Juli die Nächte auch nahe Trondheim ihren Namen nicht.

Licht bedeutet den Trappistinnen auf Tautra viel. Deshalb haben sie bei der Planung des 2006 vollendeten Kloster-Komplexes auf großen Glasflächen bestanden. »Wir haben uns gewünscht, dass wir aus jedem Zimmer den Fjord sehen können.« Schwester Hanne-Maria lächelt bei dieser Vorstellung. Allein – der Architekt musste die Schwestern enttäuschen. »So eine Konstruktion wäre nicht stabil gewesen«, sagt die norwegische Nonne.

Dennoch wirkt der Komplex leicht. Auch, weil er von Innenhöfen unterbrochen wird, in denen es kleine Gärten gibt – einen Rosengarten zum Beispiel und einen japanischen Garten, in einem weiteren Hof wachsen immergrüne Pflanzen. Die Innenhöfe machen allein 500 der 2500 Quadratmeter Klosterfläche aus und helfen den Schwestern, Stille zu finden, sich zurückzuziehen.

Denn von außen wirkt das Kloster fast transparent. Große Fenster durchbrechen die Außenwände, viele Gänge sind komplett verglast. Das lässt Helligkeit ein, nach der sich die norwegischen Nonnen nicht nur im Sommer, sondern vor allem im Winter mit seinen langen Nächten sehnen. Augenfällig wird das im Refektorium, einem Flur ähnlicher als einem Saal. Dort essen die Schwestern an einer langen Tafel nebeneinander – und blicken durch ein großes Fenster ins Freie. »Fjordblick« gibt es sogar auf dem Friedhof des Konvents, der hinter der Klosterkirche liegt.

Der Neubau des »Mariaklosters« besteht vor allem aus Glas, Stahl, Schiefer und aus Hölzern, die auf Tautra vorkommen. Kirschholz verkleidet Decke und Wände im Kapitelsaal, Kiefernholz findet sich in den Zellen der Schwestern. Das Chorgestühl in der Klosterkirche, dessen Verzierungen an Buglinien von Wikingerschiffen erinnern, besteht aus Buche. Im Chor liegt Eichenparkett, die Kirchenwände sind mit Birkenholz verkleidet. Der Altar wurde aus viereinhalb Tonnen Granit geschaffen.

48,5 Millionen Kronen (etwa sechs Millionen Euro) hat der Bau gekostet, finanziert vor allem aus Spenden. Eigenes Geld hat die katholische Kirche im reichen Norwegen kaum, zu gering sind die Zuschüsse des Staates, da offiziell nur wenige Menschen katholisch sind. Allein 1,5 Millionen Euro gaben deutsche Katholiken über das Bonifatiuswerk und seine Diaspora-Kollekte. Das Kloster gewann unter anderem den Preis der internationalen Fachzeitschrift »Forum AID« 2007 für die beste Architektur in Skandinavien und die Auszeichnung der norwegischen Baubranche als »Gebäude des Jahres 2006«.

Aber nicht nur Touristen, auch spirituell Suchende kommen nach Tautra, bitten um ein Gespräch oder

Gesichter von Tautra: Schwester Marjoe (links) und Schwester Christina.

einen Rat. Ausflügler feiern die Sonntagsvesper mit oder suchen die Stille der Kirche für ein Gebet. Schwester Gil-Krist Lavigne erzählt von einer Begegnung in Trondheim. Eine Frau habe eine Gruppe Schwestern gefragt: »Seid Ihr nicht die Nonnen von Tautra?« Als diese bejahten, habe die Frau gesagt: »Wir sind so froh, dass Ihr hier seid. Wir spüren, dass Ihr unserem Land gut tut.« Die Geschichte sprudelt geradezu aus Schwester Gil-Krist heraus. »Ist das nicht unglaublich?«, fragt sie.

Wer mehrere Tage aussteigen möchte, dem stehen zwei kleine Häuser wenige Schritte außerhalb des heutigen Klosters offen – auf dem Bauernhof, auf dem die Trappistinnen zwischen 1999 und 2006 lebten. Gäste werden ausdrücklich gebeten, ihre Mobiltelefone auszuschalten.

Norwegen gilt als stark säkularisiert. Die wenigen Katholiken leben weit im Land verstreut, in vielen Gotteshäusern der lutherischen Staatskirche herrscht gähnende Leere. Umso mehr erstaunt die Geschichte, wie benediktinisches Leben nach Tautra zurückkehrte. Schon 1207 hatten sich Zisterziensermönche auf der Halbinsel niedergelassen. Verfallene romanische Bögen ein paar hundert Meter östlich des Neubaus sind steinerne Zeugen dieser Zisterzienser-Abtei. Bis 1532 war sie selbstständig, geriet dann in den Sog der Reformation. Nach einem Machtkampf zwischen dem neu gewählten Abt Niels Lykke und dem letzten katholischen Erzbischof von Trondheim, Olav Engelbrektsson, wurde Tautra zunächst dem Erzbischof unterstellt. Er wollte den Katholizismus gegen die vordringende Reformation verteidigen, und das

möglichst mit einem von Dänemark unabhängigen, katholischen Königreich Norwegen.
Die Dänen, die mit ihm verhandeln sollten, ließ Engelbrektsson einsperren. Den höchsten Repräsentanten Kopenhagens in Norwegen brachte ein Anhänger des Erzbischofs um. Doch der Volksaufstand für ein unabhängiges Land blieb aus. Engelbrektsson floh auf eine Festung nahe Trondheim, später in die Niederlande. Große Teile Norwegens wechselten zur Reformation, die Zisterzienser mussten das Land verlassen. 1537 fiel das Kloster Tautra an die Krone – und verfiel. 1846 erwarb die norwegische Denkmalschutzvereinigung die Ruinen und sicherte sie.
Die Geschichte des neuen Klosters Tautra freilich ist weiblich. 1990 erhielt die norwegische Trappistin Schwester Ina Andresen von ihrem Kloster in Laval in Westfrankreich die Erlaubnis herauszufinden, ob es in ihrer Heimat ein Interesse gebe, wieder trappistisches Leben zu etablieren. 1991 traf Schwester Ina den damaligen Trondheimer Bischof Georg Müller, der zusagte, sich für eine Klostergründung in seiner Diözese einzusetzen. Wenige Tage nach dem Treffen mit dem Bischof bildete sich eine Unterstützergruppe rund um Schwester Ina.
Viele Mitglieder hätten »gar nicht genau gewusst, was ein Trappistinnen-Kloster ist«, erzählt Schwester Marjoe Backhus. »Aber sie haben jeden Abend um sechs Uhr für die Klostergründung gebetet.« Ein erster Erfolg stellte sich 1992 ein: Der Bürgermeister der

Das Chorgestühl (oben) und ein Innenhof des Klosters auf Tautra.

Gemeinde Frosta, zu der Tautra gehört, lud Schwester Ina ein, in das Haus neben der Zisterzienser-Ruine zu ziehen. Ein Jahr später wurde Schwester Marjoe von einer Trappistinnen-Abtei im US-Bundesstaat Iowa als Unterstützung nach Tautra entsandt.

Zwei Jahre darauf sah es aus, als müsse der Kloster-Traum platzen: Schwester Ina erkrankte schwer und kehrte nach Frankreich zurück, Schwester Marjoe in die USA. Doch das Kloster in Iowa vergaß Tautra nicht: Nach einer erneuten Einladung durch Bischof Müller entsandte der damals stark wachsende US-Konvent sieben Nonnen nach Mittelnorwegen. Am 25. März 1999, am Hochfest Verkündigung des Herrn, wurde auf Tautra die Glocke geweiht, die die Schwestern künftig sieben Mal täglich zum Chorgebet rufen sollte – an einem besonderen Datum, exakt 792 Jahre nach der Weihe des ersten Zisterzienser-Klosters.

Auf Tautra lebten die Trappistinnen zunächst auf einem Bauernhof, eines seiner typischen kleinen Holzhäuser richteten sie als Kapelle her. Am 8. Mai 2003 legte die norwegische Königin Sonja dann den Grundstein für den neuen Kloster-Komplex. 2006, wieder am 25. März, wurde das »Mariakloster« ein selbstständiges Priorat, im folgenden Juni bezogen die Nonnen den Neubau, der 18 Schwestern Platz bietet. Die Klosterkirche wurde am 12. Mai 2007 geweiht – erneut in Anwesenheit der Königin.

Viele Gäste lassen sich die Entstehungsgeschichte des Klosters und die trappistische Lebensform erklären. Ein Besucherzentrum, 2009 wenige Meter vom Kloster entfernt fertig gestellt, tut ein Übriges. Dort gewährt ein Video auch Einblick in die Räume der Klausur, die Besucher nicht betreten können. In diesem innersten Bereich des Klosters herrscht Schweigen. »Außerhalb sprechen wir bei Bedarf«, sagt Schwester Hanne-Maria. »Anders würde es im Umgang mit unseren Gästen gar nicht funktionieren.«

Das Stundengebet strukturiert den Tag der Trappistinnen auf Tautra, von der Vigil um 4.20 Uhr bis zur Komplet um 19.30 Uhr. Zur morgendlichen Eucharistiefeier laden sie ausdrücklich auch Nicht-Katholiken ein, die zwar nicht das Sakrament, aber einen Segen empfangen können. Ansonsten prägen das persönliche Gebet, Kontemplation, Schriftlesung, Stille und jene Arbeit das Leben, mit der die Gemeinschaft versucht, sich selbst zu finanzieren.

Ihren Lebensunterhalt verdienen die Trappistinnen mit der Produktion von Seifen. »Ich bin die Seifen-Schwester«, sagt Schwester Gil-Krist und lächelt. Schon vor ihrem Wechsel vom Kloster in Iowa nach Norwegen hatte sich die Amerikanerin auf die Seifenherstellung verlegt. Und der neue Konvent auf Tautra suchte nach einer Geschäftsidee. »Wir wollten etwas anbieten, das die Touristen mitnehmen können«, sagt Schwester Gil-Krist. Heute stellen die Ordensfrauen ein gutes Dutzend Sorten Seifen her, 50 000 Stück jedes Jahr. Von Hand werden die fertigen Seifen in Zellophan gewickelt und in kleine Kartons verpackt. Darauf ist die Entstehung der Seifen auf Norwegisch und Englisch beschrieben. Eine der neuesten Kreationen ist eine Haferseife mit ätherischen Ölen, leichtem Sandelholz- und Vanille-Aroma.

Die Seifen von Tautra sind ein landesweiter Verkaufserfolg. 2008 wurden so 86 Prozent der Ausgaben des Konvents abgedeckt. Neu hinzugekommen ist in den vergangenen Jahren die Herstellung von Hautcremes aus Gurken, Avocados, Pfirsich und Lavendel. Schwester Gil-Krist sagt: »Ich könnte noch mehr Aufträge annehmen. Dafür habe ich aber weder die Zeit noch die Leute. Die Kontemplation steht für uns Nonnen an erster Stelle.«

Für eine Auftraggeberin ist allerdings immer Zeit – für Norwegens Königin Sonja. Schwester Gil-Krist schwärmt: »Die Königin ist großartig! Ihre Beziehung zu unserem Kloster ist eng, viel besser, als man es sich wünschen mag.« Gern erinnert sich die »Seifen-Schwester« an die Besuche der Monarchin, die Protestantin ist, und an einen Anruf aus dem Schloss. »Zu einem Geburtstag – ich glaube, es war ihr siebzigster – hat die Königin eine Tube Creme und ein Stück Seife für jeden Gast ihrer Festgesellschaft bestellt«, erzählt Schwester Gil-Krist. Die fragliche Seifen-Sorte trägt heute mit Zustimmung Sonjas einen besonderen Namen: »Dronningens såpe«, die »Seife der Königin«. ■

Reise-Tipps

Anreise

Der nächste Flughafen ist der von Trondheim nahe dem Ort Værnes. Über die E 6 Richtung Norden bis Åsen, dann auf die Nationalstraße 753 durch Frosta und weiter, bis rechts »Klosterruiner« augeschildert ist. Dort abbiegen und über einen Damm auf die Halbinsel Tautra fahren, wo das Schild »Mariakloster« den Weg zu den Schwestern weist.

Von Værnes fahren Regionalzüge Richtung Steinkjer. Man steigt in Åsen aus, braucht dann ein Taxi. Das muss bereits sechs Stunden vor der Ankunft telefonisch bestellt werden. Ein Linienbus von Trondheim über den Flughafen Værnes nach Frosta verkehrt nur einmal am Tag. Ihn empfehlen die Schwestern nur Ortskundigen.

Unterkunft

Es gibt ein Gästehaus für Frauen und eins für Männer. Frühstück und Abendbrot bereiten die Gäste dort selber zu, mittags essen sie im wenige Schritte entfernten Kloster im Gäste-Refektorium. Für Lebensmittel wird gesorgt. Als Beitrag schlagen die Schwestern umgerechnet 31 Euro pro Nacht vor, plus 12,50 Euro für drei Mahlzeiten. Die Nonnen nehmen keine Gäste für nur eine Nacht auf.

Kontakt

Tautra Mariakloster
N-7633 Frosta / Norge
Tel. 00 47 / 74 80 85 51
www.tautra.no

Zwei Schwestern erklären einem Besucher die Seifenherstellung (links). Nahe beim Kloster stehen Ruinen einer alten Abtei.

Tschechien

Nový Dvur

Trappisten

Es gibt wahrlich nicht viel in der Umgebung, weder an touristisch Sehenswertem noch an Glauben. Bis vor einigen Jahren bröckelte hier eine barocke Hofanlage vor sich hin, bis – verrückt genug – einige französische Trappistenmönche durch den Schnee stapften und sie das Glück erfasste. So beginnt die unglaubliche Geschichte eines Klosters, eines Star-Architekten und vieler junger Mönche in Böhmen.

Postmoderne Gotik: Reines Weiß – in der Zisterziensertradition Ausdruck der Einfachheit – prägt die Klosterkirche.

Meisterleistung des britischen Star-Architekten John Pawson: das weiße, lichte Kloster der Trappisten von Nový Dvur, gebettet in nichts als Natur.

Das Trappistenkloster Nový Dvur / Tschechien

Unnützer, bezaubernder Ort

Ein Baum brummt. Was sagt das? Es sagt vor allem, dass man das hören kann. Ringsum nämlich brummt sonst nichts, kein Auto, keine Stadt, keine Industrieanlage. Selbst der Wind schweigt aus wolkenlos blauem Himmel an diesem Morgen, was ungewöhnlich ist für diese hohe Gegend. Stadtmenschen meinen anfangs, das Brummen sei irgendein Stromaggregat in der Ferne. Doch es brummt tatsächlich die Linde, weil darin Millionen von Bienen von Blüte zu Blüte fliegen. Man kann sie kaum sehen, nur einige vereinzelte, wenn sie in großem Bogen den Ast wechseln oder herausschießen aus dem Baum und zu ihrem Stock zurücksausen. Ihr Summen aber kann keiner überhören, wenn es millionenfach einen ganzen Baum zum Brummen bringt.

Drumherum aber ist so viel Stille, dass sie beinahe gegen das Trommelfell presst. Akustischer Unterdruck. Alle Viertelstunde klingt eine helle Glocke vom Kloster herüber, doch man fragt sich, für wen. Am Ende ihres Stundengebets, zu dem doch alle Brüder in der Kirche sind, zieht einer der Mönche dreifach je drei Mal am Glockenseil, das in alter Trappistentradition in die Kirche hereinhängt. Für wen läuten sie? Draußen hört das niemand. Draußen ist niemand. Kilometerweit nicht. Das Kloster liegt auf einer Wiese, gewissermaßen mitten in der Gegend aus hellgrünen Wiesen und dunkelgrünen Wäldern, im tschechischen Niemandsland auf gut 700 Metern Höhe. In kommunaler Ordnung gehört es zum 40 Kilometer von Pilsen gelegenen Ort Toužim, ein nicht mehr als konstruierter Bezug.

Irgendwo nämlich geht es von einer ewig schnurstracks geradeaus durchs Land gezogenen Straße ab, weg von Infrastruktur, Verkehr, Tagwerk und Pflicht. Wenn man sagt, nach dem Abbiegen kommt lange Zeit nichts, ist das entlarvend. Denn es kommen Wiesen und Gräser und wilde Blüten, es kommt der Duft von Kamille, das behäbige Trotten eines Bullen im Gefolge einer Rotbunten, eine Kuhherde verstreut auf einer Weide, die sich weit in die Landschaft zu erstrecken scheint. Nicht viel, aber weit mehr als nichts.

Dann eine Siedlung. Zehn, zwölf heruntergekommene Häuser. Wozu lebt man hier? Ein Mann lehnt am Gartenzaun: »Ein Kloster? Gibt's hier nicht.« – Hier ist Sudetenland, jener Teil Böhmens, aus dem Menschen zu Massen aus ihrer Heimat vertrieben und andere in dieser entleerten Heimat eingepfropft wurden. Eine leere Heimat für Heimatlose. Keiner wollte hier hin. Die meisten, die hier leben, leben hier, weil sie hier leben müssen. Das Land ist ihnen egal. Die Mönche, die hier leben – noch ein paar Kilometer weiter, vorsichtig durch den dunklen Wald hindurch, in dem die Straße immer feucht ist und Herbst selbst im Sommer, bis einen die klamme Düsternis in grelle Weite ausspuckt – auch die Mönche leben hier, weil sie hier leben müssen. Sie können nicht anders. Aber (und das ist der Unterschied) sie wollen auch nicht anders.

Sie müssen unbedingt hier leben, weil sie hier jenen Ort gefunden haben, von dem sie anfangs nur wussten, dass es ihn gibt, irgendwo in Tschechien. Und sie suchten ihn, weil fünf junge Tschechen in Ermangelung eines Trappistenklosters in ihrer Heimat bald nach der Wende in ihrem Land, im Sommer 1991 näherhin, in der großen, französischen, 1132 gegründeten Traditions-Abtei Sept-Fons anklopften, um dort einzutreten. Noch heute gehören rund 70 Mönche zu dem »Mutterhaus« in der Bourbonnais nahe Burgund. Zwei der jungen Tschechen blieben, 14 weitere folgten ihnen bis 1998.

Im selben Jahr entschloss sich die Abtei Sept-Fons zur Gründung eines Klosters in Tschechien; damit begann die einjährige Suche nach einem geeigneten Ort. In der Chronik heißt es zum Januar 1999 schlicht und einfach: »Entdeckung von Nový Dvur.« Schnee lag, erzählt Bruder Frederic, Niederländer, 68 Jahre alt und einer der Gründer des neuen Klosters. »Und wir fanden nichts als Ruinen einer barocken Hofanlage, die einmal zum Prämonstratenserkloster Tepl gehörte. Aber der Ort hat uns bezaubert.«

Im Mai 2001 beginnen die Mönche mit dem Wiederaufbau, packen in wechselnden Gruppen aus Sept-Fons mit an, halten ihr Stundengebet regelmäßig im Blaumann auf der Baustelle, zwischen Mischmaschinen und Schubkarren. Noch fünf Monate vor der eigentlichen Gründung im August 2002 legen sie den Grundstein für die Kirche. Ein großes Ereignis. Der Abt aus Sept-Fons kommt, der Bischof von Pilsen, sogar der Nuntius – damals Erzbischof Erwin Josef Ender.

Neun Mönche ziehen in das längst nicht fertig gestellte Kloster ein: vier Tschechen, drei Franzosen, ein Spanier – und Bruder Frederic, der Niederländer. Im Juni 2004 tritt der erste tschechische Novize ein.

Fünf Jahre nach der Gründung reicht das Chorgestühl in der neuen Kirche so gerade: Die Gemeinschaft hat sich mehr als verdoppelt, der Altersdurchschnitt halbiert. Zwölf Mönche mit ewigen Gelübden leben in Nový Dvur, fünf mit zeitlichen und zwei No-

Arbeitsverteilung in der Gemeinschaft (links), Essen im Refektorium (rechts).

vizen. Interessenten gibt es mehr als genug, fast ständig sind junge Männer als Gäste im Kloster, von denen sich manche mit dem Gedanken tragen, Trappistenmönch zu werden.

Wie kann das sein? Wie kann – zumal in einem Land von weniger als 25 Prozent Katholiken, einer der strengsten Orden der katholischen Kirche für junge Menschen attraktiv sein? Warum mögen sie sich für ein Leben im Schweigen entscheiden, mit einem nachts um 3.30 Uhr beginnenden, täglich sieben Mal neu anhebenden, rund vier Stunden dauernden Stundengebet, weiteren Zeiten des Schweigens und Geistlicher Lesung, harter körperlicher Arbeit, ohne eigenen Besitz, ohne äußere Ablenkung, ohne privaten Raum, stattdessen mit einem nur durch schmale Trennwände aufgeteilten Schlafsaal, in dem während des Sommers noch bei Tageslicht die Nacht anbricht?

Auch die Mönche stellen sich diese Frage: »Woher kommt, in dem verdrießlichen Umfeld des abendländischen Kirchenlebens, die Jugend von Gemeinschaften wie Nový Dvur oder Sept-Fons, seinem Mutterhaus?« Ihre Antwort: »Von der Gnade Gottes und von nichts anderem.« So kühn sagen das Trappistenmönche – und meinen es so und wissen genau, was sie da sagen. Sinnlos nachzuhaken, unnötig weiterzubohren. Trappisten schweigen. Und wenn sie denn sprechen, weil sie um ein Gespräch gebeten wurden, sprechen sie auffallend frei. Wie soll man sagen – ihnen fehlt jeglicher frommer Singsang in der Stimme, sie wechseln kein Vokabular, wenn es um Gott oder um die Welt geht. Sie sind klar, eindeutig, konkret. Und sie

sind kompromisslos, wenn die Rede auf ihren Lebensstil kommt. »Wir dürfen einen Fehler nicht machen«, sagt Bruder Frederic, »wir dürfen uns nicht ändern, nur damit wir junge Leute anziehen. Im Gegenteil: Wer nicht so leben will, wie wir leben, gehört nicht hierhin.«

Dass damit kein tumber Traditionalismus gemeint ist, zeigt ihr Klosterbau: Zu den restaurierten und wieder aufgebauten barocken Gestüts-Ruinen gesellte sich ein hochmodernes Mönchs-Quadrum des britischen Architekten John Pawson. Über Fotografien vom Calvin-Klein-Flagstore in New York, das Pawson entwarf, stießen die Mönche von Sept-Fons auf ihren Architekten und seinen minimalistischen, puren Stil. Pawson, der in jungen Jahren Erfahrungen mit dem buddhistischen Mönchtum gemacht hatte, sagte zu, lebte eine Zeit in Sept-Fons mit und entwarf das neue weiße Kloster und die Klosterkirche Unserer Lieben Frau von Nový Dvur.

Ein wahrlich mönchischer Raum ist da entstanden, der an Schlichtheit kaum zu übertreffen ist – postmoderne Gotik. Ein hohes, langes, weißes Schiff mit klarem Ziel: der Altarraum – und darin der einfache, steinerne Altar, der Tabernakel auf einer zierlichen Steele, dahinter hoch oben auf einer schmalen Säule in alter Trappistentradition die Gottesmutter mit Kind, eine Darstellung des 12. Jahrhunderts aus der Gegend der Mutterabtei Sept-Fons.

Das Chorgestühl aus dunkelbraunem Holz in strenger, kantiger Form nimmt den größten Teil der Kirche

Architektur der Stille: Details der Klosterkirche.

ein; einige wenige Bänke für Besucher sind kaum mehr als ein Zugeständnis. Dies ist eine Mönchskirche, der Lebensraum der Mönche, intimer noch als ihre winzigen Schlafzellen; wer als Gast kommt, bleibt Gast, bleibt bei aller Freundlichkeit außen vor und kann die Kirche nur betreten, wenn sie zu den Gottesdiensten geöffnet wird.

Freigiebig eingelassen wird indes das Licht – gleichwohl von großflächigen, weißen Tafeln so geleitet, dass es sich ausgießt: über die Gäste, über die Mönche und flutend in den Raum der Eucharistie. Und wenn die Brüder im lichten Raum in ihren hartweißen, rauschenden Kukullen die Psalmen singen, sich tief verneigen oder zur Meditation auf dem Boden sitzen, dann sieht es so aus, als lebten sie in diesem Licht, als seien sie es. »Lauft, solange ihr das Licht des Lebens habt«, ruft Benedikt von Nursia den Mönchen in seiner Regel zu. Ausstrahlung. Hier stimmt's.

Bei Olivier ist sie angekommen. Ein französischer Bankier aus Prag, 25 Jahre alt. Ein junger, gläubiger Mensch, erstmals in Nový Dvur, weil er Ruhe will. Bei Tomas ebenso, ein 24-jähriger Tscheche aus der Nähe, ungetauft, der Hilfe in einer Entscheidung sucht. Genauso bei Jirí, sieben Jahre alt, dem sein Vater Vít zeigen will, was ein Kloster ist und dass der Glaube an Gott ein Leben prägen kann. Alle sind bei den Gebeten dabei, manchmal sogar um kurz nach drei in der Nacht.

Bruder Frederic ist überraschend unpathetisch: »Ein Kloster ist eine Stätte, ein Ort, ein Gebäude, das sich für das Klosterleben eignet. Mehr nicht.« Papst Johannes Paul II. habe gesagt, in einer Zeit, in der alles Nutzen haben muss, seien Mönche im besten Sinn nutzlos. Draußen bimmelt hell die Viertelstundenglocke. »Wissen Sie«, sagt Bruder Frederic, »nicht ob jemand die Glocke hört, ist wichtig. Für den Bruder, der sie läutet, zählt allein, dass er sie läutet.« ■

Reise-Tipps

Anreise

Das Kloster Nový Dvur liegt rund 140 Kilometer westlich von Prag: zunächst E 50 Richtung Pilsen, dann auf der E 49 Richtung Toužim; ca. 5 km vor Erreichen des Ortes Toužim links abbiegen Richtung Nezichov und ca. 7 Kilometer bis zum Kloster fahren.

Unterkunft

Erst im Juni 2009 wurde das großzügige Gästehaus unmittelbar neben der Klosterkirche gebaut. Darin können Frauen, Männer und Familien unterkommen und nehmen dort auch ihre Mahlzeiten ein. Feste Preise gibt es nicht, die noch junge und stark wachsende Gemeinschaft ist aber dringend auf jede Spende angewiesen.

Kontakt

Převorství Nový Dvůr – OCSO
Dobrá Voda 20
CZ-364 01 Toužim / Tschechische Republik
Tel.: 0042 / (0) 353 / 300 500
www.novydvur.cz

Oben: zwei Mönche bei der Meditation im Kreuzgang des Klosters. Unten: Ein Bruder beim Studium an seinem Schreibtisch im Scriptorium, seinem persönlichsten Bereich im Kloster; junge Trappisten bei der Verarbeitung selbstgemachten Senfs.

Polen
Tyniec – Benediktiner

Romanischer Ursprung, barocke Kirche, gotischer Kreuzgang: die Abtei Tyniec mit schickem Gästehaus am Ufer der Weichsel.

Benediktiner-Abtei Tyniec bei Krakau / Polen

Aufbruch in den grünen Auen

Manchmal geschieht es, da sieht das Auge wachen Blickes Bilder, die Menschen vor Jahrhunderten noch »Schau« genannt hätten; und sie meinten – anders als heute – nicht etwas, das aufgeführt oder gezeigt, sondern das, was im Innern aufgeht und gesehen wird: Traumbilder, Seelenlandschaften, Urzeichen. Damals glaubten die Menschen noch daran, dass diese tiefen Bilderwelten Wahres zum Vorschein brächten, eine geheimnisvolle Botschaft, ein heiliges Erscheinen, eine göttliche Offenbarung womöglich. Heute immerhin wissen sich Menschen, die eine Wachheit für die Seelenlandschaften ihrer Träume bewahrt haben, zuinnerst angerührt, wenn ihr waches Auge da draußen Landschaften sieht, die so große Ähnlichkeit haben mit jenen friedvollen Seelenbildern aus der Traumwelt: ein grünes, weites Tal, sanfte waldige Hügel, zaghaft glitzender Tau in den Wiesen, über allem dichtes, lichtes Nebelschweben, und durch manchen von der aufsteigenden Sonne gelösten Flecken lässt sich ein Blick auf den Fluss erhaschen, der sich ruhig und gemächlich durch saftige Auen schlängelt.

Frühmorgens in Tyniec können solche Offenbarungen geschehen, wenn der Schlaf noch in den Gliedern steckt, die Augen noch traumverklebt und die Sinne noch in Geschichten kreisen, die die Nacht erzählt hat. Noch bedeckt der Morgennebel die Welt, keiner weiß, was der Tag bringen mag. Dann schiebt sich die Sonne golden über den Bergkamm, gießt glänzendes Licht die Hänge hinab und verscheucht die letzten Nebelfetzen. Und siehe da, es ist noch immer sagenhaft und wunderschön: der ruhige Fluss, die satten Wiesen, so friedlich und tröstlich, dass sie das Herz vor Ergriffenheit einen Satz tun lassen. Und auf einmal tauchen Erinnerungen an uralte Dichtung aus der Tiefe des Gedächtnisses auf und lassen die Lippen stumm urvertraute Verse formen: »Du lässt mich lagern auf grünen Augen und führst mich zum Ruhepatz am Wasser. Du stillst mein

Im Jahr 1044 gegründet, erlebte die Abtei Tyniec, auf einem Kreidefelsen am Ufer der Weichsel gelegen, eine wechselhafte Geschichte. Anfang des 19. Jahrhunderts wurde sie aufgehoben, bis einen Monat vor dem Einmarsch der Deutschen im September 1939 elf Benediktiner aus Belgien neues mönchisches Leben begannen. Heute ist Tyniec erneut ein junges Kloster und ein Ort der Ruhe, obwohl das Stadtzentrum von Krakau nur 13 Kilometer entfernt liegt.

Zwischen grünen Wiesen und blauem Himmel: die Abtei auf einem Kreidefelsen am Ufer der Weichsel.

Verlangen, du leitest mich auf rechten Pfaden, treu deinem Namen. Lauter Güte und Huld werden mir folgen mein Leben lang, und im Haus der Herrn darf ich wohnen für lange Zeit« (Psalm 23).

Hier, an den Auen des rechten Weichselufers, heißt das Haus des Herrn »Tyniec«, eine Abtei mit fast 1000-jähriger Geschichte und äußerst lebendiger Gegenwart: 35 Benediktiner leben hier, dazu vier Kandidaten, rund die Hälfte der Mönche sind zwischen 19 Jahren und Anfang 40.

In der kleinen, schmalen, hohen Kirche oben auf einem Kreidefelsen über der Weichsel verbindet die Kanzel, barock geformt als ausladender Schiffsbug aus Schwarz und Gold, solche umnebelten Traumfahrten, den wirklichen Fluss unten in der Ebene – und die bleibende Treue des Wortes Gottes in allen Fahrten durch die Zeit, mögen Stürme kommen jedweder Art oder ein Hochwasser wie noch vor zwei Monaten – es gibt etwas, das verlässlich ist, Vertrauen schenkt und Kraft zum Leben gibt. Ungefähr dies scheint die Kanzel stellvertetend für das ganze Kloster auf dem Felsen über der Weichsel zu sagen.

Womöglich ist es dies, was die Menschen, ohne es immer zu wissen, nach Tyniec zieht, hinauf in die Abtei, durch zwei große Tore und unter dem alten Abtshaus hindurch, das man mit Fug und Recht auch »Burg« nennt. Denn in der Tat diente diese Festung der Verteidigung. Noch im 18. Jahrhundert wurde das Kloster von der am anderen Weichselufer stationierten russischen Armee unter Beschuss genommen und wieder einmal, wie mehrfach in seiner Geschichte, zerstört. 1816 wird die Abtei von Österreich aufgelöst, 1831 vernichtet ein Brand ihre Dächer, der letzte Tyniecer Mönch stirbt 1844. Doch dann, nur einen Monat vor dem Einfall der Deutschen in Polen im September 1939 kommen elf belgische Mönche nach Tyniec und beginnen erneut benediktinisches Leben, das sowohl die Zeit der deutschen Besatzung als auch die Jahre des Kommunismus übersteht. 1947 beginnt der allmähliche Wiederaufbau, 1968 wird das Kloster wieder in den Rang einer Abtei erhoben, und längst kennt rund ein Dutzend Mönche Solidarnosc und Mauerfall nur aus den Geschichtsbüchern. Viele Familien kommen den ganzen Sommer über auf den Klosterberg, genießen den Ausblick unter warmer Sonne und stahlblauem HImmel, mancher kommt

Gesichter von Tyniec (v.l.): Abt Bernard,
Novizenmeister Pater Włodzimierz, Bruder Ambrosius.

allein und zieht zielgerichteten Schrittes in eine stille Kirchenbank. Samstags haben die Patres gut zu tun, denn viele Paare kommen zu dem hohen Ort, um ihre Hochzeit zu feiern und sich vor den alten Backsteinmauern fotografieren zu lassen; manchmal ist sechs bis sieben Mal am Tag der Brautsegen zu spenden, und der Organist spielt wie im Akkord.

Mitunter sitzt dann selbst der Abt für Stunden auf der Empore, der vor seinem Klostereintritt 1994 Klavier und Musiktheorie studierte, in der Abtei das Orgelspiel erlernte und gern – weil es »doch wirklich nicht immer Bach sein muss« – den einen oder anderen zeitgenössischen Orgelkomponisten erklingen lässt, virtuos, mutig, mit viel Verve im Spiel. Überhaupt ist Tyniec eine musikalische Abtei: Bruder Jaroswlaw spielt Geige, Bruder Benedikt, der Kantor, ist ausgebildeter Opernsänger und sorgt mit seinem lyrischen Bass für wohlig weichen Klang im Chor. Seine Brüder zieht es hörbar auch eher in die tiefe Stimmlage, und so muten sonorer Gesang und slawische Sprache mitunter wie das Brummen orthodoxer Mönche an. Tyniec klingt profund.

Abt Bernard, 2005 als 38-Jähriger zum Vorsteher seiner Gemeinschaft gewählt und in Rom beim Gerlever Philosophie- und Theologieprofessor Pater Elmar Salmann über »das Absurde« promoviert, schätzt gleichwohl die Harmonie und meint damit keine emotionale Duselei, sondern »die innere Ordnung unserer Gemeinschaft, ihre Freiheit und ihren Frieden, die intellektuelle Konsequenz unserer Lebensform«. Diese Werte, erzählt er leise, verhalten und nachdenklich, habe er in der Kunst, in der Musik, er-

kannt und im Mönchsein gar als Lebensform gefunden: »Alles hat seinen Platz, und es ist für alles Platz. Das ist die Luft des Klosters«, sagt er und lächelt still.

Geboren in Warschau, in der »dynamischen, kreativen, modernen Metropole« ist er nun Abt eines Klosters, das zur traditionsbewussten, im Zweiten Weltkrieg von Zerstörung verschont gebliebenen Stadt Krakau gehört. Abt Bernard kennt beide Welten, beide Gesichter Polens, die Suche zwischen beiden, und glaubt umso mehr an die »kreative Kraft der Ruhe«: »Ich bin sicher, die Stille und Unaufgeregtheit unseres Lebens ist das Medium, das uns mit der heutigen Welt in Kontakt treten lässt.« Der klösterliche Lebensstil ist für ihn »die Ermöglichung einer ästhetischen Erfahrung, die an das Geheimnis des Glaubens und des mönchischen Lebens rühren lässt.«

Konkret heißt das: Seit einigen Jahren bemüht sich die Abtei Tyniec, diese Berührung zwischen Welt- und Klostermenschen zu intensivieren. Die Mönche haben den Südflügel zu einem grandiosen, preisgekrönten, schicken Gästehaus umgebaut, das seit 2008 in 28 Zimmern 50 Gäste unterbringen kann. Kulturelle Angebote werden großgeschrieben – seien es spirituelle, künstlerische oder theologische Kurse im Gästehaus; sei es das »Benediktinische Kulturinstitut«, das mit gelungenen Ausstellungen und diversen, auch touristischen Projekten die Aktualität benediktinischer Spiritualität vermitteln will; sei es ein »Benediktinischer Musiksommer« unter dem benediktinischen Psalmen-Leitwort »Suche den Frieden und jage ihm nach« und der Schirmherrschaft von

Oben: Klosterplatz als Tummelplatz junger Christen.
Unten: Refektorium. Rechte Seite: Chorgebet in der Kirche.

Krakaus Kardinal und früherem Papstsekretär Stanisław Dziwisz, Abtprimas Notker Wolf und polnischem Kulturministerium. Zudem betätigen sich die Brüder als ökonomische Pioniere, denn erstmalig im Land haben sie aus dem Klosterleben eine Marke gemacht: Sie verkaufen im Franchising-System in 40 Geschäften in ganz Polen, mittlerweile auch in Berlin und Wien, klösterliche Köstlichkeiten: Kräuter- und Teemischungen, Weine, Liköre und Sekt, Käse und Wurst, Marmeladen und eingelegtes Gemüse, Seifen und Duschgels, Bücher, CDs und DVDs – alles aus vielen Klöstern, alles unter der Marke »Benediktinische Produkte«.

»Die polnische Gesellschaft verändert sich«, erzählt Abt Bernard, »und wir sind davon überzeugt, dass es für sie wichtig ist, um den Reichtum klösterlicher Tradition zu wissen.« – Ein Duftkissen mit Jasmin-Aroma als Missionsmethode? Abt Bernard lacht. »Nicht direkt; aber die Menschen brauchen offenbar selbst über unsere Produkte einen Kontakt zu etwas Bewährtem, so ungewöhnlich es ihnen auch zunächst erscheinen mag. Sie verbinden damit – zu Recht – Echtheit, Glaubwürdigkeit, Natürlichkeit. Und auch wir wollen diesen Kontakt mit ihnen. Das ist unsere Form von Seelsorge, ein indirektes Zeugnis, wenn Sie so wollen.«

Nicht zuletzt die Nachwuchszahlen von Tyniec scheinen ihm Recht zu geben, auch wenn keiner der vier Kandidaten, drei Postulanten, zwei Novizen und sechs Studenten gekommen ist, weil ihn eine edle Pastete aus dem Abteisortiment dazu getrieben hätte. Bruder Ambrosius, geboren 1986 und mit 19 Jahren in Tyniec eingetreten,, sagt schlicht und ergreifend: »Das Leben hier ist tief. Ich kann hier wachsen, menschlich, geistlich. Weil ich darauf vertraue, dass die Generationen von Brüdern vor mir sich nicht geirrt haben, sondern glücklich geworden sind.« Als er zum ersten Mal in der Abtei war, habe ihn die Liturgie besonders fasziniert: »Diese Ruhe, diese Einfachheit, diese Schönheit. Ich wollte so ruhig, so einfach, so schön leben. Genauso.« Da funkeln die Augen des jungen Mönchs, er lächelt, zeigt seine strahlend weißen Zähne zwischen seinem dunklen Rauschebart. »Ach ja, und da ist noch etwas«, sagt er und schaut eine Spur zu vorwitzig, als dass mit einer tiefen monastischen Weisheit zu rechnen wäre: »Zu Hause war ich Einzelkind, jetzt habe ich fast 40 Brüder. Was will ich mehr?« Einzig der Gehorsam bereite ihm bisweilen Schwierigkeiten. »Aber ich lerne ja noch«, sagt er.

Pater Włodzimierz, der 1980 als 27-Jähriger ins Noviziat von Tyniec eintrat, ist seit drei Monaten nun selber Novizenmeister der Abtei. »Wissen Sie«, sagt er und legt den Kopf zur Seite, »das mit dem Nachwuchs darf man nicht zu hoch hängen. Die polnische Gesellschaft ist sehr traditionell, 95 Prozent sind katholisch, 40 Prozent gehen sonntags zur Kirche, der Glaube ist eine sehr emotionale Angelegenheit. Darum sind etwa die Franziskaner viel beliebter als die Benediktiner, sie sind einfacher, gefühlsbetonter.« Und darum sei es, erzählt Pater Włodzimierz, kein so außergewöhnliches Phänomen, wenn es in der einzigen Benediktiner-Abtei des Landes »ganz guten Nachwuchs«

gebe. »Wer Benediktiner werden will, wird es eben in Tyniec – oder in den zwei anderen Prioraten der Benediktiner in Lublin und Biskupow.« Dennoch: Abt Bernard hatte schon davon erzählt, dass zwar die Priesterseminare großer Städte wie etwa Krakau gut gefüllt seien; in anderen Bistümern aber überlege man, sie mangels Nachwuchs und Geld ganz zu schließen. Was also unterscheidet die jungen Benediktiner? Der Novizenmeister erklärt: »Unsere jungen Leute kommen oft erst nach ihrem Studium oder nach einer Ausbildung, bringen Lebenserfahrung mit, entscheiden bewusster, reflektierter, wie sie leben wollen. Wer nicht so ist, bleibt hier auch nicht.«

Es ist Abend geworden in Tyniec. In der Komplet singen die Bassmönche im wuchtigen, hölzernen Chorgestühl, es dunkelt auch in der Kirche, vor dem Hochaltar ist das Bildnis eines zeitgenössischen polnischen Künstlers angestrahlt: eine »vera icona«, ein Jesus-Gesicht. Am Ende geben sich alle Brüder den Friedensgruß – so wie Benedikt von Nursia in seiner Regel schreibt: »Bei einem Streit noch vor Sonnenuntergang Frieden schließen.« Übung in Harmonie.

Nach dem letzten Gesang sieht man einen der jungen Kandidaten über die kleine Mauer vor der Kirche in die Landschaft, auf den Fluss blicken. Unter ihm feiern junge Leute mit Musik und Bier am Weichselstrand das Wochenende. Ob er froh ist, hier oben zu sein? Ob er traurig ist, nicht unten zu sein? – Wer weiß, wo seine Seele sich findet, wenn der Nebel sich lichtet über seiner Traumlandschaft. Morgen. ■

Reise-Tipps

Anreise

Die Abtei Tyniec liegt ca. 13 km vom Hauptbahnhof der Stadt Krakau entfernt.

Unterkunft

Schickes, 2008 eröffnetes Gästehaus mit 50 Betten in 28 Zimmern für Frauen, Männer, Familien. Übernachtung mit Frühstück ab ca. 20 Euro (EZ).

Kontakt

Opactwo Benedyktynów w Tyncu
ul. Benedyktynska 37 / PL-30-398 Kraków / Polska
Tel.: 0048 / (0) 12 / 688 54 52
www.tyniec.benedyktyni.pl

Alte Mauern, neues Leben: Im umgebauten Südflügel können Gäste in Klosterkultur hineinschnuppern, hier bei einem Kurs in Miniaturmalerei.

Ungarn
Pannonhalma – Benediktiner

Eine Bibliothek mit rund 40 000 Bänden, eine wunderschöne frühgotische Kirche, ein Kloster als Weltkulturerbe und nationales Heiligtum seit 1000 Jahren – alles sehr beeindruckend. Am meisten aber fasziniert an der Erzabtei Pannonhalma, wie sie, von fern sichtbar, hinausstrahlt durch die Weitherzigkeit, Intelligenz und Spiritualität ihrer Mönche.

Vepser in der frühgotischen Abteikirche von Pannonhalma.

Skulptur König Stephans I. von Ungarn in der Bibliothek; Blick in die Tiefebene Transdanubiens; formvollendetes Gewölbe der romanischen Krypta.

Die Benediktiner-Erzabtei Pannonhalma / Ungarn

Zelle mit Weitsicht

Weit, weit geht der Blick ins Land über Wiesen, Wälder und Felder, so weit ringsum, dass man im Höhenkoller die ganze Welt zu sehen meint. Ungetrübt und friedlich schaut sie aus in der Fernsicht, liegt einfach da und scheint von Sorgen und Problemen so viel zu wissen wie die Strohballen hier und da auf den Feldern. Rechts geht die Sonne auf, links geht sie unter, abends zirpen die Grillen tief unterm Fenster, und morgens krähen die Hähne.

Das Fenster gehört zu einer Zelle, die Zelle zu einem Kloster, das Kloster gehört zu Ungarn – wie Paprika und Balaton und wie der Berg, auf dem es liegt, wie der Blick aus der Zelle, seit tausend Jahren derselbe: Pannonhalma, die Erzabtei, Ungarns Heiligtum seit König Stephan dem ersten, dem heiligen. Die Stadt auf dem Berg, die Keimzelle des Christentums im Land, Hochburg von Gelehrsamkeit, Kunst und Kultur durch die Jahrhunderte, Weltkulturerbe gar, eine Oase mit frischem Wasser für die Durstigen und dem Brot eines guten Wortes für die Hungernden der Zeit – und schlichtweg ein traumhafter Flecken Erde.

»Transdanubien« (»jenseits der Donau«) heißt die Landschaft im äußersten Nordwesten Ungarns, und in deren so genannter Kleinen Tiefebene um die Stadt Györ liegt das Kloster, das seinen Namen trotz der tausendjährigen Geschichte erst seit dem 19. Jahrhundert trägt, nachdem der Klosterfreund und Schriftsteller Ferenc Kazinczy in einem Brief an Abt Isidor Guzmics den Namen Pannonhalma erstmals nutzte – und damit den »Hügel Pannoniens« bezeichnete.

Viel tiefer wurzelt das Kloster-Patrozinium des heiligen Martin, der, obschon er später Bischof des französischen Tours war, doch als Sohn eines nahe dem Bach Pannosa in der Siedlung Sabaria Sicca stationierten römischen Soldaten eben da zur Welt kam – so erzählt es jedenfalls der mittelalterliche Geschichtsschreiber

Sulpicius Severus. Schon der Ordensgründer Benedikt von Nursia jedenfalls war von diesem heiligen Bischof Martin so angetan, dass er ihm in seinem Kloster Montecassino eine eigene Kapelle errichten ließ.

Damit wäre ein Bogen geschlagen zu den Anfängen der ungarischen Erzabtei auf dem Martinsberg, denn in Montecassino hatte Adalbert, der spätere Bischof von Prag, die Benediktiner kennen gelernt, war selbst dort eingetreten und schickte einige seiner Brüder aus Italien, Bayern und Böhmen ins Land der Pannonier, um sie zum Christentum zu bekehren.

Dort hatte er – vereinfacht erzählt – mit dem Großfürsten Geza zuvor gute Beziehungen aufgebaut, eben jener Geza gründete 996 das Kloster auf dem Pannonischen Hügel, und beide hießen fortan nach eben jenem heiligen Martin, der ganz in der Nähe geboren worden war. Der Sohn des Großfürsten aber war Stephan, der heilige Gründer Ungarns, und als dieser im Jahr 997 gegen seinen Vetter Koppány, der ihn vom Thron seines Vaters vertreiben wollte, zu Felde zog, empfing er – wie es heißt – von den Mönchen, die sein Vater ins Land gerufen hatte, viel Seelenkraft und tat ein Gelübde: Sollte er den Fürsten von Somogy besiegen, würde er das Zehnte des aufrührerischen Komitats Somogy dem Kloster schenken. Nach dem Sieg über Koppány – im Kampf hatte er die wirkungsvolle Unterstützung des heiligen Martin sehr wohl zu spüren bekommen – löste er sein Gelübde ein und ließ dem ersten Kloster des Landes auch weitere Privilegien zukommen. Davon kündet ein Brief aus dem Jahr 1002, in dem Stephan der Abtei die Freiheiten des Mutterklosters Montecassino zusagt, sie der Jurisdiktion des zuständigen Bischofs entzieht und viele weitere Rechte gewährt. Das Schriftstück gilt nicht nur als das wertvollste Dokument der Geschichte der Abtei Pannonhalma, es ist zugleich die einzige Urkunde des heiligen Königs Stephan, die in Originalform erhalten blieb, und das älteste lateinische Diplom in Ungarn.

An Montecassino in Italien erinnert die Abtei in Ungarn auch rein äußerlich. Von fern schon ist sie zu sehen, »thronend auf einem Königsthron über der Ebene zu ihren Füßen«, wie besagter Schriftsteller Ferenc Kazinczy schrieb. Und weil ringsherum flaches Land die Umgebung prägt, gilt der 282 Meter hohe Hügel doch tatsächlich noch als einer der Gipfel des Bakonygebirges, und die Abtei strahlt von ganz allein eine ähnliche Erhabenheit aus wie Benedikts Kloster auf dem Monte Cassino in Italien. Ähnlich auch die Gebäude, die Toreinfahrt, Gymnasium und Internat für rund 300 Schüler, die Bogendurchfahrten, die klassizistischen, hell-strahlenden Monumentalgebäude, die Kompaktheit der Anlage, der erhabene Blick über die Landschaft.

Jenseits von gut und böse ist die Abtei dennoch nicht. Da mögen dem lieben Gott tausend Jahre wie ein Tag sein – die Mönche von Pannonhalma leben in zeitgenössischem Selbstbewusstsein mit ihrer Millenniums-Geschichte aus großen Blütezeiten und Jahrzehnten der Vertreibung, aus Aufhebungen, Reformierungen und Neugründungen, aus Phasen gro-

Erzabt Asztrik (li.) und im Kreis von Brüdern und eines Abtes aus Brasilien.

ßer Macht und Kapiteln der Bedrängung, Einengung und Gängelung. Letzteres ist noch nicht allzu lange her. Durch all diese Zeiten hindurch aber beteten und beten die Mönche bis heute täglich in ihrer Konventsmesse für das Wohlergehen und die Unversehrtheit des Landes – »pro stabilitate regni«. Heute freilich mit demokratischem Grundton und auf Ungarisch.

Diese Sprache ist so fremd wie die alles andere als nur klischeehafte Paprika schon zum Frühstück: derart undurchschaubar und unableitbar, dass schon die frühe Gotik der überraschend klein wirkenden Klosterkirche einen großen Trost durch Vertrautheit spendet. »Örök« heißt ewig. Wer will das verstehen? Am Ende eines jeden Psalms im Stundengebet der Mönche kann man dieses Wort »örök« erhaschen: » ... wie im Anfang, so auch jetzt und alle Zeit und in Ewigkeit«. Faszinierend, wie Form im Unbekannten das Bekannte entdecken lässt. Und wie wohltuend ist das trotzdem, wenn einem nach vollendeter Mahlzeit im Refektorium der eine oder andere der rund 50 Mönche von Pannonhalma in astreinem Deutsch, höflich nickend »angenehme Mittagsruhe« über die gut zwei Meter breite Tafel wünscht, um sodann die kopfkissengroße, kräftig gestärkte Serviette fein säuberlich zusammenzurollen. Beim Dankgebet klingt »örök« schon nicht mehr fremder als »saecula saeculorum«.

Überhaupt das Refektorium! Ein monumentaler Barocksaal von zwei Geschoss Höhe, geschmückt durch stuckumrahmte Fresken, die Geschichten der Bibel und des Lebens Benedikts erzählen – so etwa jene (rechts neben dem Tisch der Oberen) vom freilich gescheiterten Versuch einiger Mönche, ihren

konsequenten Abt mittels vergifteten Weins loszuwerden.

Solcherlei wird dem amtierenden Erzabt von Pannonhalma sicherlich nicht widerfahren. Benannt nach dem ersten Abt des Klosters, leitet Asztrik Várszegi die Gemeinschaft seit 1991 und steht für ein offenherziges, gastfreundliches und zeitgenössisches Mönchtum, das die bleibende Aktualität der Regel seines Gründers Benedikt erkannt hat und zu leben versucht. Pannonhalma hat über Nachwuchsmangel nicht zu klagen, besiedelte nach der Wende das ursprünglich nicht viel jüngere Kloster Tihany am Plattensee mit acht Mönchen, ebenso die einstige Abtei Bakonybél mit fünf Benediktinern. In Györ leben 13 weitere und unterhalten das klostereigene Gymnasium, das zweite der Abtei.

Zudem ist Pannonhalma Erzabtei und der Asztrik Várszegi Präses aller slawischen Benediktinerklöster, die Erzabtei zugleich »Territorialabtei«, ein Bistum mit 15 Pfarreien, für die der Abt zuständig ist, ohne deshalb Bischof zu sein. Einen violetten Pileolus, die bischöfliche Kopfbedeckung, durfte der Abt dennoch immer tragen.

Erzabt Asztrik trägt sie mit noch etwas mehr Berechtigung, denn drei Jahre, bevor ihn seine Brüder zu ihrem Abt wählten, hatte ihn Papst Johannes Paul II. bereits zum Weihbischof in Esztergom-Budapest ernannt. Seitdem weiht er seine Brüder selber zum Priester. »Das entspricht meiner Seele sehr«, sagt er lächelnd. Auf Selbstbestimmung und Unabhängigkeit legten Benediktineräbte immer schon großen

Oben: das prächtige Refektorium; unten: die »Porta Speciosa« (vor 1224).

Wert: »Ein Christ ist frei, anders zu denken, anders zu leben, anders zu handeln als man es in seiner Umgebung tut«, sagt Erzabt Asztrik und nennt den Christen »Bürger des Gottesreichs«: »Er darf und soll auf Gesellschaftszwang oder auf kirchliche Engstirnigkeit und ungläubige Ängste verzichten, niemanden hassen oder exkommunizieren, er ist frei, wie selbst Christus frei war, um zu handeln, zu denken.«

Das mag einer der Gründe dafür sein, warum er als Mitglied der Ungarischen Bischofskonferenz mit der Aufarbeitung der Kirchengeschichte in kommunistischer Zeit beauftragt wurde. Ein Intellektueller mit Herz, ein 61-jähriger Mönch mit scharfem Realitätssinn, der Germanistik und Geschichte studierte, der Lehrer war und Novizenmeister, Regens des ungarischen Zentralseminars und Sekretär der Bischofskonferenz, der stolz ist auf gute Studienabschlüsse seiner jungen Brüder und auf den hervorragenden Sauvignon Blanc seiner Klosterkellerei. Ein durch und durch ökumenischer Christ und ein Europäer, dessen Klosterschule seit langem lebendige Partnerschaften mit den Gymnasien der deutschen Abteien Münsterschwarzach und Königsmünster pflegt. Aber auch ein Ungar, der sich Sorgen macht über sein Land und die Gedankenlosigkeit vieler seiner Landsleute.

Danach gefragt, was er Menschen seiner Heimat sagen würde, die mit der Frage nach Gott zu ihm kommen, antwortet er: »Kein Wort sage ich ihnen! Wenn suchende Menschen von einer auf Gott ausgerichteten menschlichen Existenz, von einer entgegenkommenden, wortlosen, menschlichen Güte und Offenheit nicht angesprochen werden, nützen viele Worte nicht viel.« Worte seien schon seit langem wenig oder gar nichts. Nötig seien Menschen mit grundlegender Gotteserfahrung. »Eine hungernde und suchende Menschenseele spürt es sofort, und vieles andere ergibt sich fast von selbst.«

In diesem Sinn mag es eigentümlich sinnig sein, dass die berühmte »Porta Speciosa«, die »schöne Pforte« der Abteikirche, nicht von außen, sondern nur vom inneren Kreuzgang des Klosters zu sehen ist. Die Mönche und ihre tausendjährige Erfahrung sind kein Präsentierschmuck. Drinnen, in der Kirche, singen sie ihr Stundengebet – auf Klappstühlen. Erzabt Asztrik freilich will möglichst schnell ein echtes Chorgestühl. Mit 1000 Jahren Tradition im Rücken gewöhnt man sich an Dinge, ehe man sich versieht. Wie unsereins an »örök«. ■

Reise-Tipps

Anreise

Pannonhalma liegt rund 130 km westlich von Budapest, von dort über die M 1 Richtung Györ. Bahnfahrt nur über Györ oder Veszprem.

Unterkunft

Großzügige, einfache Räume (Bad/WC auf dem Flur), ausschließlich für Männer.

Kontakt

Pannonhalmi Föapatsag / HU-9090 Pannonhalma, Var 1. / Ungarn / www.bences.hu

Hintergründe

Klosterwelten

Höre, mein Sohn, auf die Lehren
des Meisters und neige das Ohr
deines Herzens;
des gütigen Vaters
erfülle

Benedikts Regel: Ursprung und Aufbruch

Benedikt von Nursia ist nicht der Gründer der Benediktiner. Er wollte nicht einmal einen Orden gründen. Dieser Mann, der ungefähr zwischen 480 und 547 im heutigen Italien lebte, hat schlicht und ergreifend eine Klosterregel geschrieben. Orden nach unserem heutigen Verständnis, also eine Vielzahl von Klöstern, die in derselben Spiritualität leben und auch kirchenrechtlich zusammengehören, gab es zu Benedikts Zeit noch gar nicht. Streng genommen gibt es den »Benediktinerorden« bis heute nicht. Wohl rief Papst Leo XIII. im Jahr 1893 eine »Benediktinische Konföderation« mit einem auf acht Jahre gewählten Abtprimas als Repräsentanten aller Benediktiner weltweit ins Leben. Auch gibt es verschiedene »Kongregationen«, in denen Benediktinerklöster sich zusammengeschlossen haben – seien sie durch ihre Gründungsgeschichten verbunden, sei es in einer bestimmten spirituellen Prägung, sei es aufgrund einer gemeinsamen besonderen Prägung hinsichtlich ihrer Aufgaben. Zurzeit besteht die Konföderation aus 20 Kongregationen. Dennoch bleibt es dabei: Jede Benediktiner-Abtei ist vollkommen selbstständig, sowohl in kirchenrechtlicher als auch in wirtschaftlicher Hinsicht. Sie gehört zwar zwangsläufig in den geographischen Bereich eines Bistums, doch im Großen und Ganzen kann nicht einmal der Bischof einer Diözese in das Klosterleben einer Abtei hineinregieren. Einziger und höchster Leiter einer Abtei ist der Abt, seit alters her in freier, geheimer, demokratischer Wahl von allen Mönchen mit feierlicher Profess gewählt.

So gilt bis heute, was der heilige Benedikt über die »Cönobiten«, die in einer Gemeinschaft lebenden Mönche schreibt: »Diese leben im Kloster und dienen unter Regel und Abt« (RB 1,1). Diese Regel und das so genannte »Zweite Buch der Dialoge« von Papst Gregor dem Großen (540-604) sind die bedeutsamsten Quellen über das Leben Benedikts von Nursias. Man geht davon aus, dass er im heutigen Norcia, einem Städtchen bei Perugia im italienischen Umbrien geboren wurde – in jener Region also, in der rund 700 Jahre später auch Franz von Assisi zur Welt kam. Benedikts Eltern waren vermutlich recht betuchte Leute, die es sich leisten konnten, ihren Sohn zum Studium nach Rom zu schicken. Es wird berichtet, dass ihm die Oberflächlichkeit des Lebens in einer von Dekadenz, Völkerwanderung und Orientierungslosigkeit geprägten Stadt (das römische Reich ging seinem Ende zu) zutiefst widerstrebten. Benedikt zog als junger Mann nach Subiaco, rund 80 Kilometer östlich von Rom (Seite 92), wo er als Einsiedler in einer Höhle lebte. Es folgten wechselhafte Zeiten als Leiter von Gemeinschaften und erneut als Mensch in der Einsamkeit, bis er schließlich – wie der Kirchenhistoriker Abt em. Pius Engelbert schreibt – »nach zweifelhafter Tradition im Jahr 529 auf dem Montecassino

(Seite 112) endgültig sein monastisches Ideal verwirklichte«.

Seine Regel schrieb er vermutlich nicht in einem Guss, sondern eher Stück für Stück aufgrund neuer Erfahrungen, die er in seiner Gemeinschaft machte. Gleichwohl treten einige Kapitel besonders kompakt und grundlegend hervor – besonders der Prolog und die folgenden, ersten Kapitel: Über die Arten der Mönche, die Eigenschaften des Abtes, die Berufung der Brüder zum Rat, die Instrumente der guten Werke, den Gehorsam, die Schweigsamkeit und die Demut. Für jedes dieser Kapitel könnte man eine eigene Bibliothek einrichten, soviel ist darüber geschrieben worden. Neben dem, was in den vorangegangenen Reportagen über einzelne Aspekte der Regel zu lesen war, genügt es, hier nur einige Grundzüge der Regel Benedikts zu skizzieren:

Sein Prolog, ein Meisterstück spiritueller Literatur, beginnt bezeichnenderweise mit dem Wort »Höre«: »Höre, mein Sohn, auf die Weisung des Meisters und neige das Ohr deines Herzens.« Es geht um eine tiefe Wachsamkeit für Gott und für sich selber. Als Motivation für ein Leben als Mönch fragt er nach einer ziemlich überraschenden Grundhaltung: »Das ruft der Herr der Volksmenge zu, in der er seinen Arbeiter sucht: Wer ist der Mensch, der das Leben liebt und gute Tage zu sehen wünscht? Wenn du das hörst und antwortest: Ich!, dann sagte Gott zu dir: Willst du wahres und ewiges Leben haben, so bewahre deine Zunge vor Bösem und deine Lippen vor falscher Rede! Meide das Böse und tu das Gute, suche den Frieden und jage ihm nach! Wenn ihr das tut, dann blicken meine Augen auf euch, und meine Ohren hören eure Gebete, und noch bevor ihr zu mir ruft, sage ich zu euch: Seht, ich bin da. Liebe Brüder, was könnte beglückender sein als dieses Wort des Herrn, der uns einlädt? Seht, in seiner Güte zeigt uns der Herr den Weg des Lebens.«

Den Weg zum Leben – darum geht es Benedikt. Er weiß um die festlichen Versprechen und um seine Schwachheit, sie zu halten. Darum ist eine der wichtigsten Fähigkeiten des Mönchs jene zur »discretio«, zur »Unterscheidung der Geister« oder anders gesagt: zur Kunst des Maßhaltens. Gehorsam ist für Benedikt nicht Kadavergehorsam, sondern waches Hören auf das, was dran ist. Demut ist nicht selbstverächtliches Buckeln und Kleinmachen, sondern ein Weg der Selbsterkenntnis: erkennen, wer und was ich bin – von Gott geschaffener, gutgeheißener, geliebter Mensch. Nicht mehr und nicht weniger. Schweigsamkeit heißt nicht Nicht-Reden, sondern innerlich still zu werden, auf meine Worte zu achten, mich aufs Wesentliche zu beschränken, mich mit nicht mehr als dem Wesentlichen zu begnügen.

Benedikt ist ein Menschenkenner par excellence, das gilt auch für Menschen in Führungspositionen. Dem Abt, der sich für seine Leitung dereinst gar vor Gott verantworten muss, rät er, »bald den Ernst des Meisters, bald die Güte des Vaters« zu zeigen. Er soll im Kloster niemanden bevorzugen, den Eigenarten der vielen dienen und sich auch durch ein »vielleicht geringes Klostervermögen nicht beunruhigen lassen«. Er soll immer wieder den Rat der Brüder anhören, und – das erwähnt Benedikt besonders – dabei zählen nicht allein die Weisheit und Erfahrung der Älteren, denn »oft offenbart der Herr einem Jüngeren, was das Bessere ist«.

Den Stellvertreter des Abtes, den Prior, sieht Benedikt mit großer Skepsis. Er weiß um den Reiz der Macht, um Karrierestreben, und so schreibt er in seine Regel über den Prior: »Vom bösen Geist des Stolzes aufgebläht, bilden sich manche ein, ›zweite Äbte‹ zu sein; sie reißen die Herrschaft über andere an sich, schüren Ärger und Streit und stiften Zwietracht in ihren Gemeinschaften.« Von daher legt Benedikt die Auswahl des Priors allein in die Hände des Abtes – wenn auch nach Beratung »mit gottesfürchtigen Brüdern«.

Was den Cellerar angeht, gewissermaßen den Wirtschafts- und Finanzminister eines Klosters, erwartet Benedikt, dass er »weise ist, reifen Charakters und nüchtern, nicht maßlos im Essen, nicht überheblich, nicht stürmisch, nicht verletzend, nicht umständlich und nicht verschwenderisch, sondern vielmehr gottesfürchtig«. Er soll »die Brüder nicht traurig machen«, und selbst, wenn er nichts hat, »was er einem geben könnte, schenke er ihm wenigstens ein freundliches Wort.« Auch in konfliktträchtigen Situationen soll er sich bewähren – was menschliche und soziale Kompetenz voraussetzt: »Falls ein Bruder unvernünftig etwas fordert, kränke er ihn nicht durch Verachtung, sondern schlage ihm die unangemessene Bitte vernünftig und mit Demut ab.« Das dürfte auch heute das ideale Profil für jeden sein, der in einem Unternehmen Verantwortung für die wirtschaftlichen und personellen Ressourcen hat. Und Benedikts Grundsatz, den er in den letzten zwei Versen seines 31. Regelkapitels über den Cellerar schreibt, könnte jede Unternehmenskultur bereichern: Die wirtschaftlich Verantwortlichen sollen arbeiten können, »ohne den Frieden der Seele zu verlieren«, und die Mitarbeiter sollen so behandelt werden, dass »niemand verwirrt und traurig wird«. Einen besonderen Hinweis über die wirtschaftlichen Grundsätze des Klosters gibt das 57. Regelkapitel über die »Mönche als Handwerker«. Dort warnt Benedikt bei der Festlegung der Preise vor Habgier: »Man verkaufe sogar immer etwas billiger, als es sonst außerhalb des Klosters möglich ist, damit in allem Gott verherrlicht werde.«

Was die Auswahl von Novizen angeht, soll man es ihnen so schwer wie möglich machen, sich für ein Leben im Kloster zu entscheiden. Dann aber zählt einzig und allein eine Grundfrage: ob der Novize wirklich Gott sucht. Gottsucher – das sind Mönche. Und manche Weise sagen, Mönch wird man ein Leben lang.

Benedikt regelt viele scheinbare Kleinigkeiten: die Auswahl der Psalmen, die Gottesdienstzeiten, die Kleidung der Mönche (»man nehme das, was in der Gegend zu finden oder was billiger zu beschaffen ist«), das Maß des Essens und des Trinkens (das allerdings »mit einer gewissen Ängstlichkeit«, denn: »Jeder hat seine Gnadengabe von Gott, der eine so, der andere so«), den Umgang mit jenen, die sich etwas zu schulden kommen lassen, die Rangordnung im Kloster (die ungeachtet der Herkunft oder des Alters bis heute durch den Zeitpunkt des Eintritts festgelegt ist).

Benedikt ordnet die Arbeit in gewisser Weise dem Gebet unter (wenngleich die Kurzformel »Ora et labora« an keiner Stelle der Regel zu finden, sondern erst im 19. Jahrhundert entstanden ist), verlangt aber gleichwohl, dass jeder arbeiten soll – was zu seiner Zeit eher Aufgabe von Sklaven war. Für Benedikt ist klar: »Müßiggang ist der Feind der Seele.« Anders gesagt: Ein rein geistliches Leben in Meditation und Chorgebet ist seine Sache nicht; er glaubt daran, dass körperliche Arbeit zum Geistlichen hinzukommen muss. 1500 Jahre später nennt man das »Ganzheitlichkeit« und ist doch vermeintlich modern dabei, den Körper zu »spiritualisieren«, indem man eben nicht vom Körper, sondern hochstilisiert vom »Leib« spricht. Benedikt ist da weitaus »körperbetonter«.

Neben den Alten und Kranken verdienen die Gäste in seiner Regel besondere Aufmerksamkeit. Im 53. Kapitel stellt er bereits im ersten Vers fest: »Alle, die zum Kloster kommen, empfange man wie Christus, weil er selber sagen wird: Ich war fremd, und ihr habt mich aufgenommen.« Benedikt spricht hier im Lateinischen von den »supervenientes hospites«; das sind jene, die mehr oder weniger zufällig, ungeplant anklopfen. Jedem gilt es, mit Ehre zu begegnen. Was sollte das anderes sein als die Achtung der Menschenwürde jedes Einzelnen? Benedikt legt weiter fest, dass jeder Gast liebevoll begrüßt werden soll: Zuerst soll gemeinsam gebetet, dann der »Friedenskuss« ausgetauscht werden. Dem Gast soll zur Erbauung vorgelesen werden, der Obere soll sogar das Fasten für ihn brechen, der Abt soll ihm Wasser zum Reinigen der Hände reichen und ihm selber die Füße waschen – eine Geste, die Jesus beim Abschiedsmahl in Jerusalem seinen Jüngern erwiesen hat. Die Gäste sollen eine eigene Küche haben, auch einen eigenen Schlafraum, und grundsätzlich sollen alle, die sich um die Gäste kümmern, »ihren Dienst leisten ohne zu murren«. Wenn aber einer der Brüder mit diesen Aufgaben überlastet ist, dann gebe man ihm – wie in jeder vergleichbaren Situation – einen anderen Bruder zur Hilfe an die Seite. Denn: »Das Haus Gottes soll von Weisen und weise verwaltet werden.«

Benedikt schreibt seine Regel »für Anfänger«. Im Abschluss des Prologs heißt es, er wolle »eine Schule für den Dienst des Herrn« gründen. Dabei möchte er »nichts Hartes, nichts Schweres anordnen«: »Sollte es jedoch aus wohlüberlegtem Grund etwas strenger zugehen, um Fehler zu bessern und die Liebe zu bewahren, dann lass dich nicht sofort von Angst verwirren und fliehe nicht vom Weg des Heils; er kann am Anfang nicht anders sein als eng. Wer aber im klösterlichen Leben und im Glauben fortschreitet, dem wird das Herz weit, und er läuft in unsagbarem Glück der Liebe den Weg der Gebote Gottes.«

Weltweit leben derzeit über 25 000 Benediktinerinnen und Benediktiner in rund 1000 Klöstern nach dieser Regel.

Die Zisterzienser

500 Jahre nach Benedikts Tod hatten sich viele Klöster mehr als nur etabliert in Kirche und Gesellschaft. In Frankreich nahm Mitte des 11. Jahrhunderts eine Reformbewegung innerhalb der benediktinischen Klöster ihren Anfang, die sich zunächst um Robert von Molesme († 1111) entwickelte. Dieser Abt von St-Michel in Tonnerre gründete mit einigen Eremiten im Jahr 1075 die Abtei Molesme, um in Einfachheit und Einsamkeit dem ursprünglichen Ideal des Mönchtums nachzugehen. Im Frühjahr 1098 jedoch zogen sie in die Einöde von Cîteaux (lateinisch »Cistercium« – daher der der Name »Zisterzienser«); Papst Urban II. beorderte Robert allerdings zurück nach Molesmes, sein Nachfolger im »Neukloster« wurde der Prior Alberich. Nach dessen Tod im Jahr 1108 wurde der Engländer Stephan Harding († 1134) sein Nachfolger. 1113 trat der adelige Bernhard von Fontaine-lès-Djon mit 30 Gefährten ein – der spätere Bernhard von Clairvaux, benannt nach dem Kloster Clairvaux, das 1115 von Citeaux aus gegründet wurde. Bernhard wurde zur prägenden Gestalt des Zisterzienserordens: In seinem Todesjahr 1153 gab es bereits 344 Klöster, in der Mitte des 13. Jahrhunderts bereits 647. Das Ideal der Zisterzienser war die Rückkehr zu großer Einfachheit – sowohl im gemeinschaftlichen Leben als auch in der Ausgestaltung der Gebäude des Klosters bis hin zu einer Vereinfachung selbst der Buchmalerei. Weltweit gibt es heute rund 2500 Mönche und Nonnen in knapp 150 Zisterzienserklöstern.

Die Trappisten

Um das Jahr 1600 gab es schließlich auch im Zisterzienserorden Bestrebungen, erneut zu den ursprünglichen Idealen Benedikts und von Robert, Stephan Harding, Alberich und Bernhard zurückzukehren. Daraus entstand die so genannte »Observanz«-Bewegung, ausgehend von der französischen Abtei La Trappe (Seite 122) und ihrem Abt Jean-Armand de Rancé. Als sein Kloster während der Französischen Revolution aufgehoben wurde, flüchteten die Mönche und gründeten mehr oder weniger offiziell zwischen Russland und Amerika neue Gemeinschaften der »Zisterzienser von der strengen Observanz«, wie die Trappisten offiziell genannt werden. Papst Leo XIII. trennte diesen Orden 1892 formell von den Zisterziensern ab. Weltweit gehören ihm heute rund 170 Klöster mit rund 4000 Mönchen und Nonnen an.

Die monastischen Gemeinschaften von Jerusalem

1975 gründete der Pariser Pfarrer Pierre-Marie Delfieux diese Gemeinschaft von Brüdern und Schwestern, die bewusst als Mönche in die Städte als die »Wüsten unserer Zeit« gehen. Sie leben überall in einer Männer- und einer Frauengemeinschaft, beten aber gemeinsam; sie wohnen stets zur Miete und gehen halbtags ihren erlernten Berufen nach. Zur Gemeinschaft gehören mittlerweile über 200 Brüder und Schwestern aus 30 Nationen an zwölf Orten zwischen Montreal und Warschau (Seite 132).

Schweigende Verschlossenheit: Stille in der Klausur, dem Kernbereich des Klosters. Erläuternde Offenheit: Jede Frage wird im Kloster auch beantwortet.

Tipps und Verhaltensregeln

Als Gast im Kloster

Wer sich wirklich entschließt, einige Zeit in einem Kloster zu verbringen, muss wissen, was er da tut. Klöster sind keine Hotels. Klöster bleiben Klöster – oder besser: Sie nehmen eines ihrer Haupt-Anliegen ernst und öffnen sich wie seit Jahrhunderten den Menschen ihrer Zeit. Kurzum: Gastfreundschaft ist in sämtlichen benediktinischen Klöstern kein genialer Coup von Public Relations, sondern grundlegendes Anliegen und spirituelles Ereignis. In jedem Kloster dieser Welt, das nach der Regel des heiligen Benedikt lebt (vor allem Benediktiner, Zisterzienser und Trappisten), gilt der einfache, ehrliche Satz dieser Klosterregel: »An Gästen wird es einem Kloster nie mangeln.« Mehr noch: »Jeder Gast ist wie Christus zu empfangen.« Ein gewaltig hoher, geistlicher Anspruch, der nicht zuletzt von der großen Achtung, ja, Ehrfurcht vor der Würde des Menschen! Lassen Sie sich also aufnehmen – und annehmen!

So gesehen wissen die Klöster, was sie tun: Sie geben Menschen eine Unterkunft – mit Bett und Essen und Teilhabe am gemeinschaftlichen Gebet. Aber wissen auch die Gäste, worauf sie sich einlassen? So selbstverständlich die Gastfreundschaft seitens der Brüder und Schwestern auch ist – es kann nicht schaden, um die eine oder andere Gepflogenheit klösterlichen Lebens zu wissen, wenn man sich wirklich darauf einlässt, in einem Kloster um einen Aufenthalt als Gast zu bitten. Keine Frage: Wer wirklich »fußläufig« auf Pilgerschaft ist und für die Nacht ein Quartier sucht, wird beim spontanen Anklopfen an einer Klosterpforte für gewöhnlich nicht abgewiesen werden. Aber normalerweise sind wir westlichen Europäer ja doch reichlich gut organisiert und planen selbst unsere Freizeit akribisch. Weil das mittlerweile vielen so geht, empfiehlt sich rechtzeitiges Anfragen via E-Mail, zumal die meisten Klöster mit eigenen Homepages im Internet ganz gut erreichbar sind. Jede Reportage dieses Buchs nennt die Internetadresse der beschriebenen Gemeinschaft.

Zwar gehört es auch zum Selbstverständnis jeder Abtei in benediktinischer Tradition, dass sie vollkommen selbstständig ist und dementsprechend eigene Gewohnheiten pflegt, auch was die Einbindung der Gäste angeht, doch lassen sich einige grundsätzliche Dinge darüber sagen, was einen Gast im Kloster erwartet und was eine Klostergemeinschaft von einem Gast erwartet. Antworten auf die häufigsten, wichtigsten Fragen sind im Folgenden aufgeführt; das kann nur im Allgemeinen und auf der Grundlage dessen erfolgen, was ich bei meinen Reisen durch Europa erlebt habe. Dabei sind die drei »Gruppen« benediktinischer Spiritualität – Benediktiner, Zisterzienser und Trappisten – noch einmal zu unterscheiden.

Wie lange kann ich bleiben?

Viele Klöster beschränken einen Aufenthalt auf eine Woche pro Jahr. Manche Gemeinschaften bieten allerdings auch an, sogar einige Monate bei ihnen zu leben, dann aber in größerer Verbindlichkeit, was Teilnahme an den Gottesdiensten, die Übernahme von Arbeiten und die persönliche Auseinandersetzung angeht.

Wer kann Gast sein im Kloster?

Kein Kloster wird bei Ihrer Anmeldung einen Taufschein erwarten. Grundsätzlich ist jeder willkommen – ganz gleich, ob oder welcher Religion oder Konfession er angehört, ob er verheiratet, ledig oder in einer anderen Lebensform beheimatet ist. Eine grundsätzliche Aufgeschlossenheit gegenüber dem klösterlichen Leben wird aber verständlicher- und berechtigterweise vorausgesetzt. Für gewöhnlich kommt man als Einzelner – als Mann ins Männerkloster, als Frau ins Frauenkloster. Manche Gemeinschaften haben außerhalb des klösterlichen Bereichs Gästehäuser, in denen auch Paare und Familien untergebracht werden. Das hat freilich Konsequenzen für die Nähe der Teilhabe am Leben der klösterlichen Gemeinschaft.

Was muss ich mitbringen?

Von der Bibel über Handtücher bis zur Bettwäsche ist für gewöhnlich gesorgt; es kann sein, dass Sie Ihr Bett selber beziehen oder nach Ihrem Aufenthalt abziehen sollen – schließlich gibt es keinen Zimmerservice. Erfahrungsgemäß kann es hilfreich sein, gute Lektüre mitzubringen: Ich persönlich habe immer einen guten Krimi (für die Entspannung), ein spirituelles oder Sach-Buch (fürs innerliche Weiterkommen) und mein Tagebuch dabei (für persönliche Reflexion und Erinnerung). Ob man Laptop, Handy oder Musik (mit Ohrstöpseln!) mitbringt, muss jeder selber entscheiden. Meistens ist weniger eindeutig mehr.

Wer kümmert sich um mich?

Jedes benediktinisch geprägte Kloster hat einen eigens dafür beauftragten Gastbruder oder eine Gastschwester. Sie sind die ersten Ansprechpartner, antworten auf Ihre Anfrage, begrüßen Sie (nachdem Sie sich an der Klosterpforte gemeldet haben), zeigen Ihnen Ihr Zimmer und machen Sie mit den wichtigsten Zeiten, Räumen und Gepflogenheiten vertraut. Sie sind auch Ihre Ansprechpartner bei jeglichen Fragen, die Ihnen während Ihres Aufenthalts kommen, stehen für vertrauliche Gespräche zur Verfügung oder vermitteln dazu einen Bruder, eine Schwester. Grundsätzlich gilt: Keine Frage ist verboten oder zu dumm, als dass sie nicht freundlich gestellt werde dürfte.

Was wird von mir erwartet?

Wenn Sie bewusst eine Zeit der Selbstvergewisserung, der geistlichen Erholung und der spirituellen Bereicherung wollen, lassen Sie sich auf den klösterlichen Tagesablauf ein, der sich schon seit Jahrhunderten als äußerst gesund für Körper und Seele bewährt hat. Die meisten Klöster erwarten, dass Sie sich in ihren Tagesablauf einschwingen. Darum sollte es für Sie ein Anliegen sein, an den Gebets- und Essenszeiten der Gemeinschaft – pünktlich – teilzunehmen. Freilich wird Sie niemand des Klosters verweisen, wenn Sie an einem Morgen erholsam ausschlafen oder eine längere Tages-Wanderung dem klösterlichen Mittagessen vorziehen; sagen Sie – vor allem im letzten Fall – einfach dem Gastbruder, der Gastschwester rechtzeitig Bescheid.

Wie verhalte ich mich im Kloster?

Die Grundhaltung im Kloster ist das Schweigen. Jedem Neuling wird das zunächst als Einschränkung vorkommen. Je mehr man sich aber in den klösterlichen Alltag einlebt, desto mehr geht diese mönchische Disziplin als himmlische Genialität auf: Wie wunderbar, nicht gleich nach dem Erwachen sprechen zu müssen, sondern gemächlich aus der Ruhe der Nacht in den neuen Tag mit all seinen Herausforderungen eintreten zu können! Für gewöhnlich stehen zwischen dem Aufstehen und dem ersten zwischen Menschen gesprochenen Wort gut und gern drei bis vier Stunden. Und selbst das Frühstück wird nicht palavernderweise eingenommen, sondern im Schweigen über Kaffeeschale, einem Stück Brot mit Käse oder Wurst und einem gesunden Naturjoghurt. Kein noch so ausgetüfeltes Fitness-Programm wüsste einen besseren Vorschlag zum Start in den Tag – und das Jogging rund ums Klostergelände lässt sich eigentlich jederzeit bestens in den Tagesablauf einbauen.

Grundsätzlich aber gilt: Im Kloster ist jeder befreit vom Smalltalk. Im Kloster wird nicht gesprochen. Wo es gleichwohl notwendig ist zu sprechen, empfiehlt es sich, besser leise zu reden als zu flüstern. Hochfrequentes Zusäuseln ist definitiv lauter als die Kommunikation in zurückgenommener Stimmkraft.

Darum geht es Benedikt von Nursia in seiner Regel, die übrigens ein ganzes Kapitel lang vom Sinn der Schweigsamkeit handelt: Wer spricht, soll auch wirklich etwas zu sagen haben.

Wie verhalte ich mich im Gottesdienst?

Grundsätzlich gilt die benediktinische Grundhaltung schlechthin: das Hören. Ganz gleich, ob Sie eingeladen sind, im Chorgestühl der Mönche oder Nonnen das Stundengebet mitzufeiern, oder ob Sie mit den anderen Gottesdienstteilnehmern im Kirchenschiff sitzen: Hören Sie, allemal am Anfang Ihres Aufenthalts, schlichtweg zu, wie die Mönche oder Nonnen ihr Chorgebet singen. Manche sind schneller, manche langsamer, manche beten in vertrauten Melodien, manche in unbekannten, manche haben ganz eigene Gepflogenheiten in der Liturgie.

Nichts ist schlimmer für eine Gemeinschaft, die im tagtäglich mehrfach gesungenen Gebet ihren eigenen Stil gefunden hat, als wenn ein Gast meint, mit seiner noch so schönen, noch so starken und noch so profunden Stimme die Mönche eines Besseren belehren zu müssen. Vergessen Sie nie: Sie sind Gast! Die Mönche und Nonnen bleiben, aber Sie kehren nach einigen Tagen zurück in Ihre Welt!

Wie verhalte ich mich beim Essen?

In allen benediktinisch geprägten Gemeinschaften wird für gewöhnlich im Schweigen gegessen. Die Trappisten, eine der strengsten Gemeinschaften der katholischen Kirche, lassen keine Gäste in ihr Refektorium. Ihre Gäste essen schweigend unter sich – meist mit Tischmusik aus dem CD-Player.

In den Klöstern der Zisterzienser und Benediktiner nehmen die Klausur-Gäste normalerweise im Refektorium der Mönche an den Mahlzeiten teil. Alle lauschen dem Tischleser, der neben Ausschnitten aus der Bibel, der Regel des heiligen Benedikt oder dem Heiligenkalender durchaus auch weltliche Literatur vorliest – wie Biographien, Reisereportagen oder aktuelle Artikel. In einer Zeit, in der Hörspiele und Hörbücher Hochkunjunktur haben, eine wunderbare Einrichtung, die freilich seit über 1500 Jahren Tradition hat. An Festtagen pflegen gleichwohl manche Klöster auch das Gespräch während der Mahlzeiten, was durch ein Zeichen des Abtes angekündigt wird.

Jede Mahlzeit wird mit einem Gebet eröffnet, das der Abt oder sein Stellvertreter spricht oder singt. Dabei stehen alle. Dasselbe gilt für den Abschluss des Essens, das durch ein Zeichen des Vorstehers, meistens mit einem Glöckchen, signalisiert wird.

Einige Mönche tragen die Speisen auf. Meistens sitzt man in Gruppen von drei bis vier Gästen zusammen an einem Tisch. Der Tischdiener gibt die Schüsseln mit den verschiedenen Speisen an den ersten Gast, der sie an seinen Nachbarn weiterreicht, nachdem er für sich so viel – nicht mehr, nicht weniger – genommen hat, wie er braucht. Wenn alle ihre Portion auf den Teller gehoben haben, beginnt das Essen jedoch nicht, bevor der Abt mit dem Essen angefangen hat. Getränke stehen meist auf dem Tisch. Grundsätzlich gilt: Blicken Sie über den Rand Ihres Tellers! Manche Schüssel, manche Karaffe steht zu weit von Ihren Mitgästen entfernt, als dass sie sich selber ohne Aufwand bedienen könnten. All dies ist eine Übung in Achtsamkeit! Fehlt etwas an Ihrem Tisch, geben Sie einem der Tischdiener ein Handzeichen; er wird sich umgehend darum kümmern. Es ist unnötig, Wünsche oder Hinweise sprechend auszudrücken.

Die Erfahrung zeigt, dass Mönche sehr schnell essen. Dennoch ermutigen sie dazu, das eigene Ess-Tempo zu bewahren. Erst wenn der Letzte wirklich – in Ruhe (!) – fertig ist, geht es weiter. Verlassen Sie sich drauf!

Was muss man bezahlen?

Am Geld scheitert kein Klosteraufenthalt. Die meisten Klöster bitten um einen Betrag, der den persönlichen Möglichkeiten entspricht: Wer weniger hat, gibt weniger; wer mehr hat, gibt mehr und ermöglicht so auch anderen eine Zeit im Kloster. Auch dies kann eine Übung sein: Wie viel ist mir diese Erfahrung eines Mitlebens im Kloster mit all seinen Anregungen wert – und wie viel steht mir ehrlicherweise wirklich zur Verfügung? Wie stark kann ich auch diese Lebenserfahrung und deren Weitergabe unterstützen?

Mitunter geben die Mönche und Nonnen Beträge als Orientierung an, die den reinen Aufwändungen des Klosters für einen Gastaufenthalt entsprechen. Gleichwohl sind die Konvente auf diese Einnahmen dringend angewiesen. Zudem verbuchen viele Gemeinschaften diese Einnahmen als Spenden, was manchen Gästen sogar für die Steuererklärung zugute kommen kann. Einige Gemeinschaften – vor allem jene mit größeren Gastbetrieben – weisen hingegen ganz konkrete Beträge für einen Aufenthalt aus, teils sogar gestaffelt je nach Anzahl der Mahlzeiten, die man eingenommen hat.

Grundsätzlich aber dürfte in allen Klöstern benediktinischer Prägung gelten: Kein Gast wird abgewiesen, weil er sich eine Zeit im Kloster nicht leisten kann.

Was bringt ein Kloster-Aufenthalt?

Man sollte meinen, diese Frage stellte sich nur für Gäste. Doch gilt ebenso: Jede wache Gemeinschaft sieht sich durch einen Gast beschenkt. Wer Gast ist im Kloster, ist weniger Bittsteller als Herausforderer. Jeder Fremde, Suchende gilt jeder benediktinischen Kommunität als konstruktiver Infragesteller: Das mönchische Leben sieht jede Suche, jede aufrichtige Kritik an Glaube, Kirche und Kloster als heilsame Anfrage: Warum dürfen und müssen wir uns ein Leben leisten jenseits des alles Erklärbaren, Effizienten und Evidenten? Wieviel Echtheit bringt unsere Erfahrung? Wieviel Authentizität unser Gelübde-Leben?

Für einen Gast lässt sich die Frage danach, was der Aufenthalt im Kloster bringt, kaum allgemein beantworten. Sicherlich wird er für Ruhe, aber eben auch für Unruhe sorgen durch die Fragen, die das eigene Leben betreffen können. Eine Klosterzeit kann den Glauben finden oder neu entdecken lassen – oder ihn kolossal in Frage stellen. Ein solcher Aufenthalt kann das Leben kräftig durcheinander wirbeln, weil Klöster weite Räume sind, in denen Durcheinanderwirbeln sein darf. Er kann aber auch helfen, das Durcheinandergeworfene des Lebens (griechisch: »diabolum«) in größerem Zusammenhang zu sehen (»symbolum«).

Ich hoffe, dass diese Reportagen aus 24 Klöstern Europas dazu beitragen wahrzunehmen, wie stark die 1500 Jahre alte benediktinische Spiritualität dabei hilft, nicht mehr zwischen Glauben und Leben, Arbeit und Gebet zu trennen, sondern eins zu werden mit sich selbst und mit dem Ziel aller Wege: mit Gott, der Liebe ist. Eben darum gibt es nichts, das wichtiger wäre. ■

Von Abt bis Zelle

Abt/Äbtissin Leiter einer **Abtei**, also einer selbstständigen, unabhängigen Mönchsgemeinschaft. Außer den benediktinisch geprägten Konventen (Zisterzienser, Trappisten) kennen auch die Prämonstratenser einen Abt. In den benediktinischen Klöstern wird der Abt von allen Mönchen bzw. Nonnen einer Gemeinschaft gewählt, die sich in der feierlichen Profess lebenslang an diese Abtei gebunden haben. Die Amtszeit kann von Kloster zu Kloster unterschiedlich sein: Bisher wurde der Abt meist auf Lebenszeit gewählt; mittlerweile entschließen sich manche Gemeinschaften zu einer befristeten Amtszeit. Nach seiner Wahl erhält der Abt die so genannte »Abtsweihe« durch einen Bischof; dabei handelt es sich aber nicht um das Sakrament einer Weihe (wie etwa bei der Diakonen-, Priester- oder Bischofsweihe), sondern um eine »Benediktion«, eine feierliche Segnung. Dasselbe gilt für eine Äbtissin. Wie der Abt trägt auch sie als Amtszeichen einen Ring und ein Brustkreuz, bei großen liturgischen Feiern auch den Hirtenstab, der Abt zudem eine Mitra. Abteien unterstehen nicht der Jurisdiktion des Diözesanbischofs, in dessen Einzugsbereich die Abtei liegt – erkennbar auch daran, dass Abt und Äbtissin den Hirtenstab in der Abteikirche mit der Krümme nach vorn tragen, wie ein Diözesanbischof.

Abtprimas Leiter der »Benediktinischen Konföderation«, eines 1893 von Papst Leo XIII. initiierten Zusammenschlusses aller Benediktinerklöster weltweit. Der Abtprimas ist jedoch nicht »oberster Abt« aller Benediktiner, sondern schlicht deren erster Repräsentant, nicht zuletzt gegenüber dem Vatikan; daher hat er seinen Sitz auch in Rom, in der Primazialabtei Sant' Anselmo auf dem Aventin, einem der sieben Hügel Roms. Zisterzienser und Trappisten haben einen »Generalabt«, der ebenfalls in Rom lebt.

Choral Hier gemeint als so genannter »Gregorianischer Choral«, der bis ins 10. Jahrhundert zurückreicht und lange Zeit von Mönchsgeneration zu Mönchsgeneration in der Messe und im Stundengebet auswendig gesungen und so weitergegeben wurde. Die Kompositionen sind die Frucht tiefer Meditation biblischer Texte und deren musikalischer Interpretation. Ursprünglich mit lateinischem Text versehen, haben manche Klöster auch muttersprachliche Versionen des gregorianischen Chorals geschaffen – vor allem für die gesungenen Psalmen im Stundengebet. Benedikt schreibt in seiner Regel, die Mönche sollen »beim Psalmensingen so stehen, dass unser Herz im Einklang ist mit unserem Wort« (RB 19,7).

Chorgebet Das Stundengebet der Mönche und Nonnen, die zu den nächtlichen Wachgebeten (»Vigilien« oder »Matutin«), den Laudes (wörtlich: »Lob«, hier: Morgengebet), den »kleinen Horen« Terz, Sext und Non (also zur dritten Stunde = 9 Uhr, zur sechsten Stunde = 12 Uhr, zur neunten Stunde = 15 Uhr, auch Todesstunde Jesu), zur Vesper (dem Abendgebet) und zur Komplet (Tagesschluss) zusammenkommen, um Gott in Psalmen, Hymnen, Lesungen und Stille zu loben. Nicht alle Klöster feiern sämtliche kleine Horen; auch die Uhrzeiten variieren, je nach Gepflogenheit der einzelnen Gemeinschaften.

Gehorsam Eines der drei Gelübde der benediktinischen Mönche und Nonnen. Benedikt von Nursia beschreibt den Gehorsam im fünften Kapitel seiner Klosterregel als Ausdruck des Vertrauens in die Leitung der Gemeinschaft und des persönlichen Lebens durch den Abt. Gehorsam ist demnach nicht blinder Gehorsam, sondern Ausdruck des Vertrauens in das, was Gott mit dem Einzelnen, der Gemeinschaft, der Kirche in der konkreten Zeit und Situation vorhat. Nicht umsonst klingt in dem Wort »gehorchen« das Wort »horchen« durch: Es geht um das Wahrnehmen dessen, was zutiefst richtig ist, und darum, diese Erkenntnis »ohne Zögern« in die Tat umzusetzen.

Gelübde Im Unterschied zu den üblichen Gelübden »Armut, Ehelosigkeit und Gehorsam« versprechen Nonnen und Mönche der benediktinischen Tradition »Stabilität, klösterlichen Lebenswandel und Gehorsam« (stabilitas, conversatio morum, oboedientia). Zugleich sind ihre Gelübde, die sie zunächst in auf drei Jahre befristeter, danach in einer lebenslangen Verbindlichkeit versprechen (»Profess«), an jenes Kloster gebunden, in das sie eingetreten sind und in dem sie ihre Profess ablegen. Für gewöhnlich kennen benediktinische Klöster keine Versetzungen – es sei denn zu einem Einsatz innerhalb eines Klosterverbands (»Kongregation«), etwa in den so genannten Missionsländern, oder in einer Neugründung. Solange dieses neue Kloster nicht selbstständig ist, gehört der Mönch weiterhin zu jenem »Mutterkloster«, in dem er seine Profess abgelegt hat.

Habit Wenngleich der alte Spruch weiterhin gilt, wonach der Habit noch keinen Mönch macht, so ist der Habit als Ordensgewand doch das Kennzeichen eines Mönchs und einer Nonne. Gleichwohl ist damit mehr gemeint als nur ein Kleidungsstück. Das Wort »habit« hat mit »habitare – wohnen« zu tun; dementsprechend ist das Klostergewand, der Habit, Ausdruck des »Wohnens« eines Mönchs in seiner Lebensform; oder, wie Gregor der Große über Benedikt von Nursia schreibt: »Er wohnte bei sich« (»habitare secum«). Der Habit ist Zeichen des Bleibens bei sich selbst, der Treue zu einer Lebensform, des Zuhause-Seins. Benedikt notiert zwar ganz praktisch in seiner

Klosterregel, man solle dafür einen Stoff nehmen, der in der Gegend üblich und günstig zu haben ist. Gleichwohl tragen die benediktinischen Mönche und Nonnen für gewöhnlich ein komplett schwarzes Ordensgewand (die Mönche mit lokal unterschiedlich ausgeprägten Kapuzen und Gürteln, die Schwestern mit mehr oder weniger eng anliegenden Schleiern), zu dem neben der in römischer Zeit auch weltlich üblichen Tunica (das Untergewand) ein Scapulier gehört, das ursprünglich wohl schlicht eine Schürze war, die beim Arbeiten vor Beschmutzung schützte. Im Chorgebet wird die »Kukulle« getragen, die alle Nonnen und Mönche mit ihrer ewigen Profess übertragen bekommen. Sie gilt als eigentliches Mönchsgewand. Mancherorts können Farbe und Form des Habits variieren: Er kann auch weiß sein (etwa in Afrika), orange (in Indien) oder – besonders bei der Arbeit – auch als kurzer Kapuzenpullover ausfallen. Zisterzienser und Trappisten tragen für gewöhnlich ein schwarzes Skapulier über einer weißen Tunica; ihre Kukulle ist weiß.

Hore Siehe »Chorgebet«

Kantor In diesem Fall der Leiter der Schola, die mit mehreren Brüdern oder Schwestern die Vorsängerparts in sämtlichen liturgischen Feiern übernehmen. Der Kantor ist zudem zuständig für die Einübung der meist gregorianischen Gesänge, die das »Graduale« für die Eucharistiefeier und das »Antiphonale« für das Stundengebet der Woche vorsieht. Ursprünglich war der Kantor auch das »kollektive Wissen« eines Klosters bezüglich der Gesänge, die lange Zeit von Kantor zu Kantor ohne Noten weitergegeben wurden. Später halfen so genannte »Neumen« (griechisch = Wink), also Nachzeichnungen des Dirigats über den gesungenen Wörtern, für eine einigermaßen verlässliche Ausführung der Höhen, Akzentuierungen und Längen der einzelnen Melodien eines Textes bzw. einer Silbe. Es folgten konkretere Angaben der Höhen mittels erster Linien – bis hin zu einem Vier-Linien-Modell, das unserem heute gebräuchlichen Fünf-Linien-System der Notation voranging.

Kapitel Ursprünglich die Versammlung aller Mönche zu einer geistlichen Betrachtung, die meist der Abt ausgehend von einem Kapitel der Benedikts-Regel vor den Mönchen hielt. Der Ort, an dem diese geistlichen Konferenzen stattfinden, nennt sich dementsprechend »Kapitelsaal«. Daraus wurden sowohl das Kapitel, die Gruppe der für die Wahl des Abtes berechtigten Mönche mit ewiger Profess abgeleitet als auch das Kapitel von Domherren an Kathedralen, die nicht zuletzt einen Bischof zu wählen haben.

Klausur Bezeichnung des vom Lateinischen abgeleiteten »verschlossenen« Bereichs eines Klosters, zu dem nur Mönche bzw. Nonnen Zutritt haben. Kurzum: der innerste, der »privateste« Raum eines Klosters, in dem absolutes Schweigen herrscht. Dazu zählen für gewöhnlich nicht nur Kreuzgang, Kapitelsaal und Refektorium, sondern auch die Gänge und die Zellen bzw. Schlafräume der Mönche und Nonnen. Gäste haben hier – wenn überhaupt – nur bedingt Zutritt.

Kommunität Aus dem lateinischen »communitas« abgeleiteter Begriff für die gesamte Klostergemeinschaft.

Komplet Letztes der sieben täglichen Gebete der Mönche bzw. Nonnen, gefeiert zum Ende des Tages. Nach einer Gewissenserforschung im Schweigen, dem Schuldbekenntnis und der Vergebungsbitte durch den Abt folgen Hymnus, Psalmen, eine Kurzlesung, das »Nunc dimittis« (der neutestamentliche Gesang des greisen Simeon angesichts des neugeborenen Jesus), der Nachtsegen und der Lobgesang zu Maria, im normalen Jahreslauf das so genannte »Salve Regina«. Nach der Komplet beginnt das nächtliche Schweigen.

Kongregation Ein Zusammenschluss von Klöstern aufgrund ihrer Gründungsgeschichte, ihrer geographischen Ansiedlung oder ihrer spirituellen Ausrichtung unter Beibehaltung der Selbstständigkeit jeder Abtei. In Deutschland unterscheidet man grob zwischen der Bayerischen Kongregation (z.B. Ettal, Niederaltaich, Metten), der Beuroner Kongregation (z.B. Beuron, Maria Laach, Gerleve, Eibingen) und der Kongregation der weltweit tätigen Missionsbenediktiner von St. Ottilien (z.B. St. Ottilien, Münsterschwarzach, Königsmünster in Meschede) mit ihrem Schwesternzweig, den Tutzinger Benediktinerinnen. Eine Kongregation wird geleitet von einem Präses, der mittlerweile in allen Kongregationen nicht gleichzeitig der Erzabt der Gründungsabtei sein muss.

Kontemplation Auch wenn es landläufig anders überliefert wurde: Das angeblich typisch benediktinische »Ora et Labora« steht so an keiner Stelle der Benediktsregel. Gleichwohl ist Benedikt von Nursia um ein Gleichgewicht von Gebet und Arbeit bemüht. Besser gesagt: Keine Arbeit ist um der Arbeit, des Erfolgs oder der Effizienz willen zu verrichten, sondern ausschließlich für den Lebensunterhalt der Mönche und darüber hinaus zur größeren Ehre Gottes. Benedikt geht sogar so weit, alles Werkzeug des Klosters als »heiliges Altargerät« zu verstehen. Bis heute schreiben die Mönche in ihre Bücher die Abkürzung »a.u.« und ihren Namen: »ad usum, zum Gebrauch für Bruder xy«. Nichts ist privates Eigentum eines Mönchs, einer Nonne. Dem steht das Gebet gegenüber, das in benediktinischer Tradition sowohl das gemeinschaftliche Chorgebet als auch die »lectio divina«, die persönliche Schriftlesung kennt. Private Gebete wie Rosenkranz, Kreuzwegandachten oder Meditation vor dem ausgesetzten Allerheiligsten waren zu Benedikts Zeiten noch fremd. Ihm ging es vielmehr darum, in jeder Situation, an jedem Ort, allüberall Gott gegenwärtig zu wissen. Das ganze Leben eines Mönchs versteht sich daher als »Kontemplation«, als betrachtendes Wahrnehmen der Gegenwart Gottes in unserer Zeit. Aus diesem Grund sieht Benedikt Gott bzw. Jesus auch im Armen, im Kranken, im Pilger, im Gast, im Unerwarteten. Kurzum: Benediktinische Kontemplation kennt weder Zeit noch Ort, sondern ist eine grundsätzliche Wachheit für Gott.

Konvent Vom lateinischen »convenire«. Siehe »Kommunität«.

Kreuzgang Der architektonische »Idealplan« eines Klosters, wie ihn etwa das Kloster St. Gallen in der Schweiz überliefert, sieht das Kloster als Quadrum, an dessen Seiten sich alle wesentlichen Orte des gemeinschaftlichen Lebens befinden: die Kirche zum Beten, der Kapitelsaal für gemeinschaftliche Zusammenkünfte, das Refektorium zum Speisen, das Dormitorium zum Schlafen. Alle Arbeitsbereiche liegen jenseits dieses Vierecks. Damit sind alle geistlich oder gemeinschaftlich wesentlichen Bereiche miteinander verbunden, zu dem interessanterweise nicht nur das Gebet, sondern eben auch das Essen und das Wandeln im Wandelgang gehört. Alles, was darin geschieht, hat eine spirituelle Dimension: Die Mahlzeiten geben neben der körperlichen auch geistliche Nahrung; das Gehen im Kreuzgang dient nicht nur der körperlichen Bewegung, sondern auch dem Bewegen von Gedanken.

Kukulle Siehe »Habit«.

Laudes Lateinisch: »Lob«. Das erste, große Gebet am Anfang des Tages, bestehend aus einem Hymnus, vier Psalmen, einer Bibellesung, Fürbitten, Vaterunser und dem »Benedictus«, dem neutestamentlichen Lobgesang des Zacharias angesichts der göttlichen Ankündigung, dass er und seine Frau trotz hohen Alters einen Sohn bekommen und ihn Johannes nennen würden. Mit den Laudes (Plural!) endet das nächtliche Schweigen im Kloster.

Lectio divina Lateinisch: »göttliche Lesung«. Die meist in stiller Einsamkeit gehaltene Lektüre geistlicher Texte, vorrangig der Bibel oder der Schriften der Kirchenväter wie Augustinus und anderen oder der Theologie bis in unsere Zeit. Dabei geht es darum, sich mit Gedanken der Großen der Kirchengeschichte persönlich auseinander zu setzen, sie zu meditieren, also sie mit dem eigenen Leben in Verbindung und ins Gebet zu bringen.

Liturgie Stundengebet und Eucharistiefeier prägen die Liturgie benediktinischer Gemeinschaften, getreu der Weisung Benedikts von Nursia: »Dem Gottesdienst ist nichts vorzuziehen.« Zudem werden auch die Mahlzeiten und alle gemeinschaftlichen Zusammenkünfte mit einem Gebet eröffnet und beschlossen. Mönche und Nonnen trennen nicht zwischen einem Glaubens- und einem Alltagsbereich, sondern versuchen, ganz in einem Bewusstsein zu leben, das Gott immer gegenwärtig sieht. Nicht zuletzt aus diesem Grund tragen Mönche und Nonnen für gewöhnlich ständig ihren Habit, die Kleidung eines Lebens mit Gott.

Matutin Lateinisch: »morgendlich«. Das erste Stundengebet an der Schwelle von der Nacht zum Tag, mancherorts auch »Vigil« (lateinisch: Nachtwache) genannt. Die Matutin besteht für gewöhnlich aus einem »Invitatorium«, also dem eröffnenden Gesang, und aus zwei oder drei Teilen mit jeweils drei Psalmen und einer Lesung. Vor Hochfesten feiern einige Klöster auch eine »feierliche Vigil«, meist am Vorabend, deren Höhepunkt die Verkündigung des Fest-Evangeliums und das Te Deum, der große Lobgesang, sind.

Novize Gewissermaßen ein Mönch in Ausbildung. Nach einer Zeit des gegenseitigen Kennenlernens beginnt die Klosterzeit für gewöhnlich mit dem **Postulat**, das zwischen einigen Wochen und zwei Jahren dauern kann; in dieser Zeit trägt der junge Mann oder die junge Frau für gewöhnlich noch »weltliche« Kleidung, mancherorts bereits das Untergewand (»Tunica«) oder einen Kapuzen-Habit. Mit der Aufnahme ins Noviziat, zu der die Fußwaschung des Novizen durch den Abt, die Bekleidung mit dem Habit und häufig die Benennung mit einem neuen Namen gehört, beginnt die eigentliche Ausbildungszeit. Nonnen tragen während dieser Zeit (und auch noch während der Zeitlichen Profess) einen weißen Schleier, Mönche mitunter ein verkürztes Scapulier. Für die Ausbildung ist der **Novizenmeister** (»Magister«) verantwortlich, der die Brüder nicht nur in diversen »Fächern« unterrichtet (Regel Benedikts, Ordens- und Klostergeschichte, Liturgie, Bibelwissenschaften, Gesang – häufig unter Mithilfe weiterer Brüder), sondern sie auch in ihrer geistlichen und menschlichen Reifung begleitet. Benedikt schreibt in seiner Regel, man solle darauf achten, ob der Novize »auch wirklich Gott sucht«. Während des Noviziats, das ein bis zwei Jahre dauert, können sich Novize und Gemeinschaft jederzeit voneinander trennen. Will ein Novize jedoch bleiben und die Zeitliche Profess (meist auf drei Jahre) ablegen, bittet er die Gemeinschaft darum; dann stimmen alle Brüder mit Ewiger Profess in geheimer Wahl darüber ab.

Prior In den meisten benediktinisch geprägten Abteien ist der Prior der Stellvertreter des Abtes, der ihn – nach Anhörung der Brüder – auch ernennt. Stellvertreter des Priors wiederum ist der »Subprior«. Klöster, die noch nicht die volle Selbstständigkeit einer Abtei erreicht haben (»Priorat«) werden allerdings auch von einem Prior geleitet. Neugründungen und allen weiteren kleinen Gemeinschaften steht für gewöhnlich ein »Superior« vor.

Profess In der Feier der Profess verspricht ein Mönch, sein Leben in den benediktinischen Gelübden Stabilität, Gehorsam und klösterlichem Lebenswandel zu verbringen. Diese Gelübde legt er erstmals nach dem Noviziat – meist für drei Jahre – in der »Zeitlichen Profess« ab. Nach Ablauf dieser Zeit, die weiterhin der Prüfung dient, kann er entweder das Kloster wieder verlassen, seine Zeitliche Profess erneuern (insgesamt sechs Mal für je ein Jahr) oder – wenn er mindestens 24 Jahre alt ist – sich in der »Feierlichen« bzw. »Ewigen Profess« für sein ganzes Leben an diese Lebensform in diesem Kloster binden. Darüber stimmen zuvor sämtliche Brüder mit Ewiger Profess in geheimer Wahl ab. Äußeres Zeichen ist die Kukulle, ein weites, schwarzes Übergewand mit weiten Ärmeln, das zu allen gottesdienstlichen Feiern getragen wird. Mit seiner Ewigen Profess überträgt der Mönch zudem sämtliches persönliches Eigentum auf sein Kloster. Kirchenrechtlich ist danach eine Aufhebung der Profess nur durch den Vatikan möglich.

Stundengebet Siehe »Chorgebet«.

Vesper Lateinisch: »Abend«. Die Vesper ist die zweite der so genannten »großen Horen« und wird am Abschluss des Tagwerks gefeiert. Sie besteht aus einem Hymnus, für gewöhnlich vier Psalmen, einer Lesung, dem »Magnificat« (dem Lobgesang Marias bei ihrer Begegnung mit der ebenfalls schwangeren Elisabet), Fürbitten, Vaterunser, Schlussgebet und Segen. An Hochfesten ist sie – ähnlich wie die Eucharistie – besonders feierlich gestaltet: mit Weihrauch und in farbigen liturgischen Gewändern; steht der Abt dieser feierlichen Vesper vor, trägt er zudem Stab und Mitra.

Vigil Siehe »Matutin«.

Zelle Bei Benediktinern und Zisterziensern der persönliche Bereich eines Mönchs. »Cella facit monachum«, sagt der alte Mönchsvater Johannes Cassian: Das Bleiben in seiner Zelle entspricht dem Bei-sich-Sein, dem Bei-sich-Wohnen des Mönchs. Benedikt von Nursia kennt keine persönliche Zelle für einen Mönch; dass er in seiner Regel festschreibt, jeder solle in seinem eigenen Bett (aber im Dormitorium, also in einem Raum mit den Brüdern) schlafen, kann dennoch als großer Fortschritt in seiner Zeit gelten. Heute sprechen viele Klöster lieber – und ehrlicherweise – schlicht von »Zimmern« statt von Zellen, ohne dass es sich damit gleich um Luxus-Apartments handelt. Meist sind sie neben Bett, Tisch, Stuhl und Schrank auch mit Waschbecken, Bücherregal, CD-Spieler und Computer ausgestattet. Das liegt letztlich am persönlichen Geschmack jedes Mönchs.
Die Trappisten allerdings pflegen nach wie vor die Tradition eines Schlaftraktes, der entweder aus richtigen Zimmern mit Türen besteht oder tatsächlich nur aus zwar durch Wände abgetrennten, nach oben gleichwohl offenen und nur von einem Vorhang verdeckten Bettbereich. In jedem Fall suchen die Mönche diese Zellen ausschließlich zum Schlafen auf. Von einem persönlichen Rückzugsraum kann also keine Rede sein. Der privateste Bereich eines Trappisten ist vielmehr sein Schreibtisch im Scriptorium. ■

Über den Autor

Markus Nolte wurde 1966 in Paderborn geboren. Nach seinem Abitur trat er als Bruder Daniel in die Benediktiner-Abtei Königsmünster im sauerländischen Meschede ein, studierte Germanistik und Theologie in Bonn und an der internationalen Benediktinerhochschule Sant' Anselmo in Rom, war in seinem Kloster als Organist und Kantor, an der Pforte, in der Verwaltung und in der Jugend- und Erwachsenenbildung engagiert und plante, am Gymnasium der Benediktiner als Deutsch- und Religionslehrer zu arbeiten. Nach sechs reichen Jahren trat er mit Ablauf seiner zeitlichen Profess aus dem Kloster aus, beendete sein Studium als Diplomtheologe mit einer Arbeit über Poesie und Mystik am Beispiel Johannes' vom Kreuz und Rainer Maria Rilkes und wurde stellvertretender Pressesprecher des Erzbischofs von Paderborn. Von dort zog es ihn als Volontär zu Deutschlands größter katholischer Wochenzeitung »Kirche+Leben«, der Bistumszeitung der Diözese Münster. Während dieser Zeit wurde er mit dem Journalistenpreis der Deutschen Bischofskonferenz ausgezeichnet. Recherche-Reisen führten ihn quer durch Europa, nach Israel, New York, San Francisco und Los Angeles. Bei »Kirche+Leben« ist er seit 2005 als Verantwortlicher Redakteur für die Bereiche »Weltkirche« und »Kirche in Deutschland« tätig. Darüber hinaus engagiert er sich seit 1995 als Autor und Sprecher von Verkündigungssendungen im Öffentlich-Rechtlichen Rundfunk, darunter 14 Jahre bei der jungen WDR-Hörfunkwelle 1Live; für diese Sendungen bildet er bis heute junge Nachwuchs-Autoren und -sprecher aus. Seit 2007 ist er als Autor und Sprecher der katholischen Morgenandachten auf WDR 2 bis 5, im Deutschlandradio und im Deutschlandfunk zu hören. Die Erfahrungen aus seinen Reisen und als Leiter von Exerzitien und Seminaren u.a. für Ordensgemeinschaften verbinden sich seit 2008 zu spirituellen Leserreisen, die als »Reise-Exercitium« zu geistlichen Erlebnissen wurden – so bisher bei Reisen nach »Rom für Menschen, die Rom schon kennen«, zur Feier der Kar- und Osterliturgie in Notre Dame, Paris, und mehrfach zu adventlichen Tagen im Heiligen Land.

Markus Nolte veröffentlichte bisher zwölf weitere Titel im Dialogverlag Münster, darunter:

- »Exercitium – 40 Tage auf Ostern zu« mit Marian Reke (ISBN 3-937961-00-3)
- »WarteRäume – BildBotschaft Kloster Vinnenberg« mit Carl Möller (ISBN 3-937961-38-0)
- »Bischof im 21. Jahrhundert – Perspektiven aus Theologie, Politik und Wirtschaft, Hrsg., (ISBN 978-3-937961-91-0)
- »Von Angesicht zu Angesicht – BildBotschaft Manoppello« (ISBN 978-3-937961-75-0)

Die Aufnahme der Gäste

Alle Gäste, die zum Kloster kommen, sollen wie Christus aufgenommen werden; denn er wird einmal sagen: Ich war Gast, und ihr habt mich aufgenommen. Allen soll man die Ehre erweisen, die ihnen zukommt, besonders den Brüdern im Glauben und den Pilgern.

Sobald ein Gast gemeldet ist, sollen ihm der Obere und die Brüder mit aller Freundlichkeit entgegengehen, wie es die Liebe verlangt. zuerst sollen sie gemeinsam beten, dann sich den Friedenskuss geben. Diesen Friedenskuss gibt man erst nach dem Gebet, um den Täuschungen des Teufels zu entgehen.

Bei der Begrüssung behandle man alle Gäste, die ankommen oder weggehen, mit grosser Bescheidenheit; man neigt den Kopf oder wirft sich ganz zur Erde nieder, um in den Gästen Christus zu verehren, den man ja tatsächlich aufnimmt.

Nach der Aufnahme führt man die Gäste zum Gebet; dann setzt sich der Obere zu ihnen oder ein Bruder, den er beauftragt hat. Man liest dem Gast zur Erbauung aus dem göttlichen Gesetz vor. Dann soll man ihn sehr freundlich bewirten. Der Obere bricht des Gastes wegen das Fasten, ausser es handle sich um einen besonderen Fasttag, der gehalten werden muss. Die Brüder sollen jedoch das übliche Fasten beibehalten. Der Abt reicht den Gästen das Wasser für die Hände. Der Abt und ebenso die ganze Klostergemeinde waschen allen Gästen die Füsse. Nach der Fusswaschung spricht man den Vers: Gott, wir haben deine Barmherzigkeit aufgenommen inmitten deines Tempels.